洛栾高速公路嵩县至栾川段地理位置图

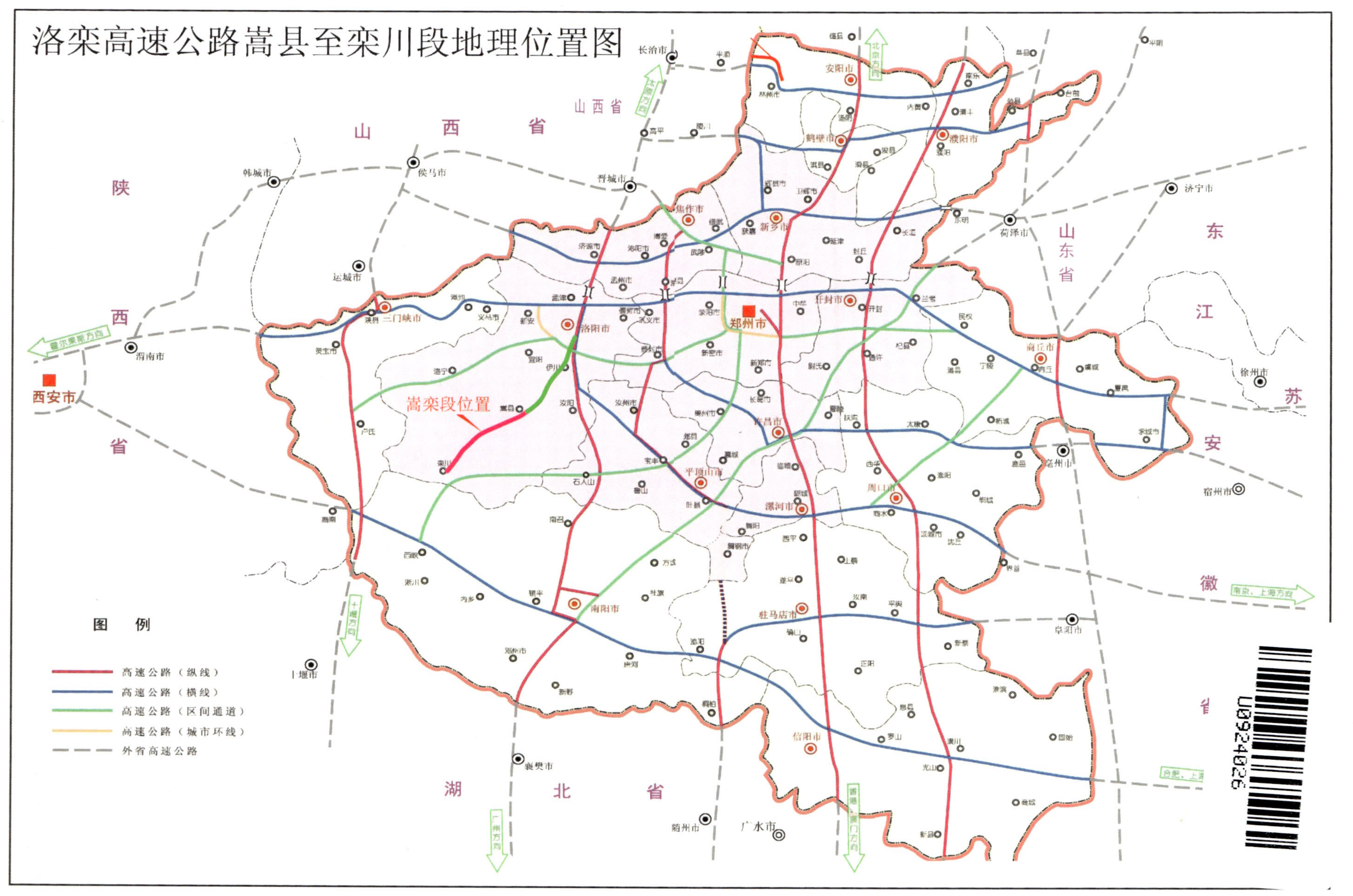

洛栾高速公路嵩县至栾川段路线平面图
嵩县
嵩县规划区
嵩县
栾川县
栾川县
栾川
洛栾快速通道
G311
S322
S248
K60
K65
K70
K75
K80
K85
K90
K95
K100
K105
K110
K115
K120
K125
No.01标段起点K61+800
No.01标段终点K71+950
No.02标段起点K71+950
No.02标段终点K79+250 =L1K79+246.298
No.03标段起点K79+250 =L1K79+246.298
No.03标段终点K85+400
No.04标段起点K85+400
No.04标段终点K92+350 =L2K92+350
No.05标段起点K92+350 =L2K92+350
No.05标段终点K97+850 =R3K97+811.89
No.06标段起点K97+850 =R3K97+811.89
No.6标段终点K103+600 =L4K103+498.320
No.7标段起点K103+600 =L4K103+498.320
No.07标段终点K110+690 =R5K110+688.908
No.08标段起点K110+690 =R5K110+688.908
No.08标段终点K116+100 =L6K116+114.152
No.09标段起点K116+100 =L6K116+114.152
No.09标段终点K123+700
No.10标段起点K123+700

洛栾高速公路嵩县至栾川段工程竣工验收

第一册 参建单位工作报告

主编◎周洪文 史鹏飞 陈 可

内 容 提 要

本书收录了洛栾高速公路嵩县至栾川段工程在项目执行、设计、质量监督、各监理代表处、各施工单位、征地拆迁及使用情况的总结报告,全面记录了该项目各个环节的建设概况。从管理和技术角度作了详尽的分析,对提高我国高速公路工程项目竣工验收的水平有重要意义。

本书可供从事高速公路建设、设计、施工、监理、质检等方面的工程技术人员使用参考。

图书在版编目(CIP)数据

洛栾高速公路嵩县至栾川段工程竣工验收(一)、(二)、(三). 1, 参建单位工作报告 / 周洪文, 史鹏飞, 陈可主编. — 北京 : 人民交通出版社股份有限公司, 2017.11

ISBN 978-7-114-14063-1

Ⅰ. ①洛… Ⅱ. ①周… ②史… ③陈… Ⅲ. ①高速公路—道路工程—工程验收—工作报告—洛阳 Ⅳ. ①U415.12

中国版本图书馆 CIP 数据核字(2017)第 186532 号

书　　名: 洛栾高速公路嵩县至栾川段工程竣工验收
第一册　参建单位工作报告
著 作 者: 周洪文　史鹏飞　陈　可
责任编辑: 杜　琛　李学会　卢　珊
出版发行: 人民交通出版社股份有限公司
地　　址: (100011)北京市朝阳区安定门外外馆斜街 3 号
网　　址: http://www.ccpress.com.cn
销售电话: (010)59757973
总 经 销: 人民交通出版社股份有限公司发行部
经　　销: 各地新华书店
印　　刷: 化学工业出版社印刷厂
开　　本: 787×1092　1/16
印　　张: 17.75
插　　页: 1
字　　数: 432 千
版　　次: 2017 年 11 月　第 1 版
印　　次: 2017 年 11 月　第 1 次印刷
书　　号: ISBN 978-7-114-14063-1
全套定价: 268.00 元

洛栾高速公路嵩县至栾川段
工程竣工验收（第一册）

编　委　会

目　　录

第一部分　建设、设计、监理、监督

1. 洛栾高速公路嵩县至栾川段工程项目执行报告 …… 3
2. 洛栾高速公路嵩县至栾川段工程设计工作报告 …… 21
3. 洛栾高速公路嵩县至栾川段工程第一监理代表处工作报告 …… 33
4. 洛栾高速公路嵩县至栾川段工程第二监理代表处工作报告 …… 45

第二部分　土　　建

1. 洛栾高速公路嵩县至栾川段土建工程 No. 1 合同段施工总结报告 …… 59
2. 洛栾高速公路嵩县至栾川段土建工程 No. 2 合同段施工总结报告 …… 78
3. 洛栾高速公路嵩县至栾川段土建工程 No. 3 合同段施工总结报告 …… 89
4. 洛栾高速公路嵩县至栾川段土建工程 No. 4 合同段施工总结报告 …… 94
5. 洛栾高速公路嵩县至栾川段土建工程 No. 5 合同段施工总结报告 …… 104
6. 洛栾高速公路嵩县至栾川段土建工程 No. 6 合同段施工总结报告 …… 118
7. 洛栾高速公路嵩县至栾川段土建工程 No. 7 合同段施工总结报告 …… 123
8. 洛栾高速公路嵩县至栾川段土建工程 No. 8 合同段施工总结报告 …… 134
9. 洛栾高速公路嵩县至栾川段土建工程 No. 9 合同段施工总结报告 …… 139
10. 洛栾高速公路嵩县至栾川段土建工程 No. 10 合同段施工总结报告 …… 144

第三部分　路　　面

洛栾高速公路嵩县至栾川段路面工程 BT 合同段施工总结报告 …… 153

第四部分　交通安全设施

1. 洛栾高速公路嵩县至栾川段交通安全设施工程 No. 1 合同段施工总结报告 …… 161
2. 洛栾高速公路嵩县至栾川段交通安全设施工程 No. 2 合同段施工总结报告 …… 167
3. 洛栾高速公路嵩县至栾川段交通安全设施工程 No. 3 合同段施工总结报告 …… 174
4. 洛栾高速公路嵩县至栾川段交通安全设施工程 No. 4 合同段施工总结报告 …… 184

第五部分　房建、机电、绿化

1. 洛栾高速公路嵩县至栾川段房建工程 No. 1 合同段施工总结报告 …… 193
2. 洛栾高速公路嵩县至栾川段房建工程 No. 2 合同段施工总结报告 …… 198
3. 洛栾高速公路嵩县至栾川段房建工程 No. 3 合同段施工总结报告 …… 202
4. 洛栾高速公路嵩县至栾川段房建工程 No. 4 合同段施工总结报告 …… 206
5. 洛栾高速公路嵩县至栾川段房建工程 No. 5 合同段施工总结报告 …… 210
6. 洛栾高速公路嵩县至栾川段机电工程合同段施工总结报告 …… 215

7. 洛栾高速公路嵩县至栾川段供配电照明工程 No. 1 合同段施工总结报告 …………………… 220
8. 洛栾高速公路嵩县至栾川段供配电照明工程 No. 2 合同段施工总结报告 …………………… 225
9. 洛栾高速公路嵩县至栾川段 10kV 线路架设工程 No. 1 合同段施工总结报告 ……………… 230
10. 洛栾高速公路嵩县至栾川段 10kV 线路架设工程 No. 2 合同段施工总结报告 ……………… 235
11. 洛栾高速公路嵩县至栾川段绿化工程 No. 1 合同段施工总结报告 ………………………… 240
12. 洛栾高速公路嵩县至栾川段绿化工程 No. 2 合同段施工总结报告 ………………………… 244
13. 洛栾高速公路嵩县至栾川段绿化工程 No. 3 合同段施工总结报告 ………………………… 248
14. 洛栾高速公路嵩县至栾川段绿化工程 No. 4 合同段施工总结报告 ………………………… 252

第六部分　征 地 拆 迁

洛栾高速公路嵩县至栾川段项目征地拆迁执行报告…………………………………………………… 259

第七部分　接 管 养 护

洛栾高速公路嵩县至栾川段接管养护单位使用情况报告…………………………………………… 269

第一部分

建设、设计、监理、监督

1. 洛栾高速公路嵩县至栾川段工程项目执行报告

目　　录

一、项目概况
（一）建设依据
（二）主要技术指标及建设规模
（三）工程进度
（四）项目投资及来源
（五）主要工程数量
（六）主要参建单位
二、建设管理情况
（一）前期工作
（二）征地拆迁
（三）项目管理情况
三、交工验收及相关问题
（一）各合同段交工验收、存在问题及处理情况
（二）交工验收、工程质量鉴定提出的问题及缺陷责任期、试运营期间出现的质量问题处理结果
（三）档案、环保等单项验收及竣工决算审计
四、科研和新技术应用情况
（一）洛栾高速隧道群修建关键技术研究
（二）豫西山区高速公路大纵坡对桥梁结构力学性能的影响及解决方法研究
（三）偏压隧道变形控制技术研究
五、对各参与单位的总体评价
（一）对设计单位的评价
（二）对施工单位的评价
（三）对监理单位的评价
六、对工程质量的总体评价
七、项目管理体会

洛栾高速公路嵩县至栾川段
工程项目执行报告

一、项目概况

洛阳至栾川高速公路嵩县至栾川段项目起于嵩县县城东，与先期开工并已建成的洛嵩段项目相连接，路线向西南依次经过嵩县、栾川县，止于栾川县庙子乡河南村北侧，接拟建的武西高速公里尧山至西峡段，线路全长66.538km，设计行车时速为80km，采用双向四车道标准。项目批复概算总投资为63.18亿元。

（一）建设依据

（1）河南省发展和改革委员会《关于洛阳至栾川高速公路嵩县至栾川段项目核准的批复》（豫发改基础〔2010〕1076号）。

（2）河南省发展和改革委员会《关于洛阳至栾川高速公路嵩县至栾川段工程初步设计的批复》（豫发改设计〔2010〕1534号）。

（3）河南省交通运输厅《关于洛阳至栾川高速公路嵩县至栾川段工程施工图设计的批复》（豫交规划〔2011〕125号）。

（4）河南省国土资源厅《河南省国土资源厅关于洛阳至栾川高速公路嵩县至栾川段建设项目用地预审的意见》（豫国土资函〔2010〕214号）；河南省国土资源厅《河南省国土资源厅关于洛阳至栾川高速公路嵩县至栾川段建设项目用地预审的意见》（豫国土资函〔2010〕501号）。

（5）国土资源部《国土资源部关于洛阳至栾川高速公路嵩县至栾川段建设用地的批复》（国土资函〔2015〕584号）。

（6）河南省环境保护厅《河南省环境保护厅关于洛阳至栾川高速公路嵩县至栾川段工程环境影响报告书的批复》（豫环审〔2010〕152号）。

（7）河南省水利厅《关于对洛阳至栾川高速公路嵩县至栾川段工程水土保持方案报告书的审批》（豫水行许字〔2010〕73号）。

（8）洛阳市水利局《洛阳市水利局准予水行政许可决定书》（洛水行许字〔2010〕50号）。

（9）河南省国土资源厅《地质灾害危险性评估报告备案登记表》（国土资地灾评资字第〔2010〕116008号）。

（10）洛阳市文物管理局于2010年3月25日出具的《关于洛阳至栾川高速公路嵩县至栾川段路线走向的意见》。

（11）河南省地震安全性评定委员会《关于洛阳至栾川高速公路嵩县至栾川段工程场地地震安全性评价工作报告的评审意见》（豫震安评〔2010〕114号）。

（12）《使用林地审核同意书》；《国家林业局准予行政许可决定书》（林资许准〔2011〕085号）。

（13）河南省交通运输厅《关于洛阳至栾川高速公路嵩县至栾川段房屋建筑工程（不含服务区、停车区）施工图设计的批复》（豫交文〔2012〕223号）。

(14)河南省交通运输厅《关于洛阳至栾川高速公路嵩县至栾川段绿化工程施工图设计的批复》(豫交工〔2012〕252 号)。

(二)主要技术指标及建设规模(表 1)

主要技术指标及建设规模表　　表 1

项目	指 标 名 称	单位	指　标	采 用 值
1	地形		山岭重丘区	山岭重丘区
2	公路等级		双向四车道高速公路	双向四车道高速公路
3	设计速度	km/h	80	80
4	路基宽度	m	24.5	24.5
5	行车道宽度	m	2×2×3.75	2×2×3.75
6	中央分隔带宽度	m	1	1
7	左侧路缘带宽度	m	2×0.5	2×0.5
8	硬路肩宽度	m	2×3.00	2×3.00
9	土路肩宽度	m	2×0.75	2×0.75
10	路基设计洪水频率		1/100	1/100
11	平曲线最极限小半径		400	650
12	最小停车视距	m	110	110
13	最大纵坡	%	5	4
14	最大坡长	m	1100(4%)	600(4%)
15	最小坡长	m	200	240
16	竖曲线最小半径(凸/凹)	m	4500/3000	12000/8000
17	竖曲线极限最小长度	m	70	175
18	路面横坡	%	2%	2%
19	桥面总宽	m	2×11.75	2×12.2
20	桥面净宽	m	2×10.75	2×11.38
21	桥涵设计车辆荷载		公路—Ⅰ级(特殊桥梁 1.3 倍公路—Ⅰ级)	公路—Ⅰ级(特殊桥梁 1.3 倍公路—Ⅰ级)
22	桥涵设计洪水频率		1/100(特大桥 1/300)	1/100(特大桥 1/300)
23	分离式双洞隧道净宽	m	2×10.25	2×10.25
24	隧道侧向宽度(左/右)	m	0.5/0.75	0.5/0.75
25	隧道内最大纵坡	%	3	3

(三)工程进度

(1)嵩栾段施工许可申请于 2011 年 4 月 15 日上报河南省交通运输厅,嵩栾段因压矿问题致使土地手续延至 2015 年 9 月才获批复,因此施工许可于 2016 年 1 月批复。

(2)嵩栾段于 2010 年 12 月开工,2012 年 12 月底建成通车试运营。

(四)项目投资及来源

1. 项目公司注册情况

2009 年 8 月 6 日河南高速公路发展有限责任公司拨付注册资本金 1000 万元;2009 年 8 月

13 日河南嵩阳高速公路有限公司正式注册成立；2011 年 11 月注册资本金变更为 5000 万元。

2. 批复概算及资金构成

根据 2010 年 10 月 20 日《河南省发展和改革委员会关于洛阳至栾川高速公路嵩县至栾川段工程初步设计的批复》（豫发改设计〔2010〕1534 号文），本项目总概算 631795 万元，其中资本金 157948.75 万元（占总投资的 25%），由河南高速公路发展有限责任公司筹措拨付；国内商业银行贷款 473846.25 万元（占总投资的 75%）。

3. 项目投资计划及投资完成情况

（1）根据《关于调整 2010 年河南省高速公路部分建设项目投资计划的通知》（豫交规划〔2010〕420 号），洛阳至栾川高速公路嵩县至栾川段 2010 年投资计划为 5 亿元，实际完成 1.93 亿元。

（2）根据《关于下发河南省高速公路建设项目投资计划预安排的通知》（豫交规划〔2011〕8 号），洛阳至栾川高速公路嵩县至栾川段 2011 年投资计划为 15 亿元，实际完成 12.63 亿元。

（3）根据《关于下达河南省 2012 年第二批高速公路建设项目投资计划预安排的通知》（豫交文〔2012〕68 号），洛阳至栾川高速公路嵩县至栾川段 2012 年投资计划为 34 亿元，实际完成 36.61亿元（截至 2012 年 11 月 30 日）。

截止到 2016 年 6 月，设计变更已全部完成审批程序，清算决算工作已经完成，调概报告已上报上级单位。

（五）主要工程数量

全线路基挖方 1303 万 m^3、填方 880 万 m^3，沥青混凝土路面 1366 千 m^2，特大桥 1 座，大桥 77 座，中桥 8 座，分离式立交 13 座，隧道 24 座，通道 22 道，涵洞 74 道，天桥 5 座。沿线设停车区 1 处（缓建），服务区 1 处，互通式立交 4 处，匝道收费站 4 处。

（六）主要参建单位

1. 建设单位

河南嵩阳高速公路有限公司。

2. 设计单位

河南省交通规划勘察设计院有限责任公司。

3. 监理单位

河南省高等级公路建设监理部有限公司；

河南省公路工程监理咨询有限公司；

中交第一公路勘察设计研究院有限公司（设计监理）；

北京路恒源交通工程技术开发有限公司（机电监理）。

4. 质量监督单位

河南省交通基本建设质量检测监督站。

5. 土建工程施工单位

土建工程 No. 1 合同段：河南省公路工程局集团有限公司；

土建工程 No. 2 合同段：中铁七局集团有限公司；

土建工程 No. 3 合同段：中铁十五局集团第二工程有限公司；

土建工程 No. 4 合同段：中国葛洲坝集团股份有限公司；

土建工程 No. 5 合同段：中铁七局集团郑州工程有限公司；

土建工程 No. 6 合同段：中铁十五局集团第一工程有限公司；

土建工程 No. 7 合同段：中铁十五局集团第五工程有限公司；

土建工程 No.8 合同段:陕西明泰工程建设有限责任公司;

土建工程 No.9 合同段:中交一公局第六工程有限公司;

土建工程 No.10 合同段:中铁十五局集团第七工程有限公司。

6. 路面工程施工单位

河南省公路工程局集团有限公司。

7. 房建工程施工单位

房建工程 No.1 合同段:河南光大建设工程有限公司;

房建工程 No.2 合同段:河南锦源建设有限公司;

房建工程 No.3 合同段:郑州市正岩建设有限公司;

房建工程 No.4 合同段:河南天河建设工程有限公司;

房建工程 No.5 合同段:河南省第二建设集团有限公司。

8. 交安施工单位

交安工程 No.1 合同段:邯郸市立通道路设施有限公司;

交安工程 No.2 合同段:杭州红萌交通设施有限公司;

交安工程 No.3 合同段:海南中咨泰克交通工程有限公司;

交安工程 No.4 合同段:北京路桥方舟交通科技发展有限公司。

9. 绿化施工单位

绿化工程 No.1 合同段:河南乾方园林绿化工程有限公司;

绿化工程 No.2 合同段:河南省益康园林工程有限公司;

绿化工程 No.3 合同段:郑州万年春园林绿化工程有限公司;

绿化工程 No.4 合同段:河南新封园林绿化工程有限公司。

10. 机电施工单位

机电工程标:紫光捷通科技股份有限公司;

通信管道工程 No.1 合同段:中国铁建电气化局集团第一工程有限公司;

通信管道工程 No.2 合同段:中铁十三局集团电务工程有限公司;

配电照明工程 No.1 合同段:郑州市亚通照明工程有限责任公司;

配电照明工程 No.2 合同段:河南省泛光照明工程有限公司;

10kV 供电工程 No.1 合同段:安阳优创实业有限责任公司;

10kV 供电工程 No.2 合同段:平顶山华辰电力有限公司。

二、建设管理情况

(一)前期工作

1. 设计单位招标

该项目勘察设计招标资格预审公告于 2010 年 4 月 26 日在《中国交通报》、《河南日报》、中国采购与招标网上发布了资格预审公告,并于 2010 年 6 月 1 日举行了洛阳至栾川高速公路嵩县至栾川段勘察设计招标开标会。评标结束后,河南高速公路发展有限责任公司编制了评标报告,并将中标候选人名单呈报河南省交通运输厅进行审查、备案,最终确定中标单位是:河南省交通规划勘察设计院有限责任公司。

2. 施工单位招标

(1)土建工程

嵩县至栾川段土建工程施工招标资格预审公告于 2010 年 7 月 26 日在《中国交通报》、《河南日报》、河南省交通运输厅网站、中国采购与招标网、河南高速公路发展有限责任公司网站上发布了资格预审公告,并于2010年10月25日举行了嵩县至栾川段土建工程施工招标开标会。评标结束后,我公司编制了评标报告,并于2010年11月22日起将中标候选人名单在河南省交通运输厅网站进行了公示,最终确定了河南省公路工程局集团有限公司等10个中标单位。

(2)路面工程

嵩县至栾川段BT路面工程招标于2012年4月6日在河南省交通运输厅网站、中国采购与招标网、河南招标采购综合网上发布了招标公告,并于2012年5月4日举行了洛阳至栾川高速公路嵩县至栾川段BT路面工程招标开标会。评标结束后,我公司编制了评标报告,并于2012年6月4日起将中标候选人名单及其各自的人员、业绩材料在河南省交通运输厅网站进行了公示,确定河南省公路工程局集团有限公司为中标单位(BT模式)。

(3)房建工程

①收费站房建工程:嵩县至栾川段收费站房建工程招标于2012年3月29日在《中国交通报》、《河南日报》、河南省交通运输厅网站、河南招标采购综合网上发布了招标公告,并于2012年5月3日举行了洛阳至栾川高速公路收费站房建工程招标开标会。评标结束后,我公司编制了评标报告,并于2012年5月18日起将中标候选人名单及其各自的人员、业绩材料在河南省交通运输厅网站进行了公示,最终确定了以下4个中标单位。

房建工程No.1合同段:河南光大建设工程有限公司;

房建工程No.2合同段:河南锦源建设有限公司;

房建工程No.3合同段:郑州市正岩建设有限公司;

房建工程No.4合同段:河南天河建设工程有限公司。

②服务区房建工程:嵩县至栾川段服务区房建工程招标于2012年6月13日在《中国交通报》、《河南日报》、河南省交通运输厅网站、河南招标采购综合网上发布了招标公告,并于2012年7月12日举行了洛阳至栾川高速公路服务区房建工程招标开标会。评标结束后,我公司编制了评标报告,并于2012年7月25日起将中标候选人名单及其各自的人员、业绩材料在河南省交通运输厅网站进行了公示,最终确定河南省第二建设集团有限公司为中标单位。

(4)交通安全设施工程

嵩县至栾川段交通安全设施工程施工招标公告于2012年4月19日在《中国交通报》、《河南日报》、河南省交通运输厅网站、中国采购与招标网、河南招标采购综合网上发布了招标公告。并于2012年5月22日举行了洛阳至栾川高速公路交通安全设施工程施工招标开标会。评标结束后,我公司编制了评标报告,并于2012年6月25日起将中标候选人名单及其各自的人员、业绩材料在河南省交通运输厅网站进行了公示,最终确定了以下4个中标单位。

交安工程No.1合同段:邯郸市立通道路设施有限公司;

交安工程No.2合同段:杭州红萌交通设施有限公司;

交安工程No.3合同段:海南中咨泰克交通工程有限公司;

交安工程No.4合同段:北京路桥方舟交通科技发展有限公司。

(5)绿化工程

嵩县至栾川段绿化工程招标于2012年5月4日在《中国交通报》、《河南日报》、河南省交通运输厅网站、河南招标采购综合网上发布了招标公告,并于2012年5月31日举行了洛阳至栾川高速公路绿化工程招标开标会。评标结束后,我公司编制了评标报告,并于2012年6月25日起将中标候选人名单及其各自的人员、业绩材料在河南省交通运输厅网站进行了公示。公示期间,我公司收到了上级单位签批的关于绿化工程4标段第一中标候选人河南艺博园林绿化有限公司存在业绩造假的举报材料。我公司组织人员对举报涉及的内容进行了解,并向涉及的省交通运输厅主管部门发函对业绩进行调查,形成调查报告上报上级主管部门。根据公示及举报调查结果,最终确定了以下4个中标单位。

绿化工程 No.1 合同段:河南乾方园林绿化工程有限公司;

绿化工程 No.2 合同段:河南省益康园林工程有限公司;

绿化工程 No.3 合同段:郑州万年春园林绿化工程有限公司;

绿化工程 No.4 合同段:河南新封园林绿化工程有限公司。

(6)机电工程

嵩县至栾川段交通机电、通信管道、供配电照明及10kV供电线路工程施工招标公告于2012年5月30日在《中国交通报》、《河南日报》、河南省交通运输厅网站、中国采购与招标网、河南招标采购综合网上发布了招标公告,并于2012年6月26日举行了洛阳至栾川高速公路机电工程招标开标会。评标结束后,我公司编制了评标报告,并于2012年7月18日起将中标候选人名单及其人员、业绩材料在河南省交通运输厅网站进行了公示。公示期间,我公司收到了上级单位关于配电工程1标段第一中标候选人河南杨刚建设集团有限公司存在业绩和人员资质造假的举报材料。我公司组织人员对举报涉及的内容进行了解,向涉及的外省交通运输厅主管部门发函对业绩进行调查,并得到回函。我公司立即将调查报告上报上级主管部门,根据公示及举报调查结果,最终确定了以下7个中标单位。

机电工程标:紫光捷通科技股份有限公司;

通信管道工程 No.1 合同段:中国铁建电气化局集团第一工程有限公司;

通信管道工程 No.2 合同段:中铁十三局集团电务工程有限公司;

配电照明工程 No.1 合同段:郑州市亚通照明工程有限责任公司;

配电照明工程 No.2 合同段:河南省泛光照明工程有限公司;

10kV 供电工程 No.1 合同段:安阳优创实业有限责任公司;

10kV 供电工程 No.2 合同段:平顶山华辰电力有限公司。

3.监理单位招标

(1)土建施工监理

嵩县至栾川段土建工程施工监理招标资格预审公告于2010年7月26日在《中国交通报》、《河南日报》、河南省交通运输厅网站、中国采购与招标网、河南高速公路发展有限责任公司网站上发布了资格预审公告,并于2010年10月25日举行了嵩县至栾川段土建工程施工监理招标开标会。评标结束后,我公司编制了评标报告,并于2010年11月22日起将中标候选人名单在河南省交通运输厅网站进行了公示,并最终确定了2个中标单位。

嵩栾一代监理:河南省高等级公路建设监理部有限公司;

嵩栾二代监理:河南省公路工程监理咨询有限公司。

(2)机电施工监理

嵩县至栾川段交通机电工程施工监理招标资格预审公告于2012年5月15日在《中国交通报》、《河南日报》、河南省交通运输厅网站、中国采购与招标网、河南招标采购综合网上发布了资格预审公告,并于2012年7月30日举行了洛阳至栾川高速公路交通机电工程施工监理招标开标会。评标结束后,我公司编制了评标报告,并于2012年8月17日起将中标候选人名单及其各自的人员、业绩材料在河南省交通运输厅网站进行了公示,并最终确定北京路恒源交通工程技术开发有限公司为中标单位。

(二)征地拆迁

(1)林业用地于2011年5月6日经国家林业局审核批准(林资许准〔2011〕085号)。

(2)沿线永久性用地申报材料经河南省国土资源厅于2010年10月13日正式批准并签发了预审意见(豫国土资函〔2010〕501号)。嵩栾段建设用地于2015年9月获得河南省国土资源厅批复《关于洛阳至栾川高速公路嵩县至栾川段工程建设用地的函》(豫国土资函〔2015〕575号)。

嵩县至栾川高速公路申请建设用地400.2568hm^2[1],实际征用土地规模为417.4871hm^2。截至目前,拆迁补偿也全部完成,所有县、区的永久性土地使用证全部办理完毕。

(三)项目管理情况

1.项目管理机构设置及职能

经河南省交通运输厅批准,河南省洛阳至栾川高速公路建设单位为河南嵩阳高速公路有限公司(2010~2012年隶属河南高速公路发展有限责任公司,2013年至今隶属于河南省收费还贷高速公路管理中心),于2009年8月13日正式注册成立。公司下设8个处室:综合处(主要负责公文处理、后勤管理、党务、人事、宣传等工作)、工程技术处(主要负责工程技术管理工作)、计划合同处(主要负责计划、合同及招投标工作)、质量监督处(主要负责工程质量监督管理工作)、安全生产处(主要负责安全生产监督管理工作)、财务财产处(主要负责财务管理工作)、考核监督处(主要负责施工节点目标检查考核和廉政建设工作)、协调处(主要负责征地拆迁及施工环境协调工作)。

2.质量控制措施与效果

在项目建设期间,公司严格加强质量控制管理,认真做好工程质量控制管理工作,确保工程质量安全。

(1)为严格加强质量控制管理,公司先后制订、完善并了《洛栾高速公路工程质量检查评比办法》《原材料准入管理办法》《首件工程认可制和样板工程评审制》《监理管理办法》等制度、办法,为确保工程质量安全提供了制度保证。

(2)严格实行"首件工程认可制和样板工程评审制",狠抓首件工程各项质量指标的落实和综合评价,进一步加强对首件工程、样板工程的申报、评审和认可,大力推广创优工程,以达到以点带面、整体优质的效果。嵩栾段共完成各项"首件工程"认可66个,评选标段"样板工程"46个,评选代表处"样板工程"11个,在全线形成了一个良好的"创先争优"氛围。

(3)严格实行"原材料准入制和模板准入制",进一步加强对钢材、水泥、砂石料、模板等主要原材料质量的源头控制和管理。

(4)严格加强对进场的高强度等级混凝土用碎石、砂进行二次筛分和水洗,从而有效提高了混凝土的内在质量。

(5)严格加强对拌和站及其仪器设备的控制管理,确保对集料和水泥计量的准确性。

(6)严格加强对模板制作、钢筋笼安装、混凝土保护层垫块的设置及过程控制,加强对事前、过程和事后的检测控制管理。

(7)进一步加大对施工路基宽度的控制,确保路肩压实达标,尽可能减少工后沉降。

(8)根据施工季节特点,狠抓夏季、雨季、冬季施工管理,狠抓冬季施工养生,有效保证了混凝土施工的内在质量。

(9)针对隧道、桥梁等结构物隐蔽工程和高填方施工路段质量控制弱、安全隐患多的情况,通过引进先进的视频监控系统,有效加强了对施工全过程的监控;为了加强对隧道仰拱隐蔽工程施工质量的控制,公司委托河南省交院工程测试咨询有限公司采用汽车钻等措施,对全线隧道所有仰拱进行钻芯检查,并对发现的问题及时进行处理。

---

[1] $1hm^2 = 666.6m^2$,下同。

(10)认真落实隧道、桥梁、高墩施工等控制措施，通过采用地质雷达等先进探测设备进行超前地质预报预测，并采取有针对性的防护措施等，从而避免了施工质量隐患，确保了隧道、桥梁、高墩施工质量安全。

(11)为确保隧道施工质量安全，公司委托河南省交院、河南省交通科学技术研究院、河南铁诚检测有限公司三家有质资的检测单位对隧道施工进行质量检测、超前地质预报及监控量测工作，并针对在施工过程中出现的质量缺陷及时督促施工单位进行整改落实，以确保工程实体质量安全。全线27座隧道已全部进行了质量检测，工程质量全部达标。

(12)通过多次组织"钢筋保护层控制"、"箱梁施工质量控制"培训，开展现场观摩学习等，进一步提高了全线工程技术人员的业务能力和管理水平。

(13)全面督促做好路床及梁体预制、上部结构施工及洒水、保湿养生工作，确保桥面铺装层的厚度及平整度质量。

(14)严格加强对夜间施工的监督检查，尤其对分项、分部工程要确保工程质量一次性合格，防止和杜绝返工现象。

(15)每季度定期邀请省、市质检站对全线的工程质量、安全进行全面认真排查，对不符合质量标准要求的限期进行整改落实，确保全部工程达标合格。

(16)认真开展自查自纠，及时完善各项管理措施，全面排查和治理各种质量隐患，对发现的施工质量问题限期进行整改落实。开工以来，全线共下发"质量督察通知单"60余份，有效加强了施工质量监管。

(17)在加强质量管理的前提下，充分考虑山区高速公路项目施工的复杂性，公司科学组织，积极申报，全面加快三阶段质量验收工作，加快了施工进度。2012年10月全线路床、桥梁下部(包括上部)结构、梁板预制、水泥稳定碎石基层、沥青下面层试验段、沥青上面层试验段等全部通过了省厅质监站组织的三阶段验收，对专项检查中发现的问题，按照监理工程师的意见和要求，全部认真整改完毕，质量均为合格。

(18)在路面施工质量控制管理方面：一是在路面底基层、基层施工时，采用钢丝挂线和双机联铺等施工工艺，确保路面底基层和基层的厚度、接缝、平整度等指标满足技术规范要求。二是在设备使用方面，采用成套原装进口的沥青拌和设备，进一步提高沥青拌和的技术参数和精确度；采用德国进口的最新式履带式摊铺机，可将路面半幅一次性摊铺完成，并且不产生纵向接缝、布料均匀、外观质量好、平整度规范；采用瑞士进口的双钢轮沥青碾压设备和国产的胶轮压路机，该机喷水装置雾化好、压实效果好。三是在新材料使用方面，为了使半刚性基层和沥青面层黏结紧密，将原设计的基层顶面透层撒布材料普通乳化沥青变更为高渗透乳化沥青，并开展了透层乳化沥青在高速公路半刚性基层的渗透效果应用科研项目研究，使沥青路面多层组合体具有更好的层间黏结，其渗透效果好、结构承载力强，并具有耐久性和抗水害能力，达到了预期效果，确保了路面质量。四是邀请长沙理工大学等科研单位人员进行业务技术指导，提供技术支持。

同时，公司还实行质量检查汇报制度、加强对关键工序的控制、对进场原材料进行抽检、举办内业人员专业培训、下发检查通报等多项措施，进一步加大监管力度，提高了项目建设监管水平。

3. 安全生产管理

(1)认真贯彻落实安全生目标管理责任制，严格加强责任目标管理，并与各监理、各施工单位分别签订了"安全生产目标责任书"，进一步明确各单位一把手为安全生产第一责任人，实行一级抓一级、一级对一级负责、层层抓好落实的责任体系，将安全生产纳入信用评价考核体系。

(2)认真落实"一岗双责"，严格加强对监理、施工单位责任落实情况的监督和考评，以铁的手腕、铁的心肠和强有力的措施，确保安全保障体系有效运行。

(3)进一步建立和完善《安全生产考核监督管理办法》《安全生产责任追究办法》《安全生产费用使用管理办法》《安全事故应急预案》等30多项管理制度和77项安全生产操作规程，为全面做好安全生产工作提供了制度保证。

(4)认真搞好安全技术交底和组织专家对复杂结构物方案进行安全评审，进一步优化施工组织方案，努力降低和减少各种安全隐患。按照交通运输部、省厅等上级有关规定，公司多次组织专家对全线83座桥梁、26条隧道进行了总体风险评估，其中对34座桥梁、7条隧道形成了危险等级评估报告，并及时制定了有针对性的防范措施。

(5)认真抓好对关键重点部位、关键环节的安全管控工作，认真落实隧道施工"五不挖"、桥梁基础施工现场"四防"等各项规定，并在全线布设了90个视频监控点，对大跨径桥梁、隧道等重大安全隐患部位实行24小时不间断视频监控，对各个分项分部工程做到"不报验、不开工，不安全、不生产"，严把死守，确保重点部位、关键环节安全有序施工。

(6)为认真抓好安全管控工作，公司先后建立和完善了危险源分布图、危险源台账、安全生产明白卡、三级危险源预警牌等，并对确定的56个重点整治项目进行了治理，进一步加大了整改力度，确保全线施工安全。

(7)严格加强对架桥机、吊装等特种设备、特种作业人员，上下墩柱步梯搭设、高空作业平台防护及踏板铺设、桥面系施工及临边防护、爆炸物保管及使用、跨地方道路架桥施工等工序进行专项检查。做到对不合格的设备坚决停用，对证件不达标的特种作业人员坚决予以清退，确保人员、设备施工安全。同时，确保夏季高温条件下的施工人员的生命、财产安全。

(8)认真做好汛期安全防汛工作。一是成立安全防汛组织机构，建立健全安全防汛协调机制和奖惩措施，严格实行防汛工作责任目标管理；二是做好防汛物资储备，落实好防汛抢险预案，加强24小时防汛值班，发现安全隐患及时报告和处理；三是针对汛期山区施工容易发生泥石流、塌方和滑坡等地质灾害问题，各单位全面加强防汛巡查力度，切实做好防灾避险工作；四是认真开展防汛安全教育，不断提高全体参建人员的安全防范意识和自我保护意识，确保项目建设安全顺利实施。

(9)认真抓好劳动用工登记和岗前安全培训教育，健全安全生产管理台账，严格实行动态管理，确保人人都能安全上岗。开工以来，全线共开展安全培训教育520次，发放《施工现场远程视频监控系统规章汇总手册》150多套，进一步加大宣传力度，不断提高全体参建人员的安全防范意识。

(10)严格实行责任追究制度，建立健全安全生产专项考核工作机制，进一步加大安全投入和奖罚力度，充分调动施工单位的积极性和主动性。截至目前，全线共投入安全生产经费4200万元，下发检查通报30期，安全隐患整改通知380余份，奖励468万元，处罚352万元，有效保证了安全生产工作的顺利开展。

(11)认真落实安全生产值班、检查、登记、消防和现场警示等制度，确保安全生产及日常管理常态化。

(12)认真抓好安全应急预案的制订和应对突发性事故实战演练。开工以来，全线共组织应急预案演练158次，进一步提高了应对各类突发性事故的组织协调能力。

(13)为确保路面工程施工安全，公司于2012年8月份成立了"洛栾高速公路建设项目交通管制工作领导小组"，并与洛阳预备役部队签订了"洛栾高速公路交通管制执勤协议书"，对全线的进出高速公路路口统一实行交通管制，确保道路施工安全。

(14)牢固树立安全生产"隐患等于事故""每天都是从零开始"的理念，认真学习和贯彻落实国家各项法律、法规，认真执行各项操作规程和技术标准，要求全体参建人员要站在"违法、违规”的高度来警示和处理各种不正当施工及管理行为，全面防控各种危险源隐患。

2012 年 3 月 20 日凌晨 1 时左右，在洛栾高速二期三标东湾 2 号桥处，两名工人在浇灌桥墩过程中因模板倒塌从桥上坠落。事发后，现场其他人员立即将两名伤者送往医院进行抢救，后因抢救无效于 20 日上午死亡，造成一般安全责任事故。事故发生后，公司高度重视，经研究，决定成立事故应急处理小组，事故调查小组，对各级责任人严格执行了责任追究制度，对措施不到位、违犯安全生产要求进行施工的责任人员进行了严肃处理，施工单位对事故受害人进行了赔偿善后。同时立即进行全方位的安全隐患排查，重新明确安全生产的各级责任人，明确安全生产人员的职责和责任，杜绝安全事故的再次发生。

4. 进度管理

(1)认真抓好投资计划及形象进度控制。自项目开工以来，公司及时制订了年度、月度投资计划及形象进度，并针对不同施工阶段设立了工期节点目标，充分利用施工黄金时间，将进度计划分解到月、旬、日，并具体到各个标段的各个分项、分部工程，为顺利完成整体计划奠定了基础。

(2)建立施工日报制度。全线各施工单位将当天完成的工程量经项目经理及驻地监理签认后，须在第二天及时报至项目公司，项目公司定期或不定期的到工地进行检查工程进度情况，并对上报的统计数字及落实情况进行核对，做到全面、及时、准确、真实，为领导决策提供可靠依据，从而保证了施工进度计划的顺利完成。

(3)定期召开旬例会。在工程进展的关键时期，为进一步加快施工进度，公司董事长周洪文每旬亲自主持召开旬例会，由公司相关处室、监理单位、施工单位负责人分别汇报上旬计划完成情况和施工中存在的问题，并制定和公布下旬施工进度计划。切实做到日保旬、旬保月、月保季、季保年、年保通车总体目标，确保年度各项任务目标和总体任务目标的按期完成。同时，严格加强旬计划节点考核，严格实行重奖重罚，充分调动各施工单位的积极性和主动性。

(4)采取分段、分级督导措施。在施工过程中，充分发挥项目公司和监理、施工标段及施工标段法人单位为一体的分段、分级督导体系作用，确保施工顺利实施。

(5)严格加强夜间巡查。在工程进展的关键阶段，按照公司班子成员分段督导分工，公司及各办事处、各监理单位严格实行夜间巡查制度，确保人员、设备、施工进度、安全、质量受控，确保 24 小时不间断施工作业。

(6)全面持续掀起施工大干高潮。在项目建设期间，为确保按期完成工期节点目标和年度目标，公司先后在全线组织开展了“大干一百天，全面掀起施工高潮暨质量、安全双保一百天”和“优质工程杯”等多种形式的劳动竞赛活动，特别是 2010 年 11 月刚开工，在公司及各参建单位的严密组织下，嵩栾段就顺利完成了省厅要求的“人员设备全部到位、施工便道全部打通、清表全部完成、结构物全面开工”的“四个 100%”工作目标，项目建设全面进入实质性工程施工阶段，并超额完成了上级下达的年度投资计划目标。在此基础上，项目建设每年均超额完成了上级下达的目标任务，并先后多次受到了省厅、集团、洛阳市政府等上级有关部门的通报嘉奖。在认真履行基本建设程序的同时，做到同步开展工作、同步深入研究、同步取得成果，开创了当年立项、当年批复、当年实质性开工建设的新纪录，为确保实现 2012 年通车目标奠定了坚实的基础。

5. 工程变更

为了确保工程质量，按照交通运输部和河南省高速公路设计技术规范标准要求，结合设计与项目建设实际，在施工中进行了部分设计变更。主要变更项目及内容有以下 4 项。

(1)路基路面变更

①取消部分跨标段调运土石方变更。由于项目沿线山高路陡、沟壑纵横，远距离跨标段调运不易实施，另外各个标段进度不协调，施工时很难同步进行跨标段调配土石方。

②路基填料的变更。由于跨标段调运土石方无法实施、挖方段土方 CBR 值不足或为不良土质等原因,根据项目所在地实际情况,部分标段变更为借土填方或借砂砾填方等。

③路面结构的变更。根据业主要求,对 40m 以内短路基(路堑)部分路面结构变更为复合式路面结构。

④滑塌、滑坡路段治理的变更。根据 2012 年 5 月 23 日设计变更方案审查意见,对 K67 + 450 ~ K67 + 805 左侧滑坡段,采取渗沟 + 坡脚挡墙加固处理方案;对 K84 + 495 ~ K84 + 890 滑坡段,采取抗滑桩 + 渗沟 + 拱形骨架植草 + 坡脚挡墙加固处理方案。

⑤边坡防护结构的变更。结合项目实施中遇到的实际情况,对部分段落边坡防护结构变更设计。

(2)部分桥涵结构物变更

①涵洞通道的变更。结合项目进展中遇到的实际问题,对部分涵洞、通道进行增减、移位、变动跨径、改变地基处理形式等变更设计。

②桥梁的变更。

上部结构:根据 2011 年 7 月 15 日专家咨询意见,河西 1 号中桥 3 × 20m 预应力混凝土组合箱梁取消,变更为路基;河西 2 号中桥 4 × 20m 预应力混凝土组合箱梁变更为 3 × 30m 预应力混凝土组合箱梁;九龙山互通 E 匝道大桥 11 × 30m 现浇箱梁变更为预应力混凝土组合箱梁。根据 2012 年 5 月 23 日设计变更审查意见,嵩栾 6 标五成沟 2 号大桥左线第 24 ~ 27 跨和右线第 22 ~ 25 跨变更为路基。根据业主要求,桥梁伸缩缝变更为型钢单缝式和模数式伸缩装置。

下部结构:结合项目进展中实际情况,优化下部结构部分桩长,并将部分桥梁桩柱式桥台变更为扩大基础。

③天桥的变更。结合项目进展中遇到的实际问题,对部分天桥进行增减等变更设计。

(3)隧道变更

根据现场实际开挖的围岩地质情况,以及地质超前预报结果,隧道分别调整了不同段落的围岩级别及支护形式,正、负变更工程量基本平衡,以达到支护与围岩的辩证统一,以体现“动态设计、动态施工”的隧道新奥法设计思想。个别隧道在施工过程中,不同程度出现了塌方情况,现场及时给予了处理措施并提供了处治方案;同时,结合洞口段实际地形情况,对个别洞门形式进行优化调整。

根据 2012 年 5 月 23 日厅豫西指挥部组织专家评审会评审意见,龙勃 1 号隧道进口端右线 90m 长的隧道浅埋段变更为路堑。

根据 2012 年 2 月 16 日厅豫西指挥部组织专家评审委员会及业主要求的晚进洞方案,对王院隧道左线出口端采取晚进洞方案,取消原设计的抗滑桩。

(4)路线交叉变更

应栾川县地方政府的要求,对栾川互通进行变更设计,并获得豫西指挥部的审批。

6. 工程造价控制

该项目总概算为 631795.49 万元,审定本项目竣工决算值 662779.70 万元,超概算 30984.20 万元。为严格加强工程造价控制管理,项目公司结合本项目建设实际,先后制定和完善了《合同管理办法》《工程变更申报程序》《计量支付管理办法》等多项管理措施,做到工程造价控制管理有章可循、有规可依,进一步规范工程造价控制管理,并定期征询各施工单位的意见和建议,以便及时改进工作、节约成本、提高效率。

对于影响工程造价的工程变更,我公司根据河南省交通运输厅文件《关于印发河南省公路工程设计变更管理办法》(豫交文〔2014〕28 号),按照变更审批权限,河南省交通运输厅豫西山区高速公路建设指挥部对建设期设计变更进行了审查，河南省交通运输厅定额站和中心联合成立的豫西项目后期办对项目50万元以上设计变更进行审核，按照中心和河南省交通运输厅审批权限分别上报并全部批复。

根据河南省交通运输厅文件《关于做好高速公路建设项目零号清单新增单价审核工作的通知》（豫交建管〔2011〕60号）组价原则，工程单价采用合同清单单价、交通主管部门组织评审的0号清单单价及变更审批单价，工程单价各项审批手续齐全。

7.廉政建设

根据省厅、交通集团和高发公司关于加强廉政建设和纪检监察工作的总体要求，围绕项目创优工作总体目标，公司认真落实廉政建设目标管理责任制，成立了以公司董事长、书记为组长，纪检书记为副组长的领导小组，以考核监督处作为党风廉政建设和纪检监察工作的监督职能部门，按照公司廉政建设、纪检监察工作安排，把廉政建设纳入对各单位的考核范围，实行双重管理。同时，公司把反腐倡廉建设与年度各项重点工作进行同安排、同部署、同检查、同落实，有效推动了公司的反腐倡廉建设。一是公司每年与各处室、各监理、各施工单位负责人分别签订了“廉政建设目标管理责任书”，并将廉政建设工作纳入对各单位的监督考核范围。二是严格实行党风廉政建设目标管理责任制，建立了以“一把手负总责、分管领导各负其责”的工作机制，进一步细化责任目标，追究“三位一体”的工作机制。三是严格加强对各项制度的监督检查和落实，并积极参与制订了公司的《资金预算管理办法》《计量支付管理办法》《合同管理办法》《工程创优考核监督管理办法》《设计变更管理办法》《安全生产考核监督管理办法》《履约考核监督管理办法》等多项制度，及时转发了高发公司关于《财务管理规定》《资产管理规定》《现金管理制度》《票据管理规定》《财务管理三十不准》等上级文件，为全面加强监督监察工作提供了制度保障。同时，公司实现了在招投标、计量支付、设计变更、工程创优、履约管理、资金拨付等方面的及时响应、及时介入、及时审查、及时处理的“四及时”工作模式，进一步完善了制度、规范了程序、堵塞了漏洞，使各项工作闭合完整、不留隐患。四是狠抓重点工作、重点环节的过程控制，加强监督监管，并制订了《廉洁风险防控图及工作手册》，全面加强廉洁风险的防控工作，进一步规范权力运作机制，有计划地组织排查合同协议、材料准入、征地补偿、协调攻关、大宗物资采购等方面可能出现的问题，对规范程序、完善资料起到了积极的作用。五是进一步加强反腐倡廉教育制度建设，充分运用岗位廉政教育、典型示范教育、廉洁警示教育和法律法规讲座等有效形式，大力加强廉政教育活动。六是按照上级安排部署和要求，认真开展行风检查和专项治理工作，公司及各参建单位分别设立了监督举报电话、电子邮箱、廉政公示牌、廉政举报信箱，畅通信访渠道，妥善处理参建各方及各层次的舆情舆论监控，及时查处各类举报案件和群众信访案件，建立廉政举报台账和廉洁自律自查自纠个人档案。自项目开工以来，公司先后受理并查处各类举报案件7件，并依据相关规定分别做出了严肃处理。七是紧密结合实际，突出重点，不断探索从源头上预防职务犯罪的有效措施，建立健全教育、制度、监督并重的惩治和预防腐败体系，为项目建设提供了强有力的政治保障。

8.项目建设特点及难点

洛栾高速嵩县至栾川段项目工程建设规模大、实施难度高，桥隧比为全省在建高速公路项目中最大，高达57%。全线共有高墩299根，桥梁最高墩高77.5m，最大单跨170m，隧道全长20km，且多处设计为桥隧相连。同时，项目沿线还经过国家级自然保护区、旅游区、军事管理区、矿区、文物保护区等较多，且多次跨越水库、河流、地方干线道路，交叉高压输电线路等，工程实施难度较大，对工程建设的影响和制约因素较多。

三、交工验收及相关问题

（一）各合同段交工验收、存在问题及处理情况

根据交通运输部交竣工验收管理办法规定，施工单位在完成合同约定的全部内容后，经自检和监理检验评定合格后，提出合同段交工验收申请并报请监理代表处审查。经各监理代表处审查各合同段工程质量，均符合检评标准的要求。对于存在的问题，由监理代表处负责监督整改。在省质监站委托检测公司组织的交工验收检测过程中，对于存在的问题及质量缺陷，及时要求施工单位进行整改，并跟踪到底，对整改情况进行复查，直至符合设计施工规范要求。施工期间项目公司共计下发质量管理文件181份，质量督查通知书等50余份，月度质监通报9份，对检查中发现的问题及时、妥善地进行了处理，有效保证了工程建设质量。

（二）交工验收、工程质量鉴定提出的问题及缺陷责任期、试运营期间出现的质量问题处理结果

针对交工检测、缺陷责任期及质量鉴定检测中发现的问题，我公司始终给予高度重视，及时进行了全面详细的安排和处理，经过近三年的整改，已基本到位，整改情况如下：

（1）工程缺陷内容

根据交工检测报告及移交检测报告中提出的缺陷问题，工程缺陷内容涉及路基、防护排水工程、桥梁、隧道、交通安全设施工程、路面、绿化、房建等工程。

（2）缺陷工程修复方案及采取的主要措施

①首先要求各监理代表处和各施工单位根据检测报告及设计院出具的缺陷处理图纸，对缺陷内容进行登记汇总，并列出各单位工程缺陷修复台账及修复计划。

②按照设计图纸缺陷处理方法，结合施工难易程度，要求各标段根据需要，组织有资质、有经验的施工队伍进行施工。对于专业性不强的工程，由各标段自行选择劳务队伍进行施工，主要包括路基防护、排水以及涵洞检测合格率低的项目进行返工处理和清淤、混凝土缺陷修复、路基护坡的修整、边坡整理、沿线道路上的建筑垃圾清理等。

③对施工难度及施工技术要求高的项目，如桥梁、隧道裂缝修补、桥梁支座更换，统一由山东鲁桥集团有限公司、河南省交院工程检测加固有限公司等专业技术单位进行施工，确保工程质量和一次性合格。

④对沥青路面缺陷修复，必须选择有资质、有经验的专业养护施工队伍，我公司高度重视施工队伍的选择，全线统一选择了河南现代路桥工程有限公司、河南祥瑞公路养护有限公司进行修复。对施工设备、材料、配合比、施工方案等进行严格审查后方可施工。施工中由现场监理进行严格监督旁站，确保沥青路面的修复质量。

⑤交通工程主要是线形不顺、个别地方有人为的设施损坏和通车后部分配件缺失，要求施工单位全部进行排查，发现问题逐项进行修补校正。

⑥对房建、绿化工程多次召开专题会议，督促施工单位进行缺陷修复，由于绿化工程存在成活率的问题，豫西山区干旱少雨，不利于苗木成活，先后四次补栽苗木确保成活率。

（3）质量缺陷修复结论

经项目公司对缺陷修复工程的统一部署和各参建单位的共同努力，全线完成了工程质量缺陷修复工作，路基、防护排水、桥梁隧道、交通安全设施、绿化、路面质量缺陷维修工程均符合设计及工程质量验收规范相关要求，满足本项目的功能需要，缺陷期质量修复合格，使原有的质量隐患得到了较好的排除，进一步提高了洛栾高速公路的整体形象。

（三）档案、环保等单项验收及竣工决算审计

（1）洛栾高速公路嵩栾段于2015年6月通过省档案局、河南省交通运输厅组织的专项验收。

（2）洛栾高速公路嵩栾段于2015年6月通过洛阳市环保局组织的环保验收。

(3)洛栾高速公路嵩栾段于2016年7月24日通过了河南省水利厅组织的水土保持设施专项验收。

(4)2016年12月河南省审计厅对洛栾高速公路嵩县至栾川段项目出具了审计报告并作出审计决定。

四、科研和新技术应用情况

科学技术是第一生产力,工程技术的创新应用是本项目科技行动的主要目的与基本出发点。为此,公司基于科研与生产、开发与应用相结合的原则,针对洛栾高速公路建设的基本特点,既注重了工程技术的创新研究,又强调了先进技术的引进与消化,同时注意选择课题的实用性。其间,公司先后与中交第一公路勘察设计院有限公司、长沙理工大学等有关科研单位进行合作,积极探索先进的科研技术应用。重点进行了以下新技术研究和实践:

(一)洛栾高速隧道群修建关键技术研究

本项目针对我国复杂山岭地区隧道设计、施工、运营中遇到的洞口软弱围岩、进洞难度大,尤其是在设计阶段围岩级别判断与实际施工阶段情况差异较大、易造成施工浪费或质量缺陷以及在运营过程中耗电大、运营成本高等问题,以隧道建设为依托,进行相关及工程实践应用研究,对提高隧道修建技术、降低工程造价等具有重要的意义。

同时,由于豫西山区隧道穿越地质单元与地形的复杂性和多样性,洞口路段施工受地质灾害或地形地质偏压影响严重,所以影响隧道安全进洞。另外,在施工中因围岩级别与设计不符等原因,给设计与施工都造成了很大困难,不仅制约了施工进度,也造成了许多设计变更。

(二)豫西山区高速公路大纵坡对桥梁结构力学性能的影响及解决方法研究

在今后相当长的一个时期内,高速公路的建设将转向山岭区。在山岭区,有些路段地表(或河沟)的自然纵坡比标准规定的最大纵坡都大,若严格执行标准要求,势必会出现很多高填、深挖、长大桥梁及隧道。如何做到安全、经济、美观和环保,是山区高速公路纵断面设计中需重点解决的问题。而且现行标准中对缓和坡段纵坡值概念模糊,仅提出即使2%的纵坡也不宜过长。山区高速公路为了适应地形变化,降低造价,大部分路线纵坡较大,位于其上的桥梁自然不可避免存在大纵坡的情况。据统计洛阳至栾川高速公路,有1/3以上的路段存在超过3%的纵坡,而其中不少路段甚至出现超过4%的纵坡。

本研究课题正是在上述背景下,结合豫西山区洛阳至栾川高速公路、武西高速(鲁山至西峡段)的实际情况,研究高速公路大纵坡对装配式T梁、现浇连续箱梁、大跨径连续刚构和现浇变截面连续箱梁桥等力学性能的影响,并依托工程进行检验,提出减轻大纵坡对结构受力和敏感构件(如支座、伸缩缝等)不利影响的具体措施和方法,对设计和施工提出针对性指导意见,对国内外后续项目提供参考依据。课题完成后,力争在山区高速公路大纵坡对桥梁结构力学性能的影响及解决方法研究方面达到国内领先水平或国际先进水平。

(三)偏压隧道变形控制技术研究

本项目以洛栾高速公路嵩栾段狮子坪1号隧道、西沟2号隧道等为依托,针对隧道偏压问题,通过案例调研、数值模拟、理论研究与现场监测资料相结合、查阅地质资料,研究各种不对称地形和不同坡角条件下地应力对偏压隧道围岩的影响,以及不同施工工艺导致的开挖不同步引起的支护结构偏压受荷对围岩稳定性的影响,结合隧道实际受荷条件进行理论计算,研究偏压隧道结构受力的变化规律,并据此提出相应的偏压隧道控制措施,指导隧道施工。开展高速公路相关偏压隧道的受力变形特征及其控制技术研究,对保证软弱围岩偏压地段隧道的安全施工、合理支护具有重要的指导意义,并可进一步推广应用到我国其他的软弱围岩偏压隧道建设中,应用前景非常广阔,经济及社会效益显著。依据河南嵩栾高速公路软弱围岩偏压隧道施工中所遇到的具体问题，考虑产生隧道偏压的各主要因素（地形因素、地质因素、人为因素等），通过文献调研、实地监测，系统地研究偏压隧道的变形受力特性，并结合现有理论分析和数值计算，探讨偏压隧道施工控制技术。

五、对各参与单位的总体评价

（一）对设计单位的评价

承担本项目设计任务的是河南省交通规划勘察设计院有限责任公司，项目总体质量能满足"安全至上"的设计要求，能够按照旅游线路标准进行设计，富有文化特点，将高速公路融入自然、达到与自然的和谐统一。同时，在设计方面能够借鉴先进经验，能够较好地与沿线地形、地物、景观及自然环境相协调。在主体工程建设期间，后期服务工作给予了很好的支持与配合。

（二）对施工单位的评价

嵩栾段项目自开工以来，各参加单位精心组织，合理安排，发扬团结拼搏、连续奋战的务实精神，克服了重重困难，以通车大局为重，加大投入，不计代价，严格执行各项规定标准，在确保工程质量和安全的前提下，全力抢抓施工进度，确保按期完成了合同规定的各项节点目标，为确保按期通车目标做出了积极的贡献。

（三）对监理单位的评价

本项目监理单位为河南省高等级公路建设监理部有限公司和河南省公路工程监理咨询有限公司，根据项目公司提出的规范化、科学化、程序化管理的要求，各监理单位建立健全了各项管理制度和岗位责任制度。在整个施工过程中，能够始终加强廉政建设，突出重点、强化质量控制管理，严格加强工程变更，认真抓好投资控制，确保全线的工程质量和安全。同时，在工程质量、安全、进度、投资控制、合同、信息管理等方面，都做了大量的工作，并取得了较好的成效。

六、对工程质量的总体评价

本项目地处豫西南山区，沿线地貌、地质条件复杂，施工难度大，按照项目建设总体要求，为实现创优目标，项目公司及各监理、施工单位对施工质量非常重视，将工程质量视为重中之重，进一步完善质量监督管理体系，不断完善各项措施，强化质量监督功能，认真开展质量排查检查，将质量管理责任层层分解到责任单位和责任人，进一步提高了参建单位的质量管理意识，真正做到质量管理人人有责、层层负责，从而保证了工程质量。截至目前，经过工程质量评定和检测各项指标，全线桥梁、涵洞、路基工程都已满足了设计标准和施工技术规范要求，工程质量全部为合格。

七、项目管理体会

洛栾高速公路嵩县至栾川段项目自建设初期开始，在建设管理方面，项目公司认真总结国内高速公路的建设经验，并积极借鉴国外高速公路的先进理念，在实施过程中先后克服了沿线地质条件复杂、高填深挖和膨胀土较多等多种不利因素，认真总结施工经验，大力推广先进管理措施，全面加强项目管理，顺利实现了项目建设预定目标。其间，全线 30 多家参建单位能够立足工程建设实际，精心组织、精心施工、科学管理，克服了工期紧、任务重、施工难度大等多种困难和不利因素，抓质量、保安全、促进度、创和谐、强管理，按期圆满完成了洛栾高速公里嵩县至栾川段的工程建设任务，并积累了宝贵的项目建设管理经验，为确保 2012 年全省高速公路实现通车里程 6000km 的战略目标和全省县级城市 20 分钟上高速做出了应有的贡献。主要体会有以下几点：

（1）上级领导的重视、关心、关怀和支持是我们取得成绩的关键。嵩栾段项目自开工以来，省委、省政府、省交通运输厅、豫西指挥部、豫西项目办、收费还贷中心、交通集团和高发公司等各级领导都高度重视，并多次深入施工一线现场协调解决相关问题，从项目立项、工程实施、人员、资金、技术、政策等各方面都给予了最大的支持和帮助。洛阳市委、市政府及沿线各级地方党委政府以及各级协调部门对项目建设也给予了极大的关注和支持。大部分施工单位的上级主管部门和主管领导都能够靠前服务、靠前指挥，并按照合同规定和承诺书要求，选派技术过硬、协调能力强的干部和工程技术骨干充实到建设一线，为全力抓好工程实施奠定了坚实的基础。

(2)优化设计方案是搞好工程建设的基础。设计是高速公路建设的龙头、核心，要想使工程技术方案落实准确，必须做到设计标准全线统一，真正在方案优化上下功夫，不断提高设计的深度和精度，将设计与施工完美结合，使设计意图在施工中能够完全实现。在设计单位完成初步设计后，建设单位及时组织相关技术人员和专家对初步设计进行会审，从线形、纵断、路面、互通以及桥梁的结构形式，到通道及桥涵的布设、结构、尺寸以及软基处理等，均按照符合规范、保证质量、节约投资、少占耕地和方便施工的原则逐项进行审查和落实，重点做好纵断高程、路面结构、软基处理和互通立交等项工作。

(3)与当地政府和群众关系的和谐，是项目建设顺利实施的前提。在项目建设期间，我公司本着"建一条高速公路，造福一方群众"的原则，积极维护沿线地方政府和广大被征迁群众的根本利益。高速公路建设是一项庞大、复杂的系统工程，涉及方方面面，事情千头万绪，时间紧、任务重、压力大，尤其是在征地拆迁、改路改渠、三线迁改、施工震动等方面，公司班子和洛栾项目临时党委首先按照交通集团、高发公司与洛阳市政府签订的"关于洛栾高速项目投资框架协议书""建设优惠协议"和"地方支持协议"开展工作，主动把加快高速公路建设与支持地方经济发展融为一体。其次是认真细致地做好被征地群众的思想工作，尤其是在征地拆迁工作中，公司严格按照国家和上级的征地拆迁补偿政策有关规定和要求，坚持做到"六个到位、三个见面"，即组织到位、责任到位、宣传到位、工作到位、征拆资金到位和协调工作到位；征地拆迁时间和要求与被征拆户见面，征迁范围和数量与被征拆户见面，补偿标准和额度与被征拆户见面，严格实行"阳光操作"、规范运作，确保群众应得的征迁安置补偿款按时足额到位，努力为项目建设创造一个良好的施工环境。其三是在具体操作过程中，严格按照高速公路红线用地图进行征用，争取做到一步到位。同时，在项目建设过程中，也必然会给部分群众的生产生活带来一定的影响，如对个别路段的群众要求增设天桥、通道等问题，项目公司都给予了高度重视并及时进行协调解决，从而避免了影响工程建设进度和沿线的社会和谐稳定的情况发生。

截至目前，全线征地补偿款及拆迁补偿款已全部拨付到位，无未征先用、未拨先占的现象发生，无因征迁补偿款不到位而引起的社会不稳定问题发生，所有征迁手续齐备。

(4)加强项目管理是搞好工程建设的保障。在项目建设期间，工程管理的主要任务就是对质量、安全、工期和投资的管理，业主单位重点是协调各方关系，制定任务目标，严格控制工程变更和计量支付，充分发挥工程监理的作用，并且根据设计图纸、技术标准、施工规范、操作规程、合同条款和质量标准等相关要求，对施工方案、工艺流程、计划进度、计量支付以及原材料采购、原材料质量等进行全程监督管理，严把开工准备、材料进场、测量检查、工序转换、试验检测和工艺技术等关键环节，确保工程建设质量。在加强进度管理方面，从开工伊始，项目公司就及时建立了施工进度日报制度，特别是在工程进入最后攻坚阶段，对未能按期完成节点目标的施工单位采取相互帮扶等有效措施，并限期进行整改落实。同时，根据上级对项目的总体安排，结合项目建设实际，公司对年度计划、总体计划及时进行了相应的调整，按照节点工期进行严格控制。在工程变更控制方面，公司制订了严格的变更管理程序，根据合同条款认真做好计量支付工作，切实做到合理计划安排和使用建设资金，为项目建设提供可靠保障。

(5)齐心协力、团结拼搏是各项工作得以顺利开展的根本。在上级有关部门的正确领导和支持下，项目公司、监理代表处、施工单位等各参建单位团结协作、紧密结合，始终把加快工程建设进度、严抓工程质量、确保施工安全作为各项工作的重中之重。公司董事会及班子成员自项目开工以来，能够严格要求、以身作则，充分发挥模范带头作用，为全线参建单位及广大参建人员做好表率。广大参建人员更是舍家离子，主动放弃节假日休息时间，全身心地投入到工程建设当中。两年多的实践充分证明，正是得益于这样一个能够精诚团结、互相支持的领导集体；正是得益于这样一支特别能吃苦、特别能战斗、特别能奉献的干部职工队伍，洛速高速公路工程项目建设才能够得以顺利进行。

在项目建设期间，虽然我们在工作中做出了一定的努力，取得了一些成绩，但是我们清醒地认识到与省厅、集团、高发公司等上级部门的要求还有一定的差距，在项目建设执行过程中难免会存在不足之处。在此，欢迎各位领导及专家严格进行审查并提出宝贵建议，我们会在下一步工作中继续努力，再接再厉，不断完善，全面提高，为确保实现洛栾高速公路创优目标而继续努力。

河南嵩阳高速公路有限公司

二〇一六年八月

2. 洛栾高速公路嵩县至栾川段工程设计工作报告

目　　录

一、概况
（一）任务来源及依据
（二）沿线自然地理概况
（三）主要技术指标的运用情况
（四）工程概况
二、测设经过
（一）施工图定测
（二）外业调查
（三）测设过程中的质量保证措施
三、设计要点
（一）路线设计
（二）路基路面及防排工程设计
（三）桥梁、涵洞设计
（四）隧道设计
（五）立体交叉工程设计
（六）环境保护、景观等工程设计
（七）交通工程及沿线设施设计
四、对初步设计批复及审查意见的执行情况
五、新技术采用情况
六、施工期间设计服务情况
（一）设计变更管理
（二）工地服务管理
（三）进行顾客满意度调查
（四）工地回访
七、主要设计变更情况
（一）路基路面
（二）部分桥涵结构物的变更
（三）隧道变更
（四）路线交叉变更
（五）设计中存在问题的变更
八、设计体会

洛栾高速公路嵩县至栾川段
工程设计工作报告

一、概况

嵩县至栾川段高速公路是河南省高速公路网重点规划的洛阳至栾川高速公路的重要组成部分,同时也是河南省2010年计划开工的重点高速公路项目。项目起自“豫西山水画廊”嵩县,接同期规划并正在实施的洛阳至嵩县高速公路,路线向西南依次经过嵩县纸房乡、何村乡、德亭镇、大章镇、旧县镇,栾川县潭头镇、庙子乡,止于栾川县庙子乡河南村北侧,接拟建的武西高速公路尧山至西峡段。路线全长约66.53802km。

洛阳至栾川高速公路与区域内洛阳绕城高速公路、连霍高速公路、郑少洛高速公路、二广高速公路、武西高速公路互联成网,并先后与多条省道、县道相交。项目的建设对于加快交通基础设施的建设步伐,实施国家促进中部崛起战略、完善河南省高速公路网、改善豫西南山区路网布局,提高通道服务水平、带动沿线旅游和矿产资源开发、均衡国土资源开发、促进区域经济快速协调发展均具有十分重要的意义。

本项目由河南省交通规划勘察设计院有限责任公司设计。主要工作内容为路线、路基、路面、桥涵、隧道、路线交叉、交通工程(通信、收费、监控)及沿线设施、环境保护等。

(一)任务来源及依据

(1)洛阳至栾川高速公路嵩县至栾川段勘察设计《中标通知书》。

(2)《洛阳至栾川高速公路嵩县至栾川段工程可行性研究报告》(以下简称《工可报告》)。

(3)河南省交通规划勘察设计院有限责任公司下发的本项目《项目计划书》。

(4)河南省交通运输厅下发的《洛阳至栾川高速公路嵩县至栾川段工程可行性研究报告》专家组审查意见。

(5)河南省发展与改革委员会下发的《关于洛阳至栾川高速公路嵩县至栾川段核准的批复》(豫发改设计〔2010〕1534号)。

(6)河南省交通规划勘察设计院有限责任公司编制的《洛阳至栾川高速公路嵩县至栾川段初步设计》(以下简称《初步设计》)。

(7)河南省交通运输厅、河南高速公路发展有限责任公司下发的《洛阳至栾川高速公路嵩县至栾川段初步设计专家审查意见》。

(8)河南省发展与改革委员会下发的《洛阳至栾川高速公路嵩县至栾川段初步设计专家审查意见》。

(9)河南省发展与改革委员会下发的《关于洛阳至栾川高速公路嵩县至栾川段工程初步设计的批复》(豫发改基础〔2010〕1076号)。

(10)地方政府、项目相关单位等的有关文件、会议纪要、协议等。

(11)公司发《洛阳至栾川高速公路嵩县至栾川段施工图设计技术规定》。

(二)沿线自然地理概况

1. 地形地貌

项目位于豫西山区,经过的区域地形条件复杂,其间山岭纵横,层峦叠嶂,河沟交织。地势西南高，东北低，地形起伏大，地面高程最高的秃尖山附近海拔1000m左右，地面高程最低的嵩县纸房乡海拔350m左右，相对高差700m。

线路中段跨越的中低山区沟谷发育，山谷陡峻，地势险要，河流及沟谷多呈"V"形，沟的深度50～200m；线路北段跨越的低山丘陵地形起伏变化很大，沟谷发育，以"V"形为主，沟谷深度10～60m；河谷多呈"U"形发育；线路中段跨越的伊河及明白河两岸冲积平原，地面高程350～500m，地势相对平坦，阶地沿两岸分布。

本项目沿线地形复杂，地貌多变，有大起伏中山、中起伏中山、中起伏低山、小起伏低山、河谷平原等地貌组成。地面高程自起点处350m上升到终点约800m。路线多沿伊河河谷布线，伊河河谷自嵩县至栾川段两侧地势险峻，壁崖陡峭。

2. 工程地质

项目位于豫西山区，路线所经地带主要为低山地貌区、中低山地貌区及局部河谷冲积平原区，地表起伏变化大，山高坡陡，冲沟河谷发育，纵横交错，多呈"V"字形和"U"字形，地形条件复杂。上部地层为第四系残坡积、冲洪积及坡洪积地层，地基土多以粉质黏土、黏土、碎石土为主，河谷多为砾卵石含漂石，下部主要以太古界(Ar)混合片麻岩、元古界(Pt)安山岩、英安岩、英安斑岩、白云岩、砖红色燧石白云岩、角砾状白云岩及白云质灰岩、古生界(Pz)花岗岩、新生界(Kz)砂质黏土、褐红色砂砾岩、泥质砂岩、砾岩为主，强风化～中风化，多属硬质岩石，基岩稳固，工程性质好，浅表层局部存在松散碎石土及少量新近沉积土，断续分布、厚度及层位结构变化较大，组成成分复杂，工程性质差，工程地质条件属中等复杂类型。

线路经过的采空区主要位于矿区附近。隐蔽的采空区主要为乱采小金矿矿洞，一般规模较小，埋深浅，部分乱采矿洞已被上覆土层覆盖隐藏，如K73+600、K81+000刘坪金矿等处，设计及施工应根据《压覆矿产报告》中压覆矿产及矿坑、矿洞位置、范围等详细情况进行有针对性设计。

本区在K124+000～K127+00处断续出露白云岩及白云质灰岩，初步设计和施工图设计钻孔均未揭露到溶洞及溶孔，但不排除个别桥位区局部位置有岩溶发育。

勘察区内上部第四系中更新统黏土、粉质黏土、砂砾岩中的充填土及泥岩个别样品试验自由膨胀率大于40%，局部具弱膨胀性。一般分布于丘岗顶部及阶地，应按膨胀土路段进行路基和边坡设计。路基填筑过程中，对路基填料应严格试验填筑材料的膨胀性，以防膨胀性岩土对路基填筑的不利影响。

3. 水文

路线区所经地区沿线水系较发育，主要河流有伊河及其支流，主要水库有陆浑水库和金牛岭水库(在建)。伊河是区内最大的河流，明白河是区内伊河最大的支流，均属黄河水系。河水流量随季节变化大，每年1、2、3和12月流量偏低，7～9月为丰水期，河流量较大，其余为平水期。其余河流为伊河支流，属季节性河流，水位动态变化大，枯水季节干枯。在伊河干流嵩县田湖镇陆浑村附近建有大坝，形成陆浑水库。

本勘测区内含水介质类型多，水文地质条件复杂。根据水文资料及沿线野外调查及水质分析结果，沿线以HCO_3—Ca·Mg、SO_4·HCO_3—Ca·Mg型水为主，矿化度0.29～0.32g/L，pH值7.6～8.0。地下水水质良好，据《公路工程地质勘察规范》(JTJ 064—1998)附表D之规定，判定地下水对混凝土无腐蚀性。

4. 气象、气候

路区属北暖温带季风气候区。年平均气温14～14.5℃，年平均降水量662～674mm，降水季节分配不均，时间比较集中，全年无霜期209～216d。

受气候影响，路面施工应避开冬季，路基地基处理和桥涵下部施工应避开雨季。

5. 地质构造与地震

本合同段所经地段大部分基岩出露。项目区沿线出露地层以新生界(Kz)、古生界(Pz)、元古界(Pt)、太古界(Ar)等地层最发育。

项目区有记录破坏性历史地震11次，多为3级以下。本区地震烈度大部分处于Ⅵ度区。

项目区中晚更新世以来本场区未见明显构造运动和活动断裂通过，新构造运动微弱，地震基本烈度Ⅵ度，区域稳定性好。

根据有关规定，该项目应进行专门的地震安全性评价工作，其地震基本烈度及区域稳定性应以此报告为准。

项目区构造物应依据《公路工程抗震设计规范》(JTJ 004—1989)、《公路桥梁抗震设计细则》(JTG/T B02-01—2008)的规定考虑抗震设防。

6. 不良、特殊地质现象

不良地质情况以崩塌、滑坡、泥石流为主，道路沿线局部区域存在尾矿库和采空区，特殊性岩土主要为膨胀土、湿陷性土，设计中均采取了有针对性的设计和处理措施。

(三)主要技术指标的运用情况

根据本项目在路网中的功能和作用、远景交通量，结合沿线地形、地物等情况，工可批复本项目采用设计速度80km/h的双向四车道高速公路标准，主要技术标准及采用值见表1。

嵩县至栾川高速公路主要技术指标 表1

项目	指标名称	单位	指　标	采用值
1	地形		山岭重丘区	山岭重丘区
2	公路等级		双向四车道高速公路	双向四车道高速公路
3	设计速度	km/h	80	80
4	路基宽度	m	24.5	24.5
5	行车道宽度	m	2×2×3.75	2×2×3.75
6	中央分隔带宽度	m	1	1
7	左侧路缘带宽度	m	2×0.5	2×0.5
8	硬路肩宽度	m	2×3.00	2×3.00
9	土路肩宽度	m	2×0.75	2×0.75
10	路基设计洪水频率		1/100	1/100
11	平曲线最极限小半径		400	650
12	最小停车视距	m	110	110
13	最大纵坡	%	5	4
14	最大坡长	m	1100(4%)	600(4%)
15	最小坡长	m	200	240
16	竖曲线最小半径(凸/凹)	m	4500/3000	12000/8000
17	竖曲线极限最小长度	m	70	175

续上表

项目	指标名称	单位	指　标	采用值
18	路面横坡	%	2	2
19	桥面总宽	m	2×11.75	2×12.2
20	桥面净宽	m	2×10.75	2×11.38
21	桥涵设计车辆荷载		公路—Ⅰ级 （特殊桥梁1.3倍公路—Ⅰ级）	公路—Ⅰ级 （特殊桥梁1.3倍公路—Ⅰ级）
22	桥涵设计洪水频率		1/100（特大桥1/300）	1/100（特大桥1/300）
23	分离式双洞隧道净宽	m	2×10.25	2×10.25
24	隧道侧向宽度（左/右）	m	0.5/0.75	0.5/0.75
25	隧道内最大纵坡	%	3	3

（四）工程概况

本项目全线均位于洛阳市境内，沿途经过嵩县和栾川两个县级行政区，其中K61+800～K94+477.35路段属于嵩县，K94+477.35～K128+380路段属于栾川，路线总长66.53802km。

全线路基挖土5978062m^3、挖石7051586m^3、填土4377918m^3、填石4525071m^3、沥青混凝土路面1366007m^2，水泥混凝土路面11340m^2，排水防护圬工总量409716.1m^3，特大桥368.12m/1座，大桥21713.797m/77座，中桥611.348m/8座，分离式立交1163.738m/13座，隧道10178.4m/24座，通道22道，涵洞74道，天桥5座。全线总占地5430.39亩[1]（不含改路、改渠等其他工程占地）。

本项目设服务区1处，互通式立交4处，匝道收费站4处。

二、测设经过

本项目施工图测量在初步设计的基础上，根据省发改委（豫发改设计〔2010〕1534号）文件精神、河南省交通运输厅、河南高速公路发展有限责任公司下发的《洛阳至栾川高速公路嵩县至栾川段初步设计专家审查意见》以及现场设计监理对初步设计的审查意见，结合沿线当地政府的意见，针对路线走向和大型构造物的设置等重大技术问题进行了认真研究讨论，并编制了详细的勘测工作大纲。

（一）施工图定测

本项目平面控制测量沿用初步设计测量控制点，在测设走廊内共布设D级GPS点45个（间距不大于5000m），构成平面控制网，高程控制测量按四等水准的标准对所有控制点进行联测，加密控制点共布设137个，所有加密控制点能够两点通视。

根据所布设的控制网，采用机载激光雷达数码测量技术测绘了路线方案中线两侧各300m范围内的1∶2000地形图（互通、服务区、停车区、隧道口、主线收费站等有特殊要求的路段按设计需要加宽测量范围），并制作三维数字地面模型，以此获取细部设计中所需的地形地貌等基础数据。

施工图外业过程中，测量组采用GPS实时差分技术进行定位放样测量，根据全线地形、地物、地貌情况合理设置中桩，中桩间距不大于20m，并设置曲线要素桩、公里桩和百米桩以及在路线交叉、拆迁建筑物、桥涵隧道、不良地质地段起终点及地形地物变化处均设置加桩，互通式立

[1] 1亩=666.6m^2，下同。

交、服务区、停车区所有匝道及被交道的测量与主线同方法、同深度。

另根据施工图设计需要，定测了全线所有大中桥两边线纵向地面线，地形复杂路段桥头横向地面线，全线涵洞通道横向中心地面线，全线所有被交道路等，并与从数模中获取的地面线对比校核，确认无误后使用。

本项目横断面测量选取地形起伏较大的路段和需设挡墙的路段用全站仪进行测量后，用数模又重新获取了相应桩号的横断地面线进行对比，然后参考全线影像资料对两种方法获取的地面线进行对比校核，比较结果最大误差不超1cm，数模精度完全能满足设计要求。

（二）外业调查

沿线就桥涵、路线交叉、路基路面、排水防护、征地拆迁、土源及材料等专业分项分别展开实地勘测，并且对水文、管线、文物等各方面问题进行了广泛深入的调查。外业勘察期间，项目组按照ISO9001管理体系要求，严格执行我院已通过认证的质量体系程序文件，始终把测设质量放在第一位。项目组于2010年10月13日进行了自检和完善，2010年10月14、15日，提请省厅领导、交通投资集团领导及相关专家、设计监理、我公司审核咨询部对外业成果进行联合审查验收。

（三）测设过程中的质量保证措施

施工图设计过程中严格执行交通运输部部颁规程、规范，并按我院现行质量体系（ISO9001）进行质量管理，严把设计质量关，经过艰苦、紧张的工作，于2010年12月完成施工图设计文件编制。

三、设计要点

（一）路线设计

平面线形：根据初步设计专家审查意见进一步优化路线方案，地形选线、地质选线及环保选线相结合，综合考虑各种制约因素，做出各种可能的方案并论证，选择最优方案作为实施方案。

一般采用不设超高的平曲线半径，同向及反向平曲线间的直线长度符合规范要求，平曲线比例大于60%。

纵断面线形：道路纵断面的控制高程以满足下列标准为原则：①有关部门提供的河流、公路、管线及部队坦克通道的净空要求；②与沿线政府或主管部门签订的横穿构造物的净空要求；③水文分析的水位资料。

平纵组合：尽量使竖曲线位于平曲线之内，一个平曲线所包含竖曲线不超过6个，当超过6个时，采用透视图检验，经检验合格后方可采用。

各施工标段内的平面线形以服从全线路线总体走向为前提，平、纵线形力求均衡，全线风格一致，相邻标段间线形过渡自然、舒顺、流畅。

（二）路基路面及防排工程设计

1. 路基横断面布置

（1）路基横断面

根据本项目交通量预测结果和《河南省高速公路设计技术要求》，结合沿线的地形地势，该高速公路，采用整体式路基与分离式路基两种横断面形式，整体式路基宽24.5m，分离式路基半幅宽12.75m，双向四车道，设计速度80km/h。

整体式路基：路基宽24.5m，具体组成为：中间带2.0m（含中央分隔带1.0m及左侧路缘带0.50m×2），行车道3.75m×4，右侧硬路肩3.0m×2（含右侧路缘带0.5m×2），土路肩0.75m×2。

分离式路基：单幅路基宽12.75m，具体组成为：土路肩0.75m×2，左侧硬路肩0.75m（含左侧路缘带 0.5m），行车道 3.75m×2，右侧硬路肩 3.0m（含右侧路缘带 0.5m）。

（2）路拱横坡及设计高程

一般路段行车道、路缘带及硬路肩设 2% 横坡，土路肩设 4% 横坡，护坡道、碎落台和边坡平台横坡均为 4%。

主线整体式路基设计高程为中央分隔带两侧边缘路面高程；分离式路基设计高程为距左侧路基边缘 1m 位置路面高程。互通单向匝道路基设计高程为行车道中心线处路面高程；双向匝道路基设计高程为中央分隔带外侧边缘位置的路面高程。

（3）中央分隔带形式及开口

中央分隔带采用新泽西护栏。

整体式路基段，为抢险、急救和维修方便，立交、服务区、特大桥和隧道前后设置中央分隔带开口，其他整体式路段结合已设置的开口每 2km 左右设开口一处，开口长度 30m。

分离式路基段，根据分离间距及相对高差，对于分离间距小且相对高差允许的，设置开口形式的联络通道，即对分离式路基之间，采用通铺路面的方式进行联络；对于分离间距较大且高差允许的路段，尤其是隧道群前后，设置 X 形联络通道进行联络。

（4）护坡道、碎落台

填方设 2m 宽护坡道，护坡道设 4% 的外倾横坡。挖方设 2m 宽碎落台，碎落台设 4% 的倾向边沟横坡，非圬工防护的挖方坡口、坡脚位置应培土、圆弧化平缓过渡，以美化路容。

（5）用地范围

公路用地范围挖方以坡顶（或截水沟）外缘 2m 计，填方以边沟外缘 2m 计。

（6）加宽、超高方案

根据相关规范，本项目路基不需要加宽。

一般情况下，圆曲线半径小于 2500m 的平曲线上设置超高，超高渐变原则上在缓和曲线内完成，遇特殊情况如桥头等，在满足超高渐变的情况下，超高渐变起点或终会前后稍有移动，以保证构造物结构受力合理及安全，圆曲线上为全超高。

超高旋转轴：整体式路基超高绕中央分隔带边缘高程设计线旋转；分离式路基超高绕高程设计线旋转。

2. 路面设计

（1）主线路面结构

行车道、路缘带及硬路肩、中央分隔带及开口处：

上面层：4cm 细粒式改性沥青混凝土（AC-13C）；

中面层：6cm 中粒式沥青混凝土（AC-20C）；

下面层：8cm 密级配沥青稳定碎石（ATB-25）；

封层：热喷 SBS 改性沥青下封层；

基层：34cm 水泥稳定碎石；

底基层：16cm 水泥稳定砂砾/碎石；

总厚度：68cm。

对于石质挖方段，当挖方石质为硬质岩石，且经试验检测，其回弹模量大于 80MPa 时，基层采用 18cm 水泥稳定碎石，并取消底基层，采用 10cm 厚的 C10 贫混凝土调平层进行调平。

石质挖方段路面施工时，必须采用光面、预裂爆破技术，保证开挖面平整。

（2）互通区和服务区匝道路面结构

匝道路面结构同主线保持一致。

(3)主线及匝道收费站广场路面结构

面层:28cm 水泥混凝土面板;

封层:热喷 SBS 改性沥青下封层;

基层:18cm 水泥稳定碎石;

底基层:16cm 水泥稳定砂砾/碎石;

总厚度:62cm。

3. 防护设计

填方路基根据全线路基填料情况,路基边坡防护工程采用了植草防护、浆砌片石拱形骨架植草防护、预制六棱块铺砌防护等多种形式,对于挖方边坡采用了植草防护、拱形骨架植草防护、人字形骨架植草防护、孔窗式护面墙植草防护、锚杆(索)框格防护等多种形式,力求经济、合理、美观、安全。各种边坡防护形式均考虑与绿化相结合,防止路基边坡水土流失,尽量保持与自然环境的协调。

4. 排水设计

排水为有组织的系统排水,根据"远迎远送"的原则,使其沟、槽、管、涵洞等各尽其责,使水远离路基;同时路基排水与当地农田水利建设相配合,公路修建后,尽量做到不干扰、不改变农田原有排灌系统,重视环境保护。

(三)桥梁、涵洞设计

项目位于山岭重丘区,桥梁主要结合山区地形和路基填土高度等因素综合考虑布设桥孔。

桥梁结构:大桥一般采用装配式部分预应力混凝土先简支后连续箱梁和 T 梁;为降低局部路基填土高度、方便施工,中桥采用建筑高度较低的 20m 预应力混凝土先简支后连续箱梁。下部结构设计根据桥高不同,在进行稳定性验算的基础上,采用更加灵活、机动的形式。结合专家审查意见,墩身高≤30m,采用柱式桥墩,且墩身高 20 ~ 30m,30m 以下跨径适当增加了柱径,40 ~ 50m 跨径采用了方形立柱;墩身高 30 ~ 50m,采用等截面箱型桥墩;墩身高在 50 ~ 70m,采用顺桥向 50:1 的变截面箱型桥墩。桥头填土高低于 6m,采用柱式桥台;其他采用肋板式桥台。

涵洞结构:本段涵洞形式主要采用钢筋混凝土盖板涵、拱涵、钢波纹管涵等。

(四)隧道设计

隧道设计贯彻"安全实用、质量可靠、经济合理、技术先进"的设计原则,结合我国经济、技术条件,吸收国内外先进经验,节约用地,重视环境保护及与其他建设工程的协调,使得设计的隧道工程项目取得经济、社会和环境的综合最佳效益。

隧道洞门形式的选择,主要考虑使用功能与地形的协调美观,并尽可能的节省投资和保证结构安全,根据洞口地形、地质条件、洞外衔接过渡段的形式,综合确定。考虑到隧道使用后的养护管理,在设计阶段力求满足隧道总体的合理性及耐久性。

本项目隧道按照山岭区高速公路上下行分离四车道双洞小净距隧道 + 独立双洞隧道形式进行设置,设计行车速度:80km/h,隧道建筑限界净宽 10.25m,其构成为:0.75m + 0.50m + 2 × 3.75m + 0.75m + 0.75m = 10.25m,两侧各设置 25cm 的余宽。在行车方向双侧设置检修道。隧道内轮廓除应满足隧道建筑限界的规定外,还综合考虑了通风、照明等附属设施所需的空间,同时还考虑了岩土压力影响、施工方法等必要的富余量。

(五)立体交叉工程设计

1. 分离式立交

高速公路与铁路、等级公路或重要的地方道路交叉,一般均设分离式立交。有些乡村土路两侧或单侧带灌溉、排水沟,设通道不能兼顾通行和过水时,也设置分离式立交。

高速公路主线上跨时满足被交道路净空的要求,高速公路净高不小于5.5m;一、二级公路净高不小于5.0m;三、四级公路净高4.5m。主线下穿时,被交道跨高速公路净高不小于5.5m。地方道路和一些较重要的乡村便道或土路兼排水沟也设置分离式立交桥(或称为通道桥),其净高按实际需要定为3.0~3.5m,并给发展留有适当余地。

设计荷载如下。

主线桥涵:公路—Ⅰ级;

主线下穿:公路—Ⅱ级。

2. 通道

通道设置原则:

根据高速公路与地方道路相交的位置情况,充分考虑沿线居民的过往和田间耕作的方便,按统筹规划,方便出入,均衡设置的原则设置立交通道、天桥和分离式立交桥。位置尽量保持原位,角度顺从原路,否则进行适当改移。如果发现位置与实地出入较大,应及时通知监理部门和设计部门,以便核查后再施工。

通道布置结合场地的情况,考虑了排水要求,按需要设置有边沟涵,边沟涵采用钢筋混凝土圆管涵。

通道净空标准:

为满足生产生活需求,设置三种不同净空最低标准的通道(农汽通道不小于6m×3.5m,机耕通道不小于6m×3.4m,人行通道不小于4m×2.5m),三种不同标准通道的设置位置以乡村道路现状和村镇规划为依据,间隔布置以适应其不同功能的使用需求。

3. 人行、机耕天桥

根据山岭重丘区地形特点和地质条件,结合改善高速公路景观的需求,桥型方案在满足"安全、经济"的前提下,尽量考虑美观,机耕天桥分别采用等截面连续梁、下承式提篮拱、上承拱和组合箱梁等多种线形轻盈、流畅的上部结构,下部结构采用钻孔灌注桩基础,增添了时代的气息,轻巧明快、简洁大方。

机耕天桥跨高速公路净高不小于5.5m。

设计荷载:公路—Ⅱ级。

4. 互通式立交

互通式立交是高速公路的门户,立交设计时除首先满足迅速集散交通流外,重点强调与地形地物的配合与协调,并注重立体造型设计。本项目共设4处互通式立交作为高速公路与高速公路、地方道路进行交通转换。互通式立交的最大间距约29.060km,最小间距约4.988km,平均间距15.728km。

互通内桥梁根据被交叉道路宽度、交角及净空要求来布设桥跨方案。主线跨被交道桥上部结构采用装配式预应力混凝土组合连续箱梁和装配式部分预应力混凝土空心板结构;匝道桥选用适应线型变化能力强的现浇钢筋混凝土连续梁桥。下部结构为柱式墩,柱式台或肋板台,钻孔灌注桩基础。

(六)环境保护、景观等工程设计

环境保护是我国的一项基本国策。在测设过程中,对做好公路建设的环保工作,减轻因公路建设导致的环境污染,保护生态平衡,给予了高度的重视。在外业勘察中,注重环境影响资料的调查,在设计中严格执行"预防为主,防治结合,全面规划,合理布局,综合治理"的环境保护方针,设计中以尽量不破坏现有地形、地貌为原则,避免大规模拆迁。对工程可能造成的环境影响问题,如绿化、噪声、水土保持等,设计中均采取了相应措施予以妥善解决。选线时对沿线重要人文景观,自然景观,风景区,旅游区等都做了合理避让。

对路基边坡、碎落台等进行绿化,给人视觉上流畅、舒适、清新的感觉,对噪声超标的敏感点,设置声屏障以降低噪声对环境的污染。

(七)交通工程及沿线设施设计

为了确保行车及行人的安全和充分发挥公路的作用,公路交通安全设施愈来愈引起人们的重视。特别是对于车速高、要求通行能力大的高速公路,交通安全设施的必要性和迫切性显得尤为突出。交通安全设施的设置,旨在通过合理的方法,协调道路交通系统中人、车、路、环境各个要素,使某些矛盾朝着有利的方面转化,可以说它是现代化交通发展所必需的。

全线按规定设有标志、标线、护栏、隔离栅、视线诱导标等安全设施。如有未尽事宜,均按《公路交通安全设施设计细则》(JTG/T D81—2006)、《高速公路交通工程及沿线设施设计通用规范》(JTG 080—2006)、《公路交通安全设施设计规范》(JTG D81—2006)、《道路交通标志和标线》(GB 5768—2009)、《公路交通标志反光膜》(GB/T 18833—2002)以及《公路交通标志和标线设置规范》(JTG D82—2009)和《国家高速公路网命名和编号规则》(JTG A03—2007)的有关规定执行。

四、对初步设计批复及审查意见的执行情况

施工图设计阶段,严格遵照省发改委《初设批复》确定的技术标准、建设规模、路线方案及其他重大技术方案执行。对于《初设批复》及《专家意见》提出的具体意见和建议的执行情况,详见各篇说明和相关执行情况报告。

五、新技术采用情况

(1)GPS 测量技术

GPS 测量具有精度高、速度快、效益好等优点,能快速地完成公路测区高精度的控制,为线位、桥位等测量提供可靠的数据,本项目外业测设工作全部采用 GPS 测量技术。

(2)机载激光数码测量系统进行数字地面模型测量和三维地形图测量技术

利用红外激光雷达扫描技术形成三维数字地面模型,高分辨率拍摄全线影像,其精度超过普通航空摄影测量技术,为公路建设提供了精确的基础数据,同时配合先进的道路设计技术,提高了设计精度和速度。

(3)CAD 计算机辅助设计技术

本项目设计全部采用 CAD 计算机技术,路线,路基路面,桥梁,涵洞通道,隧道,互通,概算等设计都采用先进的专业辅助设计软件。

六、施工期间设计服务情况

施工期间的设计服务是我们设计工作的延续,是设计任务的组成部分,是顺利施工的一个保障因素,也是施工质量的重要保障。在本项目的施工过程中,我设计单位依照我院的相关规定以及项目公司的有关要求负责地提供了完善的设计服务。设计变更规范、有序、及时,设计代表服务热情、周到,尽力达到建设单位(业主)的满意。

本项目常驻工地设计代表 4 人,在项目建设期间驻守项目公司,处理相关设计工作以及施工现场服务。

对于设计服务,我公司对以下工作尤为重视:

(一)设计变更管理

从以往的经验教训可以看出,对设计变更权限和职责的管理是非常重要的,疏于对设计变更的管理,将会严重影响建设项目的工期和质量。因此,加强对设计变更的管理是设计服务的重点。根据我院设计变更控制程序对施工图设计成品交付后的变更严格控制。设计变更遵照以下规定进行:重大设计变更依照业主(项目法人)报省交通运输厅的审批文件为依据;重要设计变更以会议纪要或四方签认单为依据;一般设计变更以四方签认单或请求变更的相关方申请和批准文字为依据。设计变更图纸尽快提供,不影响施工进度。

(二)工地服务管理

在进驻工地前制订工地服务计划,要求设计代表熟悉设计文件,熟悉现场地物地貌及构造物的设计特点和可能遇到的各种情况以及处置方案。服从业主的考勤考核管理,自觉接受相关方的考评。调整现场服务意识与态度,提高现场设计变更及时性,保证设计变更文件质量,加强现场解决处理问题能力,与相关部门及时沟通,遵守劳动纪律情况并且廉洁自律。

(三)进行顾客满意度调查

根据工程进展情况,每季度进行满意度调查,调查内容主要包括:设计变更图纸交付及时性、设计方案深度、法律法规符合性、设计文件合理性、施工工艺及材料适宜性、现场服务及时性、现场服务处理能力以及与相关部门协调沟通能力等。

(四)工地回访

由公司后期服务办公室、审核咨询部、设计分院共同抽调人员组成工地回访小组,不定期对施工现场进行回访,认真听取业主单位、施工单位、监理单位对设计成果质量和测设分院、驻工地设计代表服务质量及廉政等意见的反映。

七、主要设计变更情况

(一)路基路面

(1)取消部分跨标段调运土石方的变更

由于项目沿线山高路陡、沟壑纵横,远距离跨标段调运不易实施,另外各个标段进度不协调,施工时,很难同步进行跨标段调配土石方。

(2)路基填料的变更

由于跨标段调运土石方无法实施、挖方段土方 CBR 值不足或为不良土质等原因,根据项目所在地实际情况,部分标段变更为借土填方或借砂砾填方等。

(3)路面结构的变更

根据业主要求,对 40m 以内短路基(路堑)部分路面结构变更为复合式路面结构。

(4)滑塌、滑坡路段治理的变更

根据 2012 年 5 月 23 日设计变更方案审查意见,对 K67 + 450 ~ K67 + 805 左侧滑坡段,采取渗沟 + 坡脚挡墙加固处理方案;对 K84 + 495 ~ K84 + 890 滑坡段,采取抗滑桩 + 渗沟 + 拱形骨架植草 + 坡脚挡墙加固处理方案。

(5)边坡防护结构的变更

结合项目进展中遇到的实际情况,对部分段落边坡防护结构变更设计。

(二)部分桥涵结构物的变更

1. 涵洞通道的变更

结合项目进展中遇到的实际问题,对部分涵洞、通道进行增减、移位、变动跨径、改变地基处理形式等变更设计。

2. 桥梁的变更

(1)上部结构

根据 2011 年 7 月 15 日专家咨询意见,河西 1 号中桥 3 × 20m 预应力混凝土组合箱梁取消,变更为路基;河西 2 号中桥 4 × 20m 预应力混凝土组合箱梁变更为 3 × 30m 预应力混凝土组合箱梁；九龙山互通 E 匝道大桥 11 ×30m 现浇箱梁变更为预应力混凝土组合箱梁。

根据 2012 年 5 月 23 日设计变更审查意见，嵩栾 6 标五成沟 2 号大桥左线第 24 ~27 跨和右线第 22 ~25 跨变更为路基。

根据业主要求，桥梁伸缩缝变更为型钢单缝式和模数式伸缩装置。

(2)下部结构

结合项目进展中实际情况，优化下部结构部分桩长，并将部分桥梁桩柱式桥台变更为扩大基础。

3. 天桥的变更

结合项目进展中遇到的实际问题，对部分天桥进行增减等变更设计。

(三)隧道变更

根据现场实际开挖的围岩地质情况，以及地质超前预报结果，隧道分别调整了不同段落的围岩级别及支护形式，正、负变更工程量基本平衡，以达到支护与围岩的辩证统一，以体现"动态设计、动态施工"的隧道新奥法设计思想。个别隧道在施工过程中，不同程度出现了塌方情况，现场及时给予了处理措施并及时提供了处治方案；同时，结合洞口段实际地形情况，对个别洞门形式进行优化调整。

根据 2012 年 5 月 23 日厅豫西指挥部组织专家评审会评审意见，龙勃 1 号隧道进口端右线 90m 长的隧道浅埋段变更为路堑。

根据 2012 年 2 月 16 日厅豫西指挥部组织专家评审会意见员会及业主要求的晚进洞方案，对王院隧道左线出口端采取晚进洞方案，取消原设计的抗滑桩。

(四)路线交叉变更

应栾川地方政府要求，接到业主通知，对栾川互通进行变更设计，并获得豫西指挥部的审批。

(五)设计中存在问题的变更

图纸中存在个别错、碰、漏、缺的问题，均由设计代表核实后现场及时解决。

八、设计体会

公路建设的灵魂在设计，项目设计的灵魂在理念。高速公路勘察设计要始终坚持以人为本的交通安全理念，努力实现人与自然和谐可持续发展，不断增强工程建设自我恢复能力，确实建立资源节约的全寿命周期成本理念。尤其是在高速公路建设飞速发展的今天，更要切实提升设计素养，立足安全、优质、经济、环保，合理利用技术指标，完善设计、加强沟通，将设计方案论证工作做到位；以不破坏、少破坏就是最好的保护为出发点，服务于经济建设和工程建设的总体要求，做到远景规划和近期使用性能并举。

在嵩县至栾川高速公路的建设过程中，我们与河南嵩阳高速公路有限公司、施工单位及监理公司一起进行了很多有益的尝试，将新技术、新工艺以及新材料应用在嵩县至栾川高速公路建设中，事实证明是相当成功的，同时也给我们设计提供了第一手宝贵资料。我们本着由"认识到实践，由实践再到认识"的循环工程，将总结嵩县至栾川高速公路设计中的经验，并应用到其他项目，不断提高我院的设计水平。

河南省交通规划勘察设计院有限公司

二〇一六年八月

3. 洛栾高速公路嵩县至栾川段工程第一监理代表处工作报告

目　　录

一、监理工作概况
二、工程质量管理
（一）质量管理措施
（二）施工过程中质量检查情况汇总
（三）质量问题和事故处理情况
（四）工程质量评定情况
三、计量支付、工程进度和合同管理情况
（一）计量支付
（二）进度控制
（三）合同管理
四、设计变更情况
五、交工验收中存在问题的处理意见及处理情况
（一）在交工验收中存在的问题
（二）处理措施及处理结果
（三）监理工作情况及对缺陷修复的质量评定
六、监理工作体会

洛栾高速公路嵩县至栾川段工程第一监理代表处工作报告

一、监理工作概况

嵩县至栾川段高速公路是河南省公路网重点规划的洛阳至栾川高速公路的重要组成部分，同时也是河南省2010年计划开工的重点高速公路项目。项目起自“豫西山水画廊”嵩县，路线向西南依次经过纸房乡、何村乡、德亭镇、大章镇、旧县镇，止于栾川县九龙山。

本项目采用双向四车道标准建设，计算行车速度80km/h，路基宽24.5m，其中行车道宽2×7.5m，硬路肩宽2×2.5m（含右侧路缘带宽2×0.5m），土路肩宽2×0.75m。路面面层采用沥青混凝土结构。桥涵设计荷载采用公路—Ⅰ级。

洛阳至栾川高速公路嵩县至栾川段第一监理代表处地处嵩县段，监理五个施工标段，全长约32.647km，路基土石方862.52万m^3，主线桥52座，匝道桥5座，其中栗子坪是连续刚构特大桥，涵洞通道57道，隧道10座。

本工程的合同段划分较细，工期短，施工节奏快，根据业主要求每个施工段必须有驻地监理，为及时有效配合施工单位，使监理工作从深度和广度上达到监、帮、促、调目的，做到全方位监控，充分发挥驻地监理的综合处理问题的能力，每个施工标段设置高级驻地监理办。总监办监理工作实行总监理工程师负责制，组织结构形式采用直线职能制，各级监理机构及职能部门的分工，依据现场实际情况，作了明确规定，具体落实到人，做到职、责、权、利相统一。监理人员结构、配备情况见图1。

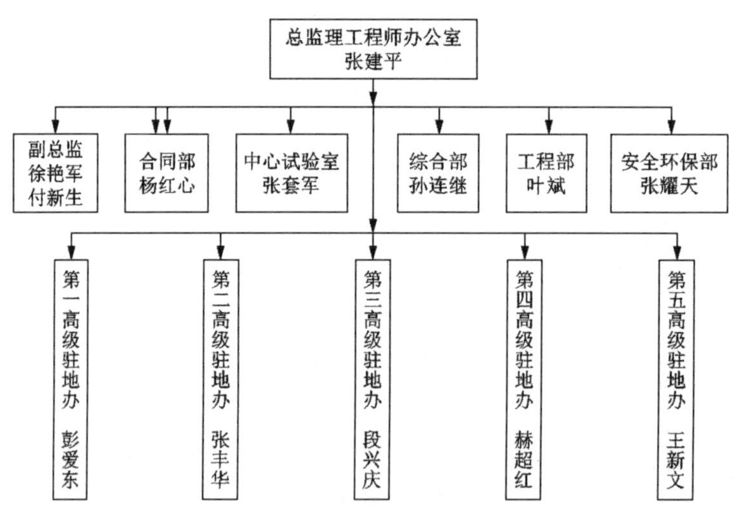

图1 监理人员结构、配备图

监理人员按监理合同文件规定共投入88人，平均每公里2.66人，其中高级工程师3人，工程师45人，旁站人员40人，全部持有监理资格证书。由于工期紧张项目公司于2010年12月下文要求每个驻地办配置一名专职安全员，监理人员增加到93人。

二、工程质量管理

我代表处在本项目工程管理过程中，紧扣招标文件、合同、相关规范和国家、省市的有关法律、法规，部颁规范、设计文件等，认真贯彻“严格监理、优质服务、科学公正、廉洁自律、”的监理方针。同时坚持预防为主，严防死守，三铁四严的工作精神。

（一）质量管理措施

（1）质量是工程的生命，是监理的灵魂，全体监理人员自开工之日起时刻保持高度的警觉，牢固树立质量观念，增强做好质量工作的使命感、责任感。

在工程质量的控制上，自始至终把质量管理作为工程建设的核心和灵魂。严防死守、一抓到底，毫不松手。在监理过程中，对发现的问题及时处理，切实做到了按规范施工，用数据说话，上道工序不合格，不得进入下道工序，不合格的坚决推倒重来，细化目标、层层分解、周密部署，各级监理对公路工程技术规范和规程，以及监理程序、合同文件熟练掌握、融会贯通，严格按照技术规范的要求，从原材料、施工工艺、施工过程都进行了全面的监控和管理，加强自己工作的责任心和主动性，同时在质量控制方面切实把握好工程进度和质量的辩证统一，进度要服从质量，不能讲进度就忽视质量，也不能一讲质量就忽视进度，做到了在确保质量的前提下加快进度，并制订了切实可行的质量保障措施和施工技术控制要点。

（2）加强质量预控措施的落实，坚持事先控制，避免事后补救。

在豫西项目工期紧、任务重、单价低的严峻形势下，质量预控显得尤为重要，每一道工序开工前，都认真检查了人、机、料、法、环这些关键因素，在质量预控时，选择了重点部位、重点工序和重点质量因素作为质量控制点进行重点控制，以工序质量控制为核心进行事前预控，将预防为主和检验把关相结合，及时发现问题，查明原因，采取相应的纠偏措施，防止不合格品的产生，既利于工期控制，更利于投资控制。

（3）在工程质量监理方面我代表处切实做到了三铁四严，铁手腕、铁面孔、铁心肠，严格要求自己、严细布置任务、严抓落实监督、严肃责任追究。

在具体实施中严格施工规范，严格监理程序，切实加强了质量的监管力度，制订了一系列的监控措施，充分发挥监理的监管作用，切实做到了全方位、全过程、全天候的监控，不留盲点、不留死角、不走过场；对工程质量从点点滴滴抓起，从细小环节抓起并采取有效措施。在抓质量问题上不留情、不手软，在业主的正确指导和严格要求下，对不合格工程该返工的全部返工处理，该推掉重来的坚决推掉，用强硬的措施和手段警示大家，质量问题决不能有丝毫含糊。进一步规范了全体监理人员的行为，树立了良好的职业道德风尚，保持扎实的工作作风，拒腐蚀、永不沾。坚持原则、秉公办事、以理直气壮、高度负责的精神履行好自己的职能，保证了本项目工程质量经得起历史检验。同时监理人员想施工单位所想，解施工单位所忧，做服务型的监理、开明的监理、负责任的监理、清正廉洁的监理、严格管理的监理。

（4）坚持监理程序。

质量控制说到底就是认真严格地执行监理程序，监理程序的具体操作就是如实做好检测记录，这些表格就是监理工作的灵魂和工具，质量控制分三个阶段见图2。①施工准备阶段：开工报告审批对承包人提交的施工计划、工艺，进场的原材料质量和数量，施工人员和机械配备、质量控制指标、检测方法等进行审批，核实是否具备开工条件。②施工过程监理：一线监理对施工环境，施工工艺，使工程尽量处于标准状态下施工，力求一次成功，消除可能发生的质量隐患，这是监理的重点阶段，旁站就是对这一阶段监理工作的加强。③工序验收：对每一工序完工后进行抽样，试验鉴定、验收（或责令返工），合格后允许进行下道工序作业，签发“质量检验认可证书”和“中间交工证书”，作为计量支付的基本条件。以上三阶段的监理工作都是在承包人自检合格的基础上进行的。监理工作方法:监理工作做到,开工要批准,事事要报告,项项要检查,步步要试验,变更要批准,签字要确认。严格监理程序,紧抓质量控制重点,使整个工程处于受控状态中。

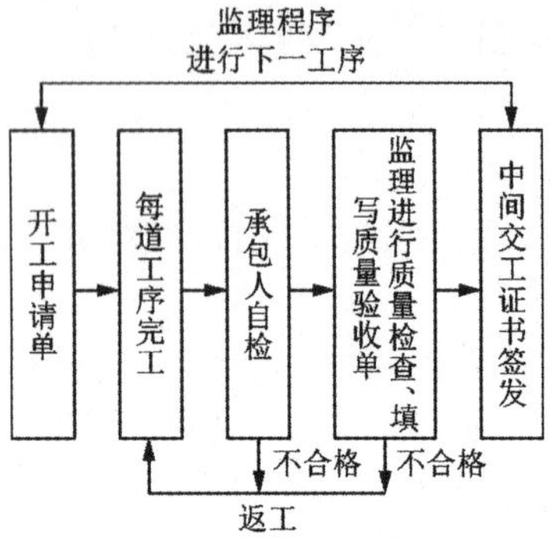

图2 监理程序图

代表处工程质量控制分三个阶段进行。

事前监理一主动监理:本阶段监理的重点放在施工之前的准备工作阶段,监督承包人技术、材料、机械设备人员及劳动组织等准备工作是否到位,及早发现问题、及时纠正、将事故的苗头消灭在施工之前,甚至在开工前下发《施工作业指导书》,提醒施工单位应注意事项。

过程监理一旁站监理:本阶段监理工作通过现场旁站、观察施工、督促施工、发现施工中存在的问题及时指出,立即整改、纠正,不留下任何质量隐患。

事后监理一检评监理:本阶段监理工作主要是对完工工程进行检查、验收、并进行质量评定,发现质量缺陷或不合格工程,指令修补或返工,把好最后一道质量关。工程质量控制在实施的过程中,紧密的将旁站、抽检和巡检有机地结合在一起,形成较为完整的质量保证体系。

①旁站:旁站监理对承包人和多项施工程序、施工方法和施工工艺进行全面有效控制。实行全方位、全过程、全环节的监理。主要监理任务是:

a. 检查用于工程的材料、设备,现场施工人员及其他施工条件、施工方案与批准的单项工程开工报告是否相符。

b. 检查多种集料的级配、配合比及用量与批准的标准试验是否一致。

c. 检查施工方法和操作工艺,对低劣的产品及时发出警告或工作指令。

d. 进行每道工序或单项工程完工后的检查验收。

e. 对隐蔽工程进行全过程监控及覆盖前的检查验收。

f. 监督承包人的进行试样抽取和控制参数的测定及记录。

g. 观察了解影响工程进度和质量的自然风险、隐患及外部干扰的信息,及时报告驻地办或代表处。

②抽检:主要任务是对工程质量实行动态控制,该工作由代表处中心试验室、测量监理工程师和驻地办负责完成。

a. 测量:开工前对导线点、水准点进行100%的复测检查,对中桩抽检30%以上,对桥涵等结构物的各部位进行100%的复测检查。

b. 试验:检查进场原材料和半成品的出厂合格证,检查进场的钢材,水泥的合格证和自检试验报告。材料进场后按30%的频率抽检。路基压实度层层抽检,抽检频率为批量的30%且不少于6点/1000m^2。钢筋焊接、混凝土浇筑均按30%频率抽检。对抽检不合格或偷工减料者坚决返工。

③巡检:总监理工程师、各高级驻地监理工程师、各专业监理工程师每天巡检工地1~2次。对监理人员的工作方法、工作态度、业务水平、职业道德,现场到位率以及对设计图纸、合同文件、施工规范的理解、掌握和执行情况进行全面的综合性管理,及时纠正,使监理工作处于良好的工作状态。巡检时对工程质量、进度进行全面细致的检查,现场监理有未能发现或举棋不定的问题,给予及时指导和解决,及时对工程变更方案及异常情况提出处理措施和解决方法。及时分析、跟踪工程质量、进度的现状,提出工程阶段性的重点、难点,最终实现总体质量控制目标。

为把好质量关,我们主要采用了巡视、旁站、试验、抽检、指令文件、专题会议等方法,同时要求各承包人必须建立健全质量保证体系和企业自检制度，以确保监理工程师将质量意识深入贯彻到全体施工人员中去。巡视：专业监理工程师每天必须对管段内的施工现场巡视1～2遍，在巡视过程中发现安全质量问题及时进行纠正，把安全质量隐患消除施工过程中，避免在验收过程中才发现问题再进行整改影响工程进度。旁站主要用于施工过程中的监理，监理工作始终都处在加班加点的节奏之中，分白班、夜班进行旁站，还要完善相关的监理资料。试验：试验数据是监理工程师说话的依据，它与抽检工作相配套，除把好质量、原材料、配合比等的试验关外，注重抽检的频率，规定抽检频率不得少于总检测量的20%，同时积极配合省质检站的抽检工作，采取监理和承包人一起抽查的联合抽检方式，代表处中心试验室人员每天下工地检查、巡视、抽样；指令文件，在监理工作中，我们也充分发挥了指令、指导文件的作用，使质量问题得到重视和修正，同时对强化承包人的质量意识也起到了促进作用，我们先后共下发了监理工程师指令241份（包括停工令），监理工程师通知273份。

（5）质量管理具体措施和手段。

①强化内部管理，树立并维护监理形象：召开多种形式的监理工作会议，加强责任心教育，加强学习，提升业务能力；加强沟通，在生活上、工作方式上"人性化"管理。强化各级监理人员责任意识，形成良好的加强学习、加强团结的氛围。

②多次对驻地办全体监理人员监理日记、抽检资料以及通知单进行检查，对检查中发现的问题督促驻地办限时整改并及时进行复查。督促驻地办现场监理切实做好旁站监理工作以确保工程质量，代表处开展夜巡制度重点检查混凝土施工现场的监理人员和施工单位技术人员在场情况，以完善的制度确保了监理工作正常有序地开展。

③为确保防撞护栏施工质量，代表处组织各驻地及项目部总工及相关人员参加的防撞护栏施工控制现场会，相互取长补短探讨经验，使防撞护栏外观和内在质量取得了良好的效果。为进一步确保防护工程的施工质量，代表处适时的召开防护工程现场会，对不合格的防护工程现场返工，使各单位吸取教训、引以为戒。

④及时对设计变更，计量资料进行了审核审查。

⑤在确保工程质量和安全的前提下号召全体监理人员充分发挥积极主动性，加强事前监理和主动监理，及时发现问题，防止大面积返工。

⑥及时组织对各标的三阶段检查验收，保证工程施工的顺利开展；随着工程的不断进展工程部适时的组织了路面工程业务讲座，对所有驻地办的相关人员进行业务培训，使广大监理人员在工作的同时提高知识面和业务水平。

⑦组织了路基处理的专家评审并对施工单位的专项施工方案进行详细的审查提出多项意见和建议。

⑧积极响应监理公司的号召，组织全体监理进行职业道德教育和典型工程质量事故分析会，使大家进一步明确责任，做好本职工作。

⑨积极督促承包人严格落实混凝土养生措施，确保混凝土施工质量。

⑩督促承包人加大投入，在保证质量的前提下加快进度，确保年底通车。

（二）施工过程中质量检查情况汇总

施工过程中监理抽检钢筋焊接共计1115组、钢筋机械连接465组、砂浆抽样1045组、粗细集料1286组、钢筋原材料2825组、混凝土抗压强度14619组、路面压实度试验825次、路基压实度973个点、地基承载力32次、弯沉值6084点，所检测合格率100%。

（三）质量问题和事故处理情况

施工过程中的质量问题及时发现及时处理，针对桥梁桩基钢筋笼加工质量较差，分布钢筋间距不均的问题，监理在现场巡视过程中发现后及时进行纠正，在检查验收过程中严把质量关，对验收不合格的钢筋笼坚决不让起吊安装，把质量隐患消除在施工过程中；针对挖孔桩护壁不符合设计要求的问题，监理在巡视过程中向施工单位指出，并督促按设计要求施工，确保了挖孔桩施工安全和桩基质量；针对梁板安装钢筋焊接搭接长度不够，质量差的问题，监理工程师多次予以纠正，并召开专题会议，要求施工单位组织电焊工学习相关技术规范及相关知识，要求项目部技术人员对工人进行详细的交底，更换有合格资质的电焊工进行操作等措施，扭转了钢筋焊接质量差的问题；针对高墩柱施工养护不到位、安全措施不到位等问题，监理工程师多次予以纠正并下发监理工程师通知273份，督促施工单位整改，并及时召开专题会议。通过以上措施对质量控制起到了一定的效果，整个施工过程中未发生较大工程质量事故。

(四)工程质量评定情况

承包人施工完成后，按《公路工程竣(交)工验收办法》的要求，依据《公路工程质量检验评定标准》(JTG F80—2004)对分项、分部、单位工程和合同工程质量自评，向监理工程师提交交工验收申请报告和施工总结。监理工程师对工程实体进行复验和内业资料进行核查，写出监理工程师评审意见，上报业主。对被监理的各标段施工质量评定均为合格。

桥梁桩基通过第三方验证检测合格率100%，桥梁荷载试验检测结果符合设计及规范要求，工程质量评定为合格。

三、计量支付、工程进度和合同管理情况

(一)计量支付

计量工作贯穿于整个工程实施过程中，既是监理工作的重点，也是监理工程师有效控制工程质量和进度的手段之一。计量方式采用监理工程师与承包人共同计量的方法，计量支付的关键工作是中间交工证书的签认，总代表处具体操作及控制程序是：中间交工原则上是以完成并经检验合格的分项工程进行交工，交工时各种检测资料签认完整、齐全，相应监理抽检频率也要满足规范要求。中间交工证书首先由承包人上报，内容一栏中除写明交工部位外，还应写明交工数量。再由高级驻地监理工程师签字验收，没有履行交工手续或相关检测资料不齐全的不予计量，在计量时，监理代表处计量工程师对中间交工项目的基础资料进行抽查。

(二)进度控制

本工程合同工期为26个月，省政府及交通运输厅要求2012年年底通车，对于豫西山区恶劣的地质条件来说，确实工期紧、任务重，而且施工现场三改、地方协调、部分路段征地拆迁迟迟不能解决，这些都是影响进度的不利因素。我们主要是用横条进度表和形象进度图法来控制进度。

保证工期，人员、机械设备和资金是关键，因而我们每月都要调查核实承包人的机械配备情况，同时注重抓人力和原材料的供应，协助承包人加强内部管理，通过业主、监理、承包人的有机配合，我们所监理的各个标段都按期完工，实现了洛栾高速公路嵩栾段按期通车的总体目标。

在进度控制的措施上，采取强化计划施工，开展劳动竞赛，定期上报形象进度及施工力量流动表等措施。

强化计划施工意识，在开工前，要求承包人认真研究，编写总体施工组织设计，依据流水施工法来倒排计划，要求承包人充分估计到冬施、雨天、不可预见因素的影响，依此配备人力和机械。单项工程要有施工计划，代表处跟踪检查实际进度与计划的吻合性，避免前松、后紧，做到均衡生产，出现偏差及时分析各阶段的偏差原因，采取措施，加快进度，使一切工作都在计划中如期进行。

开展劳动竞赛，每旬评比，每次评比的主要内容为质量、安全和进度，对优胜者给予物质奖

励,有效地刺激了全体施工人员的激情,起到了良好的效果。

定期上报形象施工进度及施工力量流动表,要求每月 25 日承包人向代表处上报形象进度,主要包括主体工程的完成量,施工人员、机械设备的流动状况,材料的储备与采购计划情况,这对保证每月的计划落实有比较大的作用,能够掌握和指导承包人的工作重点,有的放矢,另外,每月 28 日向业主上报次月的计划完成量,以便业主决策进度和筹措资金,同时,计量与支付也是进度控制的重要手段之一。

(三)合同管理

(1)工地会议情况:根据监理实施细则,代表处于第一次工地例会后,每月按时召开工地例会。在工地例会上,施工单位汇报工程进度情况及存在的问题,并对上次例会中监理工程师提出的质量问题整改情况进行答复。监理工程师就工地现场质量控制、进度控制和费用控制方面进行通报并提出合理化意见。每次工地例会都起到发现问题及时通报及时解决的效果,使"三控两管一协调"工作彻底贯彻于工程实施之中,起到召开工地例会的效果。

(2)施工合同的执行与变动情况及对工程的影响:合同管理的主要内容是工程变更,对工程延期、费用索赔、违约情况进行管理。为搞好合同管理,我代表处由一名专职计划合同工程师严格依据合同文件对所辖的施工单位合同执行情况进行管理,有效地维护了业主和承包人的合法利益。

①对进场的人员、机械设备数量、型号、性能进行严格检查,主要人员有变更的必须履行变更手续并确保满足合同要求。

②定期对承包人履约情况进行检查。

③在执行监理任务的过程中,代表处全体监理人员坚持:以法律为准绳、以合同为依据,严格按合同条款实施监理的工作原则,要求上至总监理工程师,下至驻地监理工程师、专业监理工程师和旁站监理人员都要认真学习和熟悉合同条款及设计文件,并随时掌握合同执行情况和动态,力求在合同执行过程中少发生争议,在业主和承包人有异议时,以实事求是的态度,站在公正的立场,提出自己的看法,有效地保证了合同的履行。从开工至目前为止,没有发生承包单位因业主或监理工程师原因而出现索赔要求的。

④工程变更是合同管理的重点,代表处所辖路段由于工期紧、任务重、挖方路堑土石变化较大等因素,代表处为确保工程质量,根据现场实际情况所涉及的变更项目均按变更程序进行。

四、设计变更情况

对于工程变更我们始终坚持:经济上合理,技术上可行。不降低设计标准,不增加或尽量少增加费用,有利于地方水利建设、方便当地农民生活生产需要,确保工程质量的原则。对于工程变更审核的原则是:实事求是、一丝不苟,为国家为业主节约建设资金的同时,又充分考虑承包人的合法利益,所以我们对变更的核实以结合工地实际情况为主,总监、副总监牵头,对变更的类型、理由及数量和金额的核实,慎之又慎,谨之又谨。

一切变更设计都要经过规定的程序:承包人上报,由监理牵头召集有业主(或业主代表)、设计、监理、施工四方单位参加的洽商会,由设计出图—监理办复核—总监办审核—设计代表认可—业主批准—动工。

本工程由于施工工期紧,任务重,业主及设计部门对部分桥梁设计图纸进行优化,工程变更对计量支付的影响较大,监理工作对变更控制体现在:①变更令是计量支付的前提与基础,没有批复就不能计量,变更令是变更计量的关键。②工程变更的申请与批复周期较长,变更申请的审核分级进行,力求数量准确,实事求是。

五、交工验收中存在问题的处理意见及处理情况

（一）在交工验收中存在的问题

（1）梁板、墩柱外观差，混凝土有个别气泡；内业资料的整理不及时；防撞栏外观差，线形不直顺等。缺陷工程项目按照缺陷图纸及检测报告依次为：

土建1标：防排工程105项、桥梁工程110项、涵洞工程32项。

土建2标：防排工程70项、涵洞工程20项、桥梁工程64项、隧道工程41项。

土建3标：防排工程36项、涵洞工程37项、桥梁工程42项、隧道工程81项。

土建4标：防排工程37项、涵洞工程63项、桥梁工程170项。

土建5标：防排工程40项、涵洞工程39项、桥梁工程136项、隧道工程10项。

（2）绿化标：个别处苗木长势不好，有缺株现象，冠径、地径、冠幅、高度未满足设计要求，且成活率较低；绿化三标互通区内有空地且有杂草，部分植物冠径不满足设计要求；由于土建遗留问题个别路段未进行绿化。

（3）交安标：交通工程主要是线性不顺，个别地方为人为的损坏和通车后的部分配件缺失。

（4）房建标：

房建1标：宿舍楼梯间墙面有一条干缩裂缝；楼梯地板砖部分有破损现象。

房建2标：卫生间和一楼地板砖有空鼓现象；楼梯地板砖破损一块；楼梯间墙面有一条横向干缩裂缝；九龙山收费站宿舍楼个别窗套木线粘接不牢固，有脱落现象；内业资料：地基验槽记录、主体结构工程验收报告日期不全；施工单位部分试验报告（混凝土抗压试件等）由监理工地临时试验室出具，不符合有关要求。

房建3标：宿舍楼二楼顶棚压条个别有破损现象；宿舍楼楼梯间踢脚线砖破损一块；一楼房间内有一条横向干缩裂缝；重渡沟收费站室外路面有2处较严重沉陷；内业资料：施工单位部分试验报告（钢筋原材料等）由监理工地临时试验室出具，不符合有关要求。

房建4标：宿舍楼一楼地面砖和二楼墙面砖部分有空鼓、掉角和破损现象，二楼卫生间墙砖破损一块。

房建5标：北区二楼操作间、卫生间墙砖、地板砖部分有空鼓现象；南区木门套压条有鼓起、松动现象；北区厨房电缆较乱；内业资料：施工单位部分试验报告（混凝土试件、砂浆试件等）由监理工地临时试验室出具，不符合有关要求。

（5）路面工程：局部存在路面沉降及桥头跳车。

（二）处理措施及处理结果

（1）按照设计图纸缺陷处理方法，各标段组织有资质有经验的施工队伍进行施工。对于专业性不强的前期首先由人工进行施工，这方面主要体现在路基防护、排水、涵洞的清淤、混凝土缺陷施工，例如边坡整理沿线道路上的建筑垃圾路基护坡的修整等。

（2）桥梁施工中该项目地处高山深谷，大都是大桥居多，因此必须运用专业设备和专业队伍进行施工，本代表处标段四标由河南交院桥梁加固有限公司进行桥梁的裂缝修补和支座的更换，其余各标由洛嵩四标山东鲁桥有限公司进行桥梁的裂缝修补和支座的更换。

（3）桥梁工程：桥梁裂缝的处理，桥梁裂缝根据裂缝程度目前裂缝宽度基本都在≤0.15mm范围内因此是采用结构胶封闭法进行修补。封闭后做有标记。部分桥梁病害存在的缺陷为横隔板现浇混凝土的蜂窝、麻面或梁体吊装过程中的磕磕碰碰的混凝土掉块等，这部分的处理方式一般为采用高强度等级树脂混凝土砂浆进行修补。桥梁关键的支座在检测中，发现存在的问题主要是部分支座产生变形开裂。因此，对于发现有这种类似的病害全部更换。前范岭1号大桥、2号大桥，沟门1号大桥，东村大桥，老虎沟大桥混凝土护栏线形不平顺，采用局部凿除，重新用水

泥加胶进行抹面处理。本合同段有栗子坪特大桥、俩沟大桥、前范岭 2 号左线、右线大桥、东村大桥等五座大桥缺陷严重,已由河南交院检测加固公司进行了专业修复。四标上河 1 号、2 号,下湾 1 号、2 号,绿豆沟,沟门 1 号、2 号,老虎沟,东村,马沟十座大桥前后渐变段中央新泽西护栏线形不顺、错台严重,对其进行了拆除,从新现场预制新泽西护栏,以保证线形平顺。

(4)隧道工程:隧道裂缝对于小于 0.15mm 以内的采用密封处理。对于大于 0.15mm 以上的裂缝采用灌封处理。对于那些裂缝伴有渗水的缝隙采用开槽引水处理然后采用树脂混凝土填缝。个别有渗水点的采用树脂压降堵漏处理。路面渗水部分个别段由于施工时把水路堵塞产生排水不畅所引起,这部分以查找堵塞原采用疏通方式使其排水畅通消除渗水,另一部分是隧道地质地貌原因产生的渗水采用疏导引流方式,即在渗水点位置开槽埋一透水管道把水引出排水沟排出路面部分渗水。之后采用高一级水泥混凝土填补开槽回填沥青混凝土恢复原路面。隧道工程的病害处理,隧道病害共性问题存在裂缝较多同时伴有裂缝中渗水和地面渗水。其他隧道病害混凝土麻面蜂窝等。其他隧道病害一般是混凝土预制块损坏,这部分采用更换新的预制块即可。

(5)水毁工程:2014 年由于连降大雨,出现了 K63 +600 ~ K63 +710 段右侧、L1K79 +146 ~ L1K79 +190 左侧、K89 +687.37 ~ K89 +770 左侧等三处大的水毁点,涉及一、二、四标,各标项目部依据设计图纸,进行了抗滑桩、注浆、路面铣刨、摊铺、反压护道、肋板加固等施工,目前已完成,符合设计及规范要求,评定合格。

(6)交通工程:主要是线性不顺,个别地方为人为的损坏和通车后的部分配件缺失。要求施工单位沿线全部排查,对发现的问题逐项进行修复和校正,目前已经与管理处及项目公司进行了交验。

(7)路面工程:针对路面沉降及桥头跳车进行了铣刨摊铺处理。

(8)绿化标:个别处苗木长势不好,有缺株现象,冠径、地径、冠幅、高度未满足设计要求,且成活率较低,标段对其进行补种,补种的苗木冠径、地径、冠幅、高度满足设计要求,且已成活,已达标。三标互通区内有空地且有杂草,部分植物冠径不满足设计要求,标段对其空地进行了绿化、除草,对部分植物冠径不满足设计要求的进行更换,更换后的冠径满足设计要求。由于土建遗留问题个别路段未进行绿化,K86 +000 ~ K92 +000 段已进行了绿化,K67 +000 ~ K73 +000 段,现场为石方路基,绿化取消,标段已进行了变更。

(9)房建标:

房建 1 标:针对此干缩裂缝采取剔除粉刷层后粘贴抗裂胶带以防止再次裂缝出现,然后进行墙面粉刷及乳胶漆施工。针对地板砖空鼓及破损部位进行剔除原有地板砖,购置同规格同颜色地板砖进行重新铺设,更换地板砖 6 块。

房建 2 标:地板砖空鼓及破损部位进行剔除原有地板砖,购置同规格同颜色地板砖进行重新铺设,地板砖铺筑 12m^2;针对此干缩裂缝采取剔除粉刷层后粘贴抗裂胶带以防止再次裂缝出现,然后进行墙面粉刷及乳胶漆施工;施工单位对损坏、脱落的门窗套线进行拆除更换整修;内业资料根据资料档案验收要求进行全面排查整改,已整改完毕,移交至资料档案库妥善保存。

房建 3 标:施工单位对损坏的压顶条进行拆除更换整修;踢脚线破损部位进行剔除,购置同规格同颜色踢脚线进行重新铺设,维修 10 块踢脚线;针对此干缩裂缝采取剔除粉刷层后粘贴抗裂胶带以防止再次裂缝出现,然后进行墙面粉刷及乳胶漆施工;对场区沉陷路面进行拆除,重新整修基层,恢复混凝土路面;维修面积 10m^2;内业资料根据资料档案验收要求进行全面排查整改,现已整改完毕,移交至资料档案库妥善保存。

房建 4 标:地板砖、墙砖空鼓及破损部位进行剔除原有地板砖、墙砖,购置同规格同颜色地板砖进行重新铺设。

房建5标：对地板砖、墙砖空鼓及破损部位进行剔除原有地板砖、墙砖，购置同规格同颜色地板砖进行重新铺设；对木门套空鼓松动位置进行加固粘贴处理；按设计规范要求对厨房电缆进行整修、规整；内业资料根据资料档案验收要求进行全面排查整改，现已整改完毕，移交至资料档案库妥善保存。

（三）监理工作情况及对缺陷修复的质量评定

代表处组织各标对缺陷工程进行了修复，共下发监理通知37份，目前洛栾高速公路嵩县至栾川段路基工程、护排水梁、桥梁隧道、交通安全设施、绿化、房建、路面工程已按照相关要求进行了整改，根据交工验收检测中存在的质量缺陷问题以及相关设计及验收规范要求，已经进行了质量缺陷维修并进行了质量缺陷维修验收，评定结论：洛栾高速公路嵩县至栾川段路基工程、护排水梁、桥梁隧道、交通安全设施、绿化、房建、路面工程质量缺陷维修工程，符合设计及工程质量验收规范的相关要求，满足本项目工程功能需要，缺陷期质量修复合格。

六、监理工作体会

在整个监理过程中，我们既取得了成绩，也存在不足。主要体会有以下几点：

(1)要加强监理队伍自身业务素质的提高，建立一个具有较高业务水平和职业道德素质、思想统一、目标明确、团结协作的监理组团队。只有这样，才能有效地履行监理职责，才能在监理过程中严格按照设计、规范和监理程序控制工程质量，才能保证签认的工程质量、数量真实可信，才能做到事前有预见，将可能将出现的问题消灭在萌芽状态，才能及时合理地指导承包人处理出现的各类问题。

(2)加强对承包人相关技术人员及劳务人员业务技能、思想素养的培养，提高其综合素质。只有这样才能更好地按照设计意图和技术规范搞好工程质量建设，避免出现不规范施工的现象，才能更好地创造合理的经济效益。

(3)在监理过程中督促承办人外业施工和内业资料要同步进行，只有这样才能杜绝做“假资料”的现象，才能及时进行计量支付工作，提高施作人员的工作积极性、主动性和资金的周转速度，才能有效地提高工程质量，缩短施工周期。

(4)全体监理人员认真学习业主下发的各类技术指导文件、施工规范及评定标准，加强监理内业工作，及时完善各类资料的抽检和评定，确保工程能够顺利竣工。

(5)代表处内部工作中加强沟通交流，代表处和各施工单位经常召开工作交流会，对各自工作开展中遇到的问题和需要着重注意的方面进行交流提示，避免了由于信息交流不畅出现工作失误，这种直接交流的形式有效提高了工作效率，工程质量和施工进度也得到了保证。

(6)监理人员必须牢固树立“安全至上、质量第一”的思想，紧紧把握各级领导反复要求的监理工作职责，围绕“质量、安全、进度、投资控制”中的核心问题，把质量视作监理工作的生命和灵魂，把安全当作首要任务去抓，确保本质安全。全体监理克服了豫西项目压力大、环境艰苦等复杂因素，继续发扬了不怕苦、不怕难的精神，不断建立健全质量安全保证体系，完善了安全操作规程和安全生产监理制度，严把原材料进场检验关，做好技术交底，严格工序控制，牢固树立了“安全至上、质量第一”的思想。

(7)安全监理的工作思路：各级监理时刻保持清醒的头脑，明白安全责任和工作思路，从思想上加强安全管理意识，增强全体监理工作业务知识和经验的积累，更好地督促施工单位做好施工安全管理，及时发现施工中存在的安全隐患，实现安全监理目标。首先要制定切实可行的监理规划、监理细则和管理制度，其次审查施工单位编制的方案、措施、资质、上岗证等内容，然后在施工过程中加强监督和检查，对发现的安全隐患，做到以下三点：①必须书面通知施工单位督促其立即整改并进行复查验收；②对于情况严重的，各级监理应及时下达工程暂停令要求施工单位停工整改,同时报告建设单位;③对施工单位拒不整改或不停工整改的,要及时上报建设行政主管部门,求得相关部门的支持。

(8)针对山区高速,在工期紧、任务重的情况下,全体监理进一步提高认识,解放思想,多下通知,积极反馈,保护自己,不做历史的罪人。工作中一清二白抓安全(时刻保持清醒的头脑,明白安全责任、明白工作思路),三铁四严抓管理,五知六会抓现场(知道作业地点环境、知道队伍素质、知道规程标准、知道重点隐患、知道防范措施,会检查、会验收、会分析、会评价、会防范、会处理),进一步提高服务意识,牢固树立勇夺第一、勇扛红旗意识,争取在抓监理队伍建设方面有所创新,取得新的经验,把我们的监理队伍建成一支能打硬仗的铁队伍。

(9)质量控制的重点是把好"三关"。

①原材料质量关:原材料质量关是保证工程质量的前提。严格做到材料未经试验,未经高驻办、中心试验室抽检合格批准的材料不得使用,未经监理现场验收的材料不得使用。

②工序质量关:工序质量关是保证整个工作质量的关键。严格执行代表处、驻地办"监理实施细则"所规定的监理程序,有关技术规范、技术标准和设计文件,主要由总监理工程师、副总监来把握,并由驻地监理工程师、专业监理工程师督促落实。

③计量支付关:计量支付的前提条件是建立在工程质量合格的基础上,只有经监理工程师检查验收合格的工程才能进行计量支付,监理只有把好计量支付关才有利于对质量的控制和管理。

(10)坚持"四不准,三不放过":施工中质量应做到四不准,人力、材料设备、机械设备不足不准开工;未经检查认可的材料不准使用;施工工艺未经批准,施工中不准采用;前道工序未经验收,后道工序不准进行。

施工中出现质量或安全事故坚持三不放过,提高职业道德素质加强团结,虚心学习,坚持技术民主,一项工程的监理工作不是一、两人担起来的,其成败也不单是少数几个人能决定的,需要监理部全体人员团结合作,步调一致,每人都为增强整体战斗力而努力工作。

(11)坚持按监理程序办事,监理工作的三大任务能否出色完成,监理程序是否健全、有效,执行得是否严格起决定性的作用,只有把好每道关,按既定程序去做,才能有条不紊,繁而不乱,以数据说话,以理服人,有效地进行计量与支付,进而掌握进度,搞好变更设计,索赔等合同管理,要求监理工程师和承包人遵照执行。

总而言之,洛栾高速公路嵩县至栾川段总监办监理代表处在监理工作的各个方面还是取得了一定的成绩,也赢得了业主和施工单位的一致肯定和好评。但也存在一些不足之处,在以后的监理工作中,将扬长避短,不断提高监理服务水平,使业主满意,以良好的信誉服务高速公路建设。

附件:洛栾高速公路嵩县至栾川段工程第一监理代表处各合同段质量评定一览表

河南省高等级公路建设监理部有限公司

洛栾高速公路嵩县至栾川段工程第一监理代表处

二〇一六年八月

附件

洛栾高速公路嵩县至栾川段工程第一监理代表处各合同段质量评定一览表

序　　号	标　　段	监理单位评分	备　　注
1	SLTJ.1	98.44	土建工程
2	SLTJ.2	98.04	土建工程
3	SLTJ.3	98.13	土建工程
4	SLTJ.4	97.53	土建工程
5	SLTJ.5	98.31	土建工程
6	SLLM	97.22	路面工程
7	SLJA.1	97.12	交安设施
8	SLJA.3	97.56	交安设施
9	SLFJ.1	98.34	房建工程
10	SLFJ.2	97.83	房建工程
11	SLFJ.3	98.55	房建工程
12	SLFJ.4	97.37	房建工程
13	SLFJ.5	97.34	房建工程
14	SLLH.1	98.32	绿化工程
15	SLLH.3	97.52	绿化工程
鉴定得分		97.84	

4. 洛栾高速公路嵩县至栾川段工程第二监理代表处工作报告

目　　录

一、监理工作概况
二、工程质量管理
（一）质量管理目标
（二）质量管理措施
（三）质量检查汇总
（四）质量问题处理情况
（五）工程质量评价
三、计量支付、工程进度和合同管理情况
（一）计量管理
（二）进度控制
（三）合同管理
四、设计变更情况
五、交工验收中存在的问题及处理情况
六、监理工作体会
（一）不断加强自身素质
（二）质量控制的重点是把好“三关”
（三）加强文件和资料的管理
（四）认真落实安全生产制度

洛栾高速公路嵩县至栾川段工程第二监理代表处工作报告

一、监理工作概况

嵩县至栾川段高速公路是河南省高速公路网重点规划的洛阳至栾川高速公路的重要组成部分，同时也是河南省2010年计划开工的重点高速公路项目。项目起自“豫西山水画廊”嵩县，接正在建设的洛阳至嵩县高速公路，路线向西南依次经过嵩县纸坊乡、何村乡、德亭镇、大章镇、旧县镇，栾川县潭头镇、庙子乡，止于栾川县庙子乡河南村北侧，接拟建的武西高速公路尧山至西峡段。路线全长约66.538km。

河南省公路工程监理咨询有限公司洛栾高速公路嵩栾段第二监理代表处所监理的起讫桩号为K97+850~K128+380，施工地点均处于洛阳市栾川县境内，主要土建单位、路面单位、交通安全设施单位、绿化单位实施了施工监理工作。施工单位分别为：SLTJ.6（中铁十五局集团第工程有限公司）、SLTJ.7（中铁十五局集团第五工程有限公司）、SLTJ.8（陕西明泰工程建设有限公司）、SLTJ.9（中交一公局第六工程有限公司）、SLTJ.10（中铁十五局集团第七工程有限公司）、SLLM（河南省公路工程局集团有限公司）、SLSA.2（杭州红萌交通设施有限公司）、SLSA.4（北京路桥方舟交通科技发展有限公司）、SLLH.2（河南省益康园林工程有限公司）、SLLH.4（河南新封园林工程有限公司）等。

所监理范围工程总造价194304万元，主要工程量如表1所示。

洛栾高速公路嵩栾段第二监理代表处主要工程量一览表 表1

合同段	起讫桩号	长度(km)	施工单位	主要工程量
SLTJ.06	K97+850~K103+500	5.650	中铁十五局集团第一工程有限公司	土方21万m^3，石方58万m^3，大中桥1461m/5座，隧道2038m/2座，涵洞通道5座，底基层5万m^3，基层4.9万m^3
SLTJ.07	K103+500~K110+690	7.190	中铁十五局集团第五工程有限公司	土方25万m^3，石方101万m^3，大中桥2825m/9座，隧道2645m/3座，涵洞通道9座，底基层3.3万m^3，基层3.3万m^3
SLTJ.08	K110+690~K116+100	5.410	陕西明泰工程建设有限责任公司	土方24万m^3，石方79万m^3，大中桥1085m/5座，隧道2207m/5座，涵洞通道7座，互通1处，底基层10万m^3，基层9.8万m^3
SLTJ.09	K116+100~K123+700	7.600	中交一公局第六工程有限公司	土方21万m^3，石方61万m^3，大中桥2960m/8座，隧道694m/1座，涵洞通道7座，底基层8.3万m^3，基层8.1万m^3
SLTJ.10	K123+700~K128+380	4.680	中铁十五局集团第七工程有限公司	土方29万m^3，石方117万m^3，大中桥1140m/4座，隧道650m/1座，涵洞通道9座，互通1处，底基层16.3万m^3，基层16万m^3
SLLM	K97+850~K128+380	30.530	河南省公路工程局集团有限公司	细粒式改性沥青混凝土684524m^2，中粒式沥青混凝土533534m^2，中粒式改性沥青混凝土165721m^2，密级配沥青稳定碎石331322m^2

续上表

合同段	起讫桩号	长度(km)	施工单位	主要工程量
SLJA02	K97+850~K129+535	31.685	杭州红萌交通设施有限公司	标志184处,标线31.06km
SLJA04	K97+850~K129+535	31.685	北京路桥方舟交通科技发展有限公司	护栏43.55km,防眩板9.914km,隔离栅34.58km,声频障1.02km

为按照合同要求高效地完成监理任务,本监理代表处共投入监理人数89人,其中交通部监理工程师26人,交通部专业监理工程师15人,现场监理员48人(详见表2),本监理代表处实行二级监理组织机构,其组织机构如图1所示。

洛阳高速公路嵩栾段第二监理代表处现场监理人员情况表 表2

单位	总监	副总监	驻地/主任	项目监理	项目助理	试验监理	辅助人员	合计
总监办	1	2	5	8	10	4	6	31
LSTJ.6驻地办			1	3	5	1	3	17
LSTJ.7驻地办			2	3	5	1	3	16
LSTJ.8驻地办			1	3	5	1	3	16
LSTJ.9驻地办			1	3	5	1	3	16
LSTJ.10驻地办			1	3	5	1	3	16
SLLM驻地办			1	3	3	1	3	9
合计								121

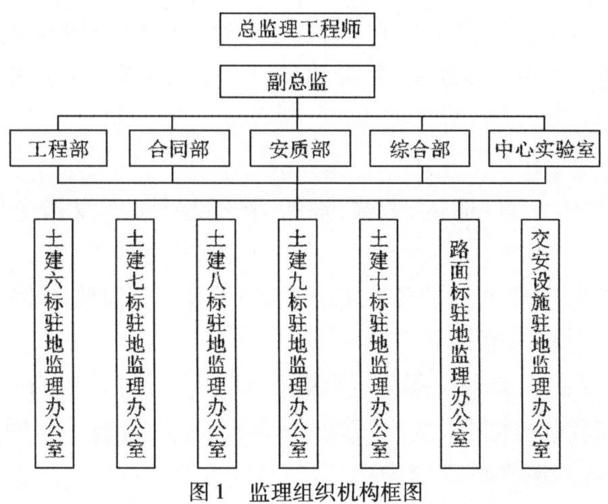

图1 监理组织机构框图

二、工程质量管理

根据合同要求,本项目的总工期为24个月,结合山区的施工困难,如何在困难大、工期紧、任务重的情况下,将工程管理的进度、质量、费用、安全四大对立的目标统一起来,既是摆在各施工单位面前的一大考验,也是对监理工作的一大挑战。监理代表处在充分熟悉设计图纸和施工现场后,及时提出了缩短施工准备阶段,尽快投入的正常的施工阶段要求。通过一个半月的努力,于2010年12月15日及时召开了"洛栾高速公路嵩栾段第二监理代表处第一次工地会议",明确了监理的组织机构和监理工作程序,同时紧扣招标文件,国家和河南省的有关法律、法规,部颁规范,设计文件等对"四控两管"的监理工作做了具体部署,承诺严格按照合同要求"严格管理、优质服务、科学公正、廉洁自律”地做好监理工作。

(一)质量管理目标

通过“精心组织、科学管理”,达到工程质量“内实外美”的监理目标。

督促各施工单位严格履行工程承包合同,执行有关文件要求,实现“分项工程合格率100%,分项工程评定值99分以上;分部工程评定值98分以上,力争99分;单位工程评定值97分以上,力争98分,总体评价为优良工程”。

(二)质量管理措施

1. 建立健全监理人员质量意识

通过培训、学习、考试不断加强所有监理人员的服务意识、质量意识。树立“严格管理、优质服务”工作观念,明确质量是质与量的对立统一关系,有质才有量,质是量的保证,量是质的体现,只有在质量合格的基础上讨论进度才有意义的辩证思想,凡是不符合质量标准的工程一律不得计量支付,凡是对存在质量问题或隐患的工程坚决予以处理到位。

2. 坚持监理程序

监理工作实施过程必须是有章可循,即制定有针对性,操作性强的监理程序,明确各级监理人员的职责范围,规范监理人员的工作行为,提高质量控制的效率。反过来,质量控制说到底就是认真严格地执行监理程序,监理程序的具体操作就是如实做好检测记录,质量控制分三个阶段。

(1)施工准备阶段:开工报告审批对承包人提交的施工计划、工艺,进场的原材料质量和数量,施工人员和机械配备、质量控制指标、检测方法等进行审批,核实是否具备开工条件。

(2)施工过程监理:这是监理的重点阶段,要求现场监理对技术方案,施工工艺进行认真检查并落实,使工程处于规范状态下施工,旁站是这一阶段监理工作有效地加强手段。

(3)工序验收:对每一道工序完工后在承包人自检合格后报请验收的基础上进行检测、试验,合格后允许进行下道工序作业,签发“质量检验认可证书”和“中间交工证书”,否则,不得进入下道工序施工。

3. 监理工作方法

监理工作采取的主要方法有:巡视、旁站、抽检、平行检测、下发指令性文件、召开专题会议、工地例会等。

依据《公路工程施工监理规范》(JTG G10—2006)有关规定,监理代表处对有关工程分别进行了巡视、抽检、旁站,其主要内容如下。

(1)巡视:此工作主要由总监理工程师、高级驻地监理工程师,部分由专业工程师完成,嵩栾段第二监理代表处规定高级驻地每天巡检工地1~2次,专业监理工程师巡视次数由高级驻地根据现场情况灵活进行布置。巡视重点分为:

①正在施工的分项、分部工程是否已批准开工。

②质量检测、安全管理人员是否按规定到岗。

③特种作业人员是否持证上岗。

④现场使用的原材料或混合料、外购产品、施工机械设备及采用的施工方法与工艺是否与批准的一致。

⑤质量、安全及环保措施是否实施到位。

⑥试验检测仪器、设备是否按规定进行了校准。

⑦是否按规定进行了施工自检和工序交接。

⑧监理人员的工作方法、工作态度、业务水平、职业道德,现场到位率以及对设计图纸、合

同文件、施工规范的理解、掌握和执行情况进行全面的综合性管理，及时纠正，使监理工作处于良好的工作状态。

⑨对工程质量进行全面细致的检查，如现场监理有未能发现或举棋不定的问题，给予指导和解决，及时对工程变更方案及异常情况提出处理措施和解决方法。

⑩及时分析、跟踪工程质量、进度的现状，提出工程阶段性的重点、难点，最终实现总体质量控制目标。

(2)抽检：主要任务是对工程质量实行动态控制，该工作由监理代表处中心试验室、工程部测量监理工程师和驻地办负责完成。

①测量：开工前对导线点、水准点进行100%的复测检查，对中桩抽检30%以上，对桥涵等结构物的各部位进行100%的复测检查。

②试验：检查进场原材料和半成品的出厂合格证，检查进场的钢材、水泥、沥青、石灰、粉煤灰、砂砾、碎石等主要原材料的合格证和自检试验报告。驻地办对进场材料后按自检频率的50%抽检，中心试验室按自检频率的20%抽检。路基压实度由驻地办层层抽检，抽检频率为自检频率的50%且不少于1点/km^2。驻地办对钢筋焊接、混凝土浇筑均按50%频率抽检，中心试验室随即进行抽检。对抽检不合格或偷工减料者坚决予以退场或返工。

(3)旁站：旁站监理是对承包人和多项施工程序、施工方法和施工工艺进行全面有效控制。实行全方位、全过程、全环节的监理。主要监理任务如下。

①检查用于工程的材料、设备，现场施工人员及其他施工条件、施工方案与批准的单项工程开工报告是否相符。

②检查多种集料的级配、配合比及用量与批准的标准试验是否一致。

③检查施工方法和操作工艺，对低劣的产品及时发出警告或工作指令。

④进行每道工序或单项工程完工后的检查验收。

⑤对隐蔽工程进行全过程监控及覆盖前的检查验收。

⑥监督承包人的进行试样抽取和控制参数的测定及记录。

⑦观察了解影响工程进度和质量的自然风险、隐患及外部干扰的信息，及时报告驻地办或高驻办。

⑧旁站项目完工后，监理工程师应组织检查验收，验收合格后方可进行下道工序施工。

4. 对施工过程控制可采取事前、事中、事后监理方式

事前监理，即主动监理，主要是监督承包人技术、施工工艺、材料、机械设备、人员及劳动组织等准备工作是否到位，及早发现问题、及时纠正、将事故的苗头消灭在施工之前。

事中监理，即跟踪监理，主要通过现场旁站、观察施工、督促施工、发现施工中存在的问题及时指出，立即整改、纠正，避免留下质量隐患。

事后监理是对已完工工程进行检查、验收、质量评定，发现质量缺陷或不合格工程，指令修补或返工，把好成品质量关。工程质量控制在实施的过程中，应紧密的将巡视、抽检和旁站有机地结合在一起，形成较为完整的质量保证体系。

(三)质量检查汇总

自2010年12月至2012年12月，嵩栾高速公路第二监理代表处在施工过程中进行了多项监理抽检工作，其具体抽检项目及组(次)数详见表3：钢筋原材料984组、抽检钢筋焊接共计803组、粗集料抽检921次、细集料抽检755次、水泥抽检1670次、砂浆抽样298组、混凝土抗压强度20987组、水泥浆试验抽检1395组、混凝土配合比274次、击实试验48次、路基压实度1575个点、路面基层压实度试验301次、锚杆拉拔试验900次，所检测合格率100%。

洛栾高速公路嵩栾段第二监理代表处试验检测统计表　　表3

检测项目	检测组(次)数						
	第六驻地办	第七驻地办	第八驻地办	第九驻地办	第十驻地办	中心试验室	汇总
钢筋原材料抽检	197	128	115	202	69	273	984
钢筋焊接	121	61	147	168	41	265	803
碎石	165	138	121	178	46	273	921
砂子	148	100	98	144	50	215	755
水泥	257	214	267	573	57	302	1670
砂浆抗压试验	102	23	30	10	100	33	298
水泥混凝土抗压试验	4691	5132	3923	4191	1340	1710	20987
水泥混凝土抗折试验	48	65	58	12	20	19	222
水泥浆试验	52	290	148	660	174	71	1395
混凝土配合比	29	29	39	21	19	137	274
击实试验	3	5	4	6	6	24	48
路基压实度	0	8	82	7	1396	82	1575
路面基层压实度	24	66	55	62	72	22	301
锚杆拉拔试验	142	437	78	113	0	130	900

（四）质量问题处理情况

在对施工单位的监理过程中，监理代表处反复强调要严格按照设计图纸和技术规范、标准等依据严格实施监理工作。但质量问题依然无法消除，针对施工过程中的质量问题应及时发现及时处理。例如，对于隧道衬砌工程，虽经监理代表处多次强调多次突击性检查，依然难免出现系统锚杆长度不足，喷射混凝土厚度不够、平整度较差，钢拱架及格栅钢架间距偏大等问题屡见不鲜，针对多次出现的这些问题，监理代表处由总监牵头监理代表处各部室、各高级驻地、各施工单位总工共同组成专项检查组对各个隧道进行逐一排查，对于排查出的问题，由项目经理和总工承诺进行返工的期限，对应标段高级驻地立军令状，若到期完不成停职查看一个月，对施工单位通报批评，将总工驱逐出场并报业主公司对该标段予以重罚。经过历时一个半月的整顿，隧道质量控制大为提高，随时检查均能按照规定要求施工。桩头凿除要求必须满足：顶面混凝土混合料均匀密实、平整、无夹泥，但现场检查时发现钢筋笼内侧较外侧混凝土顶面高出10cm之多且顶面砂浆过于集中无粗集料，在此情况下便进行了模板的安装，发现后立即下发了监理指令，要求拆除模板并按要求重新凿除，基于此，监理代表处统一规定，对于桥梁工程的系梁、立柱、方墩、空心墩、盖梁、预制箱梁、预制T梁、隧道二次衬砌、面板等重要工程，前五次进行施工报验的，必须经驻地办验收合格后报请监理代表处进行验收，监理代表处验收过程中要求必须有已验收合格的现场监理、施工单位总工、质检部长参加，对于提出的问题必须认真总结，逐条列出，在前五个首件完成后由项目经理部组织召开总结会，详细记录施工中存在的问题和处理措施，从理论和施工现场切实拿出改进意见，为施工单位树立此类型施工工艺相同的标杆，然后交由驻地办按此要求严格把关做好类似的工程内容。通过两年来全体监理人员的共同努力，嵩栾段第二监理代表处总体质量控制良好，未出现工程质量事故，对于存在的质量问题进行了及时分析、处理、改进。

（五）工程质量评价

2012年12月8日承包人施工完成以来，土建、路面、交安等各单位按《河南省公路建设项目文件材料立卷归档整理规范》的要求，依据《公路工程质量检验评定标准》(JTG F80—2004)对分项、分部、单位工程和合同工程质量自评，向监理工程师提交交工验收申请报告和施工总结。监理工程师对工程实体进行复验和内业资料进行核查，写出监理工程师评审意见，上报嵩阳公司，对被监理的各标段施工质量评定均为合格，具备验收条件。

河南省交通基本建设质量监督站委托的三阶段验收检测单位对桥梁、路基、路面、隧道等各分部工程检查结果均为合格，已上报河南省交通基本建设质量监督站备案。

三、计量支付、工程进度和合同管理情况

（一）计量管理

计量工作是承包人履行合同予以认可的重要途径，通过监理对其施工的实体进行认真检测和慎重评价方可决定是否给予已完工程量进行计量确认。根据嵩阳公司合同处统一要求，采用监理工程师与承包人共同计量的方法，其具体操作及控制程序是：现场已完工程按照驻地办报验程序进行→已完工程进行现场检测确认符合设计和规范要求→工程技术、试验资料完善真实，监理抽检频率和结果合格→高级驻地已将中间交工证书、工程认可书签认完毕→由承包人按照计量规则计算已完工程的工程量和产值→报监理审核签字→报请嵩阳公司确认→进行工程款支付。为慎重，监理代表处各部室对所报计量实行传签单制度，即加强监理代表处各部室对施工现场的管理力度。洛栾高速公路嵩栾段第二监理代表处产值统计表（截至2012年年底）见表4。

洛栾高速公路嵩栾段第二监理代表处产值统计表（截至2012年年底） 表4

标段	施工单位	总产值（万元）	已完工程总产值（万元）	已计量产值（万元）	计量期数
SLTJ.6	中铁十五局集团第一工程有限公司	32316	43445	30879	42
SLTJ.7	中铁十五局集团第五工程有限公司	42107	51516	35941	38
SLTJ.8	陕西明泰工程建设有限责任公司	35402	36589	24382	31
SLTJ.9	中交一公局第六工程有限公司	35029	35269	28430	30
SLTJ.10	中铁十五集团第七工程有限公司	22173	10866	9810	23
SLJA02	杭州红萌交通设施有限公司	615	580	312	1
SLJA04	北京路桥方舟交通科技发展有限公司	1801	1660	470	1
路面	公路工程局集团有限公司	24860	21984	14916	4
合计		194303	201909	145140	170

（二）进度控制

本工程合同工期为27个月，自2010年10月开工以来，河南省政府及河南省交通运输厅十分关注本项目的工期进展，要求2012年12月底必须实现通车目标，为保证在此重丘区确保通车目标得以实现，各单位认真分析工程疑点、难点，制定合理的施工进度计划，采取高效、科学的施工方法，夜以继日，采取“白+黑”“五+二”的工作方式全面将工程向前快速推进，实施过程中又遇到“三改”、地方协调、部分路段征地拆迁迟迟不能解决等诸多影响进度的不利因素。

为实现既定计划目标，各单位群力群策，上下一心，众志成城，采取各种办法保证工期。

总监理工程师杨伟每天全面巡视工地，几乎从无间断，对各单位所制定的施工进度计划亲自逐个审核，从全局的角度对各单位做出了具体的指导，将可能连接起来的断点限期必须连续，为路面单位长距离摊铺创造了良好的条件，确保了进场晚、行动快的路面单位以日平均2.35km的摊铺速度全速推进，确保12月20日通车毫无悬念。

机械设备的投入是关键，根据工程需要，各单位投入了大量机械设备，为及时掌握现场施工和工程设备的配套情况，监理代表处每月都要调查核实承包人的机械配备情况，对于不能具备开工条件而不能及时开工的，由高级驻地组织召开专题会议报总监确认，积极创造开工条件，凡是在既定时间内不能开工的工点报嵩阳公司嵩栾段负责人进行诫勉谈话；同时注重原材料的供应，协助承包人加强内部管理，及时向嵩阳公司汇报工地进展情况，协调材料预付款的及时支付，通过业主、监理、承包人的有机配合，本监理代表处所监理五个土建标段施工内容均按期(12 月 8 日)完工，为实现洛栾高速公路嵩栾段按期通车的总体目标夯实了基础。

在进度控制的措施上，采取强化计划施工，开展劳动竞赛，定期上报形象进度及施工力量流动表等措施。

在嵩阳公司倡导的“大战 90 天”和“大战 100 天”评比中，SLTJ. 10 标勇夺头冠，为整个嵩栾段第二监理代表处提了神，鼓了劲，有效地刺激了全体施工人员的激情，起到了良好的促进效果。

(三)合同管理

(1)工地会议情况：根据施工合同和监理合同要求，各单位应及时召开第一次工地会议，监理代表处在各土建单位陆续单位进场一个半月便于 2010 年 12 月 15 日召开了第一次工地会议，每月按时召开工地例会。在工地例会上，施工单位汇报工程进度情况及存在的问题，并对上次例会中监理工程师提出的质量问题整改情况进行答复。监理工程师就工地现场质量控制、进度控制和费用控制方面进行通报并提出合理化意见。每次工地例会都起到发现问题及时通报及时解决的效果，使“四控两管一协调”工作彻底贯彻于工程实施之中。

(2)施工合同的执行与变动情况及对工程的影响：监理代表处按照施工合同要求，督促各施工单位应分解任务、倒排工期，将总体目标分解为若干个节点目标予以实现，以总体指引局部，以局部实现总体的进度目标；工程质量严格执行现行法律、法规、规范、标准，按照两阶段设计图纸规范施工；加强项目管理，以科学的管理手段多快好省的实现投资目标；本项目被交通运输部确定为“平安工地”达标项目，安全生产从制度抓起，从安全隐患入手，将存在的隐患坚决消除，防微杜渐；工程实施过程中，随着施工环境的变化和设计、实际中存在的差距，难免出现不切实际的施工方案，对此，监理代表处本着“科学公正”的态度认真对待每一个方案，将变更前和变更后的方案进行认真对比，切实选定能充分发挥工程使用功能的最佳方案予以实施，例如西沟一号和二号隧道之间按照原设计图纸的棚洞方案，基础承载力存在极大隐患，若深挖，高边坡所带来的潜在安全隐患和工期的迟延将极大地影响 SLTJ. 8 标，甚至整个嵩栾段第二监理代表处的整体进度，监理代表处通过多达八次的工地现场查看，首先提出应对此进行变更设计，设计和业主工程处获悉此情况后非常重视，反复查看工地，认真推敲，最后决定取消此段棚洞，加强边坡防护处理，增设锚索，加高左幅挡墙等一系列措施，确保了此段工程的稳步推进；另外结合隧道围岩情况和设计图纸，针对 X-Ⅳ-C 围岩类型支护的保守系数过高，经过与设计代表沟通，同意改为 X-Ⅳ-D 围岩支护类型，为本项目节约资金 600 多万元。

监理代表处对各施工单位合同的执行具体工作有以下几项：

①对进场的人员、机械设备数量、型号、性能进行严格检查，主要人员有变更的必须履行变更手续并确保满足合同要求。

②定期对承包人履约情况进行检查。

③根据合同文件和工程实际情况，认真检查承包人施工管理技术人员、机具设备、施工人员的投入是否满足确保工程质量、进度的需要，对承包人的违约行为及时予以纠正，严重者报告业主进行处罚。在整个工程实施过程中从未发生承包单位因业主或监理工程师原因而出现索赔的情况。

四、设计变更情况

设计变更是指自高速公路工程初步设计批准之日起至通车竣工验收正式交付使用之日止，对已批准的初步设计文件、技术设计文件或施工图设计文件所进行的修改、完善、优化等活动。

对于工程变更我们始终坚持：不降低设计标准，不增加或尽量少增加费用，有利于地方水利建设、方便当地农民生活生产需要,确保工程质量的原则。对于工程变更审核的原则是:科学公正、实事求是、一丝不苟。对变更的类型、理由及数量和金额的核实,谨之又谨,慎之又慎。

监理代表处进行设计变更依据"豫嵩阳高工〔2012〕49 号关于设计变更管理办法"和"豫嵩阳高工〔2012〕328 号关于调整洛栾高速公路设计变更程序的通知"及其他有关规范性文件进行,为了维护施工图的严肃性,履行审批手续,监理代表处杜绝了先实施后报批,或边实施边报批等情况的出现,坚持未经批准不得变更的原则。

截至 2012 年年底,嵩栾高速公路第二监理代表处设计变更情况统计如下:

SLTJ.6 标变更共计 73 份,设计金额估算值为 3400 万元;

SLTJ.7 标变更共计 63 份,设计金额估算值为 2900 万元;

SLTJ.8 标变更共计 69 份,设计金额估算值为 5000 万元;

SLTJ.9 标变更共计 67 份,设计金额估算值为 3830 万元;

SLTJ.10 标变更共计 37 份,设计金额估算值为 1509 万元。

五、交工验收中存在的问题及处理情况

监理代表处在组织的交工验收过程中,发现了一些问题:

(1)路基工程

①中央分隔带处缝隙式排水沟直顺度较差。

②土路肩填土未进行压实。

③挖方段排水沟顶面与路面形成明显错台。

(2)桥梁工程

①桥梁工程临时伸缩缝未拆除。

②立柱侧向堆积土未清理。

③防撞护栏直顺度较差,表面气泡较多。

(3)路面工程

①上面层横向接缝不顺直、不平整。

②边沿线参差不齐,未切割。

(4)隧道工程

①排水沟钢筋布置不规范,导致上顶面破损,排水沟底杂物未清理。

②隧道衬砌混凝土表面有较多气泡。

③电缆沟盖板表面粗糙,未进行收面整理。

(5)波形护栏

①立柱难于打入的顶面被切割,凹凸不平。

②波形护栏直顺度较差。

(6)内业资料整理

工程技术资料未按照要求进行归档。

针对以上问题监理代表处采取的措施有:

(1)召开监理代表处各部室、各驻地办、各施工单位专题会议,针对上述存在的问题进行通报,要求各单位针对上述问题认真进行全线排查,举一反三,彻底将隐患消除,限期 10d 内完成。

(2)监理代表处各部室每天检查,并将检查结果向各施工单位、各驻地办通报,凡是无具体举措的进行了罚款 2 万元。

(3)在整改过程中,驻地办所有监理进行划段管理,整改后仍不能达到要求的将给予相应监理经济处罚。

(4)副总监加强现场巡视力度,对于整顿力度较弱的及时予以督促。

通过各种措施的实施,将存在的若干问题得到了有效解决,具备了报请嵩阳公司竣工验收的条件。

六、监理工作体会

(一)不断加强自身素质

(1)具有较高的理论水平:监理的理论水平来自自身的修养,这种修养首先是对工程建设方针、政策、法律、法规方面应当具有较高程度的理解,并且联系实际,使监理工作有根有据,扎实稳妥;其次应当掌握专业理论,要知其然并知其所以然,在解决实际问题时能够透过现象看本质,从根本上解决和处理问题。

(2)具有较高的专业技术水平:有较高的专业技术水平,更应看到知识的深度和广度,达到能够解决和处理工程问题的程度,将各种知识融于监理工作之中,制定细则,发现问题,审批方案,做出决策,监督实施。

(3)具有合理的知识结构:要做到"一专多能"型人才,就要注重平时知识的积累,尤其是涉及工程建设经济、技术、管理、法律等方面的知识,逐步具备综合性的知识结构。

(4)具有较强的组织协调能力和良好的协作精神:要实现项目的监理目标,需要与格参建单位合作,要与不同地位和知识背景的人打交道,要把各方面的关系协调好,这都离不开协调和协作。

工地会议是监理了解情况、协调矛盾、反馈信息、制定决策和下达指令的主要方式,同时也是对工程监督管理和对内部人员进行有效管理的重要手段。

(5)继续教育:随着现代科学技术日新月异地发展,监理要随着时代的进步不断更新知识、扩大知识面,学习新的理论知识、政策法规,了解新技术、新工艺、新材料、新设备,不断提高执业能力和工作水平。

(二)质量控制的重点是把好"三关"

(1)原材料进场关:原材料一经进入工地必须提供材质单,及时通知检测人员对其进行检测,凡是不合格的原材料坚决不允许卸车。

(2)工序交接关:每隔工程产品都是由若干的工序组成,每道工序是否合格将决定着这个工程产品是否合格,因此对上道工序的检查务求细致、规范、认真,满足要求后方可签认进入下道工序的指令。尤其是涉及结构安全和使用功能的关键实测项目相关的施工工序,在承包人自检合格后应进行仔细检查,合格后方予以签认。

(3)计量关:计量的前提条件是建立在合格产品的基础上,只有经监理工程师检查验收合格的工程才能进行计量,监理只有把好计量关才有利于对质量的控制和管理。

(三)加强文件和资料的管理

所谓"文件和资料",指的是工程建设过程中形成的各种工程信息资料,并按照一定原则分类、组卷,最后移交档案部门的整个建设工程的历史记录。它是工程建设不可或缺的技术档案,是工程检查、维修、管理、使用的重要依据,因此,完整地收集、积累这些资料和科学地管理这些资料就成为整个工程建设管理的重要组成部分。尤其是本项目工期紧的特点,能否将资料整理和施工同步,任务是艰巨的。监理代表处采取的方法就是出具合格的自检资料后方对外业实体进行验收,这为资料的同步性裹上了"铁架裟",工程进展到哪一步,资料就跟进到哪一步。实现了工程完工,资料归档完毕的目标。

(四)认真落实安全生产制度

本项目地处重丘区,山高壑深,高挖深填,随着国家对劳动者保护制度的不断完善,工程建设越来越重视对安全管理的力度，监理作为工程的参建者，首先也是安全制度的保护者，反过来，监理又是其他劳动者保护的保护伞，因此各级监理人员必须重视“安全生产方针，即安全第一、预防为主、综合治理”，并将安全保护真正落到实处。要求各施工单位主要管理人员必须遵循“管生产必须管安全”“目标管理”“预防为主”“动态安全管理”“安全具有否决权”“事故处理四不放过”的原则。切实让高速公路建设者的安全职业健康得到保障。

第二监理代表处的监理工作已经结束，嵩栾高速公路给了我们展示才华的舞台，通过各级监理人员的共同努力，我们的监理服务圆满而顺利的达到了预期目标，同时，也得到了嵩阳公司和河南省质监站的充分肯定。

诚然，在实施本项目的监理过程中存在着一些不足和缺陷，我们感谢那些给过我们帮助和建议的同仁们，和那些关怀着我们的领导，我们将认真总结，戒骄戒躁！

我们有理由相信，在未来的监理路上我们会走得更远、做得更好！

附件：洛栾高速公路嵩县至栾川段工程第二监理代表处各合同段质量评分一览表

河南省公路工程监理咨询有限公司

洛栾高速公路嵩县至栾川段工程第二监理代表处

二〇一六年八月

附件

洛栾高速公路嵩县至栾川段工程第二监理代表处
各合同段质量评分一览表

序　　号	标　　段	监理单位评分	备　　注
1	SLTJ.6	98.31	土建工程
2	SLTJ.7	97.77	土建工程
3	SLTJ.8	97.82	土建工程
4	SLTJ.9	98.31	土建工程
5	SLTJ.10	97.80	土建工程
6	SLLM	97.22	路面工程
7	SLJA.2	97.55	交安设施
8	SLJA.4	97.09	交安设施
鉴定得分		98.01	

第二部分

土　　建

1. 洛栾高速公路嵩县至栾川段土建工程 No. 1 合同段施工总结报告

目　　录

一、工程概况
二、机构组成
（一）施工组织机构
（二）主要人员一览表、主要机械设备一览表
三、质量管理情况
四、施工进度控制
五、施工安全与文明施工情况
（一）施工安全
（二）文明施工
六、环境保护与节约用地措施
（一）环境保护
（二）建立健全水土保持及环境保护体系
（三）水土保持措施
（四）环境保护措施
（五）施工过程中水保、环保措施
（六）生态保护
（七）空气污染的预防
（八）生产、生活垃圾处理
（九）噪声控制
（十）工程完工后环境保护措施
七、施工中新技术、新材料、新工艺的应用情况
（一）栗子坪特大桥
（二）挂篮制作、拼装
（三）悬臂浇筑箱梁的线形控制
（四）高墩专项施工方案
八、工程款支付情况
九、施工体会

洛栾高速公路嵩县至栾川段土建工程 No.1 合同段施工总结报告

一、工程概况

我单位承建的洛栾高速公路嵩栾段 SLTJ. 1 合同段,起点桩号为 K61 +800,终点桩号为 K71 +950,主线长度 10.15km。全线地处山岭区,按照双向四车道高速公路标准进行设计,路基宽度 24.5m,设计行车速度 100km/h,桥梁设计荷载公路Ⅰ级,路面结构形式为沥青混凝土路面。合同工期为 25 个月,缺陷责任期为 24 个月。项目于 2010 年 12 月开工,于 2012 年 12 月通车试运营。主要工程数量如表 6 所示:挖方 151 万 m^3,填方 105 万 m^3;特大桥 1 座,大桥 12 座,分离式立交 1 座;天桥 4 座;涵洞 7 道,通道 6 道。主要工程数量见表 1。

主要工程数量表　　表 1

工程细目		单　位	工　程　量
挖土方		m^3	611404
挖石方		m^3	939214
弃土方		m^3	363063
弃石方		m^3	539987
钢绞线	先张法预应力钢绞线	kg	17421
	后张法预应力钢绞线	kg	3422363
钢筋	光圆钢筋	kg	3144236
	带肋钢筋	kg	30770210
	小计	kg	33914446
混凝土	C10	m^3	749
	C15	m^3	7708
	C20	m^3	3853
	C25	m^3	71699
	C30	m^3	84048
	C40	m^3	7945
	C50	m^3	82685
	C55	m^3	12889
	C60	m^3	0
	小计	m^3	271576

二、机构组成

（一）施工组织机构

按合同文件要求，我单位组建成立洛栾高速公路嵩栾段土建工程SLTJ.1合同段项目经理部。

主要人员：项目经理龚义海，项目总工耿丙彦，项目副经理王洪明、梁柯，项目书记吴朝霞。项目经理部下设：工程部、合同部、安全部、质检部、试验室、材料部、设备部、协调部、财务部以及后勤部和40个施工作业队。共投入施工技术人员27名、管理人员30名。劳力工正常施工时为795人。

（二）主要人员一览表、主要机械设备一览表（表2、表3）

主要项目管理人员进场一览表 表2

序　号	职　务	姓　名	年　龄	技术职称
1	项目经理	龚义海	38	工程师
2	项目副经理	王洪明	34	工程师
3	项目副经理	梁柯	31	工程师
4	总工程师	耿丙彦	48	高级工程师
5	合同、计划工程师	王坤鹏	31	工程师
		张利民	41	工程师
6	财务负责人	林琳	50	会计师
7	质检工程师	舒建辉	52	工程师
		杜冬峡	49	工程师
8	路基工程师	黄建	29	工程师
		李志华	33	工程师
9	结构工程师	李合年	47	高级工程师
		王春	42	高级工程师
		孟秋霞	53	高级工程师
		王清明	42	高级工程师
10	地质工程师	杨银中	46	工程师
11	测量工程师	毛磊	30	工程师
12	试验负责人	肖俊航	43	工程师
13	机械工程师	王晓彦	31	工程师
14	安全员 专职安全员	王军超	32	工程师
		张留魁	30	工程师
		段彬	27	工程师
		马国俊	31	工程师
		翟彦发	27	工程师
		潘维林	33	工程师
		赵鑫	27	工程师
		苏兆忠	42	工程师
		赵英钊	30	工程师
		唐文忠	43	工程师
15	专职环保监督员	郑美芳	30	工程师

主要施工机械进场一览表　　表3

序号	设备名称	设备类型和技术指标	单　位	数　量	备　注
路基工程施工设备					
1	推土机	≥180hp[1]	台	8	
		≥100hp	台	8	
2	挖掘机	$1m^3$	台	8	
		$>1m^3$	台	4	
3	装载机	$5m^3$	台	16	
4	平地机	160hp	台	4	
5	压路机	≥20t,激振力400kN	台	4	
		18t,激振力300kN	台	4	
6	光轮压路机	21~23t	台	4	
7	自卸车	15t	台	30	
8	洒水车	8t	台	6	
9	灰土拌和机(路拌)		台	3	
桥梁施工设备					
1	钻机	ϕ1m~ϕ2.4m	台	60	
2	水泥混凝土拌和厂	$\geq 75m^3/h$	套	4	
3	水泥混凝土运输车	$\geq 6m^3$	台	16	
4	混凝土汽车输送泵	$\geq 60m^3/h$	套	2	
5	吊车	16~40t	台	15	
6	钢模板	不小于$2m^2$	套	600	

三、质量管理情况

我标段本着一贯的质量方针:"建精品路桥、树企业品牌、赢顾客满意、创国内一流"的质量意识,严格按照ISO9001质量体系运行标准,建立完善的质量保证体系,贯彻执行,做到层层把关,确保工程质量。

(1)采取多种形式对项目全员进行质量教育,树立"百年大计,质量第一"的思想,强化项目全员的质量意识,施工前有针对性地进行各工种的技术培训,提高施工人员的操作技能,为创优质工程创造条件。

(2)运用科学的管理方法和现代化的检测工具,强化工程质量管理,认真执行设计图纸审核制度,并做好施工技术交底,使每一个施工人员都能做到心中有数,熟悉本工程的技术要求,做到严格按照设计要求施工,严格按照施工规范作业。

(3)加强试验检测工作,严格检验各种工程材料,严格按照施工配料,确保各部位强度达到设计要求。

(4)做好质量检查工作,项目部和各队设专职质量检查工程师,监督检查工程质量,对每一道工序均进行全面严格的质量检查,实行内部质量上级管理制度,隐蔽工程在业主及监理人员检查签证后方可进行下道工序的施工,确保工程质量。

不合格工程的纠正措施:

[1] 1hp=745.7W,下同。

(1)不合格工程的调查、分析与纠正措施的制定、审批。

①直接经济损失在10万元以上的不合格工程,由我公司工程计划处负责组织调查、分析产生的原因,并提出相应的纠正措施,填写纠正措施报告,并提交局总工审批。

②直接经济损失在3~10万元的不合格工程,由我公司处属工程技术质检科负责组织调查、分析产生的原因,并提出相应的纠正措施,填写纠正措施报告,并提交处总工审批。

③直接经济损失在3万元以下的不合格工程,由项目经理部工程部负责组织调查、分析产生的原因,并提出相应的纠正措施,填写纠正措施报告,并提交项目总工审批。

(2)纠正措施的验证。

经审批后的纠正措施由项目经理部组织具体实施,并有项目质检部门进行监督检查,局、处、项目质检部门进行效果验证,若效果不明显应有相关部门提出新的纠正措施方案,继续实施。

四、施工进度控制

洛栾高速公路嵩栾段SLTJ.1标,合同工期从2010年10月30日起至2012年12月10日止,共25个月。合同总价:伍亿叁仟陆佰肆拾陆万零伍拾元伍角(¥536460050.50,含暂定金额)。我标段接中标通知后就组织进场,根据业主的统一安排,编制了详细的施工计划,按要求于2012年11月25日完成了全部合同工程量。共计完成挖方151万m^3,填方105万m^3;特大桥1座,大桥12座,分离式立交1座,E匝道桥1座,天桥4座,涵洞7道,通道6道。占合同清单总价的99.4%。

五、施工安全与文明施工情况

(一)施工安全

我标段自进场后,坚持"科学施工,安全生产"的施工原则,施工时注意"安全第一,预防为主"。坚决杜绝了质量事故,避免重大火灾、水灾、交通等事故的出现。

为了做到保证安全施工,项目经理部成立了以项目经理为组长,项目总工程师为副组长的安全领导小组。由项目总工程师具体负责本项目的全部安全检查和管理工作,各工区设专职安全员,各工班设兼职安全员,从而形成一个健全的安全体系。

(二)文明施工

施工队伍进场后,严格按照合同条款要求及时向业主、监理提供有关资料,施工中无条件服从业主及现场监理的指挥与监督,搞好与业主及监理的关系。遵守当地的民风、民俗,切实搞好与当地政府之间的关系,确保工程顺利进行。

积极开展劳动竞赛,适时掀起施工高潮,重奖重罚,调动职工生产积极性,必要时发挥政治动员作用。明确各生产单位的施工任务,制定阶段性目标和相应的奖罚条例。为确保文明施工,我标段成立了以项目经理为组长,项目副经理、工区负责人、安全、材料、环保、行政卫生等管理人员为成员的文明施工管理组织,请参照"文明施工管理机构框图"。

1.制订健全的管理制度

(1)按专业、岗位分片包干,分别建立岗位责任制。

(2)检查制度:工地每月组织一次以上的综合检查,张榜公布。

(3)奖惩制度:制定奖、罚细则,坚持奖、惩兑现。

(4)例会制度:坚持例会制度,定期分析文明施工情况,针对实际制定措施,协调解决文明施工问题。

2.管理措施

(1)现场人员管理措施:采取得力措施,保证职工的健康;组织现场人员学习上级关于文明施工的标准、规定、法律法规等,并加强纪律教育;要求所有人员尊重宗教习惯和当地乡规民约及风俗习惯。

(2)机械及原材料的停、堆放、照管、安全、维护保养、试运行等有序、完善。

(3)施工现场清洁卫生,秩序井然;沥青混凝土拌和站封闭施工,并制定管理条例。

(4)加强教育培训工作,坚持岗位练兵,采取“派出去、请进来”,短期培训,上技术课、登黑板报、广播、看录像、看电视等方法狠抓教育工作。特别注意对民工的岗前教育工作。

3. 现场管理

(1)施工任务和完成情况制成图表“上墙”,使每人都知道自己应完成的任务、按劳应分配的多少。

(2)施工现场各项管理制度、操作规程、工作标准上墙公布。

(3)施工现场悬挂明显提示标志牌;在工地入口醒目位置悬挂进入现场的警示标志等。

(4)施工现场保持清洁。

六、环境保护与节约用地措施

(一)环境保护

在整个施工期间和施工范围内,我标段认真执行国家有关水土保持、环境保护的法律法规,对环境保护做到全面规划、综合治理、变害为利。

(二)建立健全水土保持及环境保护体系

本标段成立了“水土保持及环保”组织机构,项目经理是环保工作的第一责任人。把“水保环保”政绩作为考核项目经理的一项重要内容。

(三)水土保持措施

(1)充分发挥生态自我修复能力,加快水土流失防治速度,树立人与自然和谐共处的思想,尊重自然,依靠大自然的力量,充分发挥生态的自我修复能力,加快水土流失防治速度。

(2)加强基础工作建设。

①突出重点,在施工的同时,搞好占地的复耕工作。

②尊重群众意愿,解决群众的生产、生活问题。

③加强领导,落实责任。“预防为主、保护优先”。

(四)环境保护措施

(1)制定环保目标责任制,落实责任到人。

(2)加强监测力度,将污染、扰民降低到尽可能小的程度。

(3)降低施工噪声、白色污染、机动车噪声等。

(五)施工过程中水保、环保措施

(1)在施工场地内修建排污渠道,将废水排到自挖的蒸发池内,蒸发后的废渣运至指定的地点。

(2)路面施工时,做好表面排水,使路面上的雨水能顺利排到边沟内。

(六)生态保护

(1)施工造成植被破坏的面积进行了严格控制,除了不可避免的工程占地以外,没有发生其他形式的人为破坏。

(2)建美好家园,创良好环境,在工地现场和生活区设置了足够的临时卫生设施,每天清扫,同时,在生活区周围种植花草、树木美化了生活环境。

(七)空气污染的预防

(1)在整个施工期间,对施工场地及施工便道经常洒水,使尘土飞扬减到了最低程度。

(2)拌和站运转时有粉尘发生的施工设备安装了相应的防尘设备。

(八)生产、生活垃圾处理

工地施工和生活垃圾弃置在半密封的池中,定期进行掩埋或处理。

(九)噪声控制

施工期间为防止扰民,制定了一系列的具体措施,重点有:

(1)在人口稠密区进行强噪声作业时,严格控制作业时间,确系特殊情况必须昼夜施工时,尽量采取降低噪声措施。

(2)加强运输车辆的维修保养,车辆经过村庄时减速慢行、禁止鸣笛。

(3)控制机械空间位置的布置,尽量拉开距离减少噪声叠加;设备振动声音较大的,加设消音罩或消音管,力争减少噪声的影响。

(4)采取综合治理措施,把噪声控制在合理范围内。

(十)工程完工后环境保护措施

(1)工程竣工后,按照合同要求对现场进行复耕,达到工程师满意。

(2)清除施工废渣,推平地面,恢复被堵塞的渠道。

七、施工中新技术、新材料、新工艺的应用情况

(一)栗子坪特大桥

1. 栗子坪特大桥上部连续刚构施工

(1)工程特点

栗子坪特大桥是本合同段的控制性工程,也是全线的控制性工程。该桥施工难度大、施工周期长,主要体现在:基础为群桩基础,地质条件复杂,岩质坚硬成孔困难;主墩(1号、2号)为双肢薄壁墩,墩高分别达68m和62m;整幅式箱梁截面为单箱单室结构,梁体最大高度达10.5m;主跨跨径大,达170m;左、右双幅同时施工相互干扰较严重。

(2)总体施工思路

连续刚构箱梁采用菱形挂篮施工。刚构连续箱梁施工的工序流程如下:

0号块托架拼装→0号块托架预压、检验→0号块浇筑施工→在0号块上拼装挂篮→挂篮预压→挂篮悬臂浇筑→现浇边跨箱梁→边跨、中跨合拢施工。

(3)0号块施工

0号块采用托架施工法:

墩顶托架由预埋于墩身内的预埋件和纵、横梁拼组而成。托架构造简单,受力明确,质量轻,刚度大,拼装、拆除方便。安装完成后,进行荷载预压,预压以0号节段重量的120%进行压重,检验托架的刚度、强度、稳定性并消除托架的塑性变形,取得托架的弹性变形关系。

2. 托架和模板的安装

(1)最后两节墩身施工时须按要求预埋好预埋件,预埋件用于万能杆件与墩身的连接。

(2)拆除墩身模板,安放外吊工作平台。工作平台由在钢筋焊制的吊筐内铺设木板组成,并用钢丝绳作吊绳吊于墩顶钢筋上。每个薄壁两外侧均吊放工作平台。

(3)拼装万能杆件。托架的主桁架在地面拼装组成,然后吊至墩顶预埋件上就位,最后在墩顶拼装各主桁的横向联结系。

(4)安装纵横分配梁。每道横向分配梁由两根[20槽钢组成,每个墩顶共有10道横向分配梁,其中两薄壁间布置4道,每薄壁外端布置2道。每道横向分配梁均布置于万能杆件节点处。每个墩顶沿纵向共设21道纵向分配梁,其中两边外侧各布置2道由2根[20槽钢组成的纵梁,中间布置17道由2根[14b槽钢组成的纵梁。

(5)铺设横向方木和底模。横向方木尺寸为 15cm × 15cm，间距 30cm，底模采用挂篮底模。在方木与纵向分配梁间布置木楔，利用木楔调整底模高程和底模脱模。

(6)托架预压。托架预压采用钢筋笼装混凝土预制块进行，预压荷载为计算荷载的 1.2 倍。预压荷载分三级进行，第一级为 0.5 倍，第二级为 1.0 倍，第三级为 1.2 倍。预压目的是为了测出托架的弹性变形和消除托架的非弹性变形，以利于设置托架的预拱度。

3. 安装底模、设置预拱度

0 号块底模铺设根据纵横梁布置以及模架设计施工，放置好底模下纵梁和底模后，在底模纵梁下按要求设置预拱度，调整底板高程，以限位钢楔块调整、加固。

4. 底板、腹板、横隔板钢筋及预应力管道

按照施工图绑扎底板、横隔板、部分腹板钢筋，钢筋焊接、绑扎满足规范要求，布置竖向预应力精轧螺纹钢，若是钢筋位置与预应力管道发生冲突，应确保预应力管道位置满足设计要求。

5. 支立 0 号块外侧模

0 号块外模采用大块整体钢模，利用塔吊安装至墩顶，支撑在托架上，用倒链将侧模固定在墩身两侧；用千斤顶调整模板高程、垂直度、位置、最后固定。

6. 浇筑底板混凝土

混凝土采用罐车运输至桥墩，泵送至 0 号底板浇筑现场，保证两端均衡施工，从 0 号块两端同时，由外向里分部、分层对称浇筑混凝土，混凝土浇筑至底板的倒角处，浇筑完毕，混凝土初凝后，进行养生。

7. 立内模

底板浇筑完后，绑扎剩余的腹板、隔板钢筋，定位剩余的预应力管道。

内模分三部分，即横隔板、腹板和顶板内模。首先起吊横隔板内模(包括过人孔)到位，调整好位置；将腹板钢筋预应力波纹管坐标重新复核，每隔 0.5m 设一道定位钢筋，然后起吊、安装腹板模板、顶板模板，调整好高程，固定模板加强支撑。

8. 绑扎顶板钢筋

立好内模后，绑扎顶板底层钢筋，布置顶板束波纹管，横向预应力波纹管道，绑扎好顶层钢筋，并调整好竖向预应力钢筋间距。

9. 浇筑腹板、顶板混凝土

预埋好预埋件和预留好挂篮后锚孔、混凝土输送泵孔、人行孔及水管电缆等孔道。

首先浇筑腹板混凝土，混凝土浇筑一定要对称浇筑，在纵桥向的两端，由外向里同时浇筑，腹板的左、右两侧也要对称浇筑，避免桥墩受力不均。腹板浇筑完成后，开始浇筑顶板，仍然是沿纵向由顶板外向里浇筑，浇筑顶板混凝土时，将竖向预应力钢筋锚垫板顶的混凝土清除。

混凝土初凝后，顶板覆盖土工布保湿，严格按施工规范对混凝土养生。

10. 预应力施工

梁体混凝土强度达到设计强度，按设计张拉顺序，实施预应力张拉，张拉采取对称、双向、同步张拉，预应力施工采用双控法控制张拉施工，以应力控制为主，伸长值为校核，张拉程序为：$0 \to$ 初预应力 $\to \sigma_{con}$(持荷 2min 锚固)。张拉完毕后，及时压浆封锚。

(二)挂篮制作、拼装

1. 挂篮制作

挂篮采用菱形挂篮。由于本桥所用挂篮结构较大，承受荷载也较大，其加工质量是确保施工安全和施工质量的关键。因此挂篮的加工必须选择质量过关的专业厂家。对底模前后横梁上的吊带、菱形桁架等重要部位的焊接质量，必须逐一进行探伤检查并加载试验，合格后方可出厂。

菱形桁架主要由主桁架、走行系统、悬吊锚固系统、模板系统及安全系统组成，总重约为75t。

(1)主桁架

主桁架是挂篮的主要承重结构，由两片菱形构件通过横联连接而成。菱形构件由前斜杆、竖杆、后斜杆及上、下弦杆组成，所有杆件均采用口对口32b号槽钢焊接；各杆件之间均采用销轴连接。横联采用14号槽钢焊接的桁架结构，将两片菱形构件连接。

(2)走行系统

后支座采用带有反扣轮的箱型结构，浇筑过程中，通过后锚固扁担梁锚固主桁架，使反扣轮与轨道翼缘板脱离；行走前，首先将主桁架后锚固扁担梁拆除，挂篮前倾，反扣轮与轨道接触，采用倒链牵引，使挂篮移动至下一位置。

前支座为箱形结构，配有车轮，车轮内装有轴承，可减少前移时摩擦力，走行时利用滚轮外缘定位，保证前进方向，挂篮移动到位后，采用千斤顶在前支座处将挂篮顶起，在上方垫δ25mm厚钢板，即可浇筑下一梁段。

(3)悬吊锚固系统

主桁架后锚通过扁担梁采用ϕ25精轧螺纹钢(PSB830)锚固在已浇筑好的节段上，底模后锚固采用ϕ32精轧螺纹钢(PSB930)悬吊在已浇筑好的节段上。

悬吊系统为挂篮的传力系统，受力较大，因此前后吊杆均采用ϕ32精轧螺纹钢，强度等级为PSB930。底模前端通过吊杆悬吊在前上横梁上，后端悬吊在已浇筑好的节段上，吊杆顶部布置两台32t液压千斤顶，调整模板高程，并保持与已浇筑梁段贴紧，模板调整到位后，采用螺母将吊杆固定。

内、外滑梁通过前吊杆悬吊在前上横梁上，滑梁后端悬吊在已浇筑好的节段上；挂篮前移前，首先将后吊杆拆除，使滑梁落在滑梁滑轮上，随挂篮同时前移到位，移动到位后，安装滑梁后吊杆，拆除后端滑梁滑轮，安装在下一位置。

(4)模板系统

模板系统由底模总成、外模总成和内模总成组成。

(5)安全防护系统

安全防护系统包括外模两侧、底模前、后及挂篮上部人行走道及护栏，其中只加工了外模两侧人行走道骨架。

2. 挂篮拼装及预压

0号块施工完成后，即可进行挂篮拼装工作。

(1)主构架系统的安装

①安装行走轨道，并用竖向预应力精轧螺纹钢将行走轨道锚固于梁体上。

②安装主构架。在桥下地面先将主桁架拼组成菱形构架；然后吊装到0号块桥面上，并用ϕ32精轧螺纹钢将主菱形固定于导梁上，以防倾覆。

③安装前上横梁。

④安装后锚固扁担梁。

⑤安装主构架桁架横联。

(2)安装底模平台

①用枕木搭设底模组装平台。

②将加工分块的底模板横向用螺栓拼组成底模平台。

③在底模平台前后分别安装前后下横梁。

④安装前后工作平台。

(3)底模平台就位

①用塔吊提升底模工作平台至设计位置。

②安装后下横梁下吊杆。

③安装前下横梁前吊杆。

④进行检查，看主构架系统与底模系统通过悬吊系统是否组成一稳定的承重结构。

⑤布设测点，对挂篮加载进行预压。

挂篮安装好后必须通过试压消除结构的非弹性变形。挂篮预压采用在底篮纵向分配梁上张拉钢绞线的方法进行。在承台混凝土施工时，在承台上与1号段混凝土重心垂直对应的位置预埋钢绞线连接件。每个挂篮下预埋20根$\phi15.24$的钢绞线，每根最大张拉力为150kN，每个挂篮最大张拉力为3100kN，为最大梁段(1号段，混凝土数量为$74m^3$)重力(重1850kN)的1.2倍。挂篮试压测点的布置、数据的采集方式及频率、试压时间等应根据监控单位的要求严格执行。

(4)挂篮施工

①菱形挂篮的工作原理。

解除挂篮与导梁的后锚系统，并解除底模与底板的后锚系统，菱形桁架在牵引系统(倒链)牵引下向前移动到待浇位置，底模与外侧模随菱形桁架同步滑移到待浇梁段位置，利用梁顶竖向预应力筋锚固下导梁，再将菱形桁架锚固于下导梁上，同时将底模后端锚固于已浇梁段底部，调整底模前端高程至设计位置，并调整两侧模就位，绑扎底、腹板钢筋并安装预应力管道，支立并调整内模就位后，绑扎顶板钢筋并安装预应力管道后，进行梁段混凝土现浇施工，待混凝土达到设计强度后，张拉预应力筋并压浆后，拆除模板，重复以上工序，如此循环推进，直至完成全部梁段施工。

②挂篮的前移。

待已浇灌梁段混凝土强度和弹性模量达到设计要求指标后，对纵、横向预应力筋张拉后，即可前移挂篮。

挂篮移动步骤如下：

a. 接长轨道，将轨道锚固在已浇筑好的梁段上。

b. 将底模平台后横梁用手拉葫芦悬吊于外模走行梁上。拆除底模平台后吊杆。

c. 同时下放前吊杆，使底模平台和外侧模在自重作用下脱模。

d. 拆除挂篮后锚。

e. 采用千斤顶在前支座处将挂篮顶起，抽出前支座下方δ25mm厚钢板。

f. 拆除主桁架后锚固扁担梁，挂篮前倾，使挂篮后支座反扣轮与轨道接触。

g. 安装倒链，将挂篮牵引至下一位置。

③挂篮底模、侧模高程、位置控制。

当挂篮安装完成后，即可进行模板高程及中线调整。模板控制高程 = 设计高程 + 施工预拱度。设计高程由设计院提供，施工预拱度由监控单位提供。

④绑扎钢筋、安装波纹管道。

a. 钢筋按要求下料弯制，成型后挂牌编号分类堆放，需要钢筋时利用塔吊吊装至挂篮位置，人工绑扎。

b. 先在地面把底板钢筋绑扎成形，吊装到挂篮底模上，然后绑扎腹板钢筋，并安装竖向预应力筋、底板波纹管道，待内模前移到位后绑扎顶板底层钢筋，安装顶板预应力管道，绑扎顶板上层钢筋、安装顶板预埋件。

c. 全桥预应力管道，均采用波纹管成孔。

d. 如预应力管道位置与构造钢筋位置矛盾时，可适当移动构造钢筋的位置，要绝对保证预应力管道按设计位置定位，并采取加粗定位钢筋直径，加密定位钢筋网片、网片与箱梁构造筋点焊牢固等措施，保证预应力管道位置在浇筑混凝土时不移位、不破损(漏浆)。

e. 在灌注混凝土前应检查预应力管道的接头是否连接紧密，管身是否完好，在混凝土灌注过程中不得碰撞预应力管道，以防其移位、破损、漏浆。

f. 为保证连续刚构梁波纹管的完好无损，在波纹管内穿硬塑料管。

⑤混凝土施工。

混凝土采用拌和站集中拌制，混凝土输送车运输，输送泵输送至工作面。浇筑时采用一次浇筑成型，并在底板混凝土凝固以前全部浇筑完毕，也就是要求挂篮的变形全部发生在混凝土塑性状态之间，避免裂纹的产生。

⑥预应力施工。

a. 预应力设计。

悬浇刚构为三向预应力体系，纵向束、横向束采用不同根数的 ϕ_s15.2 钢绞线，竖向束采用 ϕ32 预应力精轧螺纹钢筋。

ϕ_s15.2 预应力钢绞线，标准强度 $F_{pk}=1860$MPa，锚下张拉控制应力 $\sigma=1395$MPa；预应力精轧螺纹钢筋标准强度 $F_{pk}=785$MPa，锚下张拉控制应力 $\sigma=706.5$MPa。

b. 预应力张拉。

在梁段混凝土强度达到设计要求且混凝土龄期不少于 5d 时，即可进行预应力筋的张拉。

a)纵向预应力筋的张拉。

纵向预应力束张拉设备采用 YCW600 型千斤顶，油泵采用 ZB4/600 型。张拉时用 4 台 YCW600 型千斤顶两端两侧对称张拉。

b)横向预应力筋的张拉。

顶板横向预应力束采用 YCL25 型千斤顶进行逐根张拉，油泵采用 ZB0.8/50 型，其最大张拉力为 195.3kN。

张拉力为 0→195.3t(持荷 2min 测量伸长值)→锚固。

c)竖向预应力筋张拉。

竖向预应力精轧螺纹钢筋张拉采用 YCL60 型千斤顶张拉，油泵采用 ZB0.8/50 型，其最大张拉力为 422kN。

张拉力为 0→42.2t(持荷 2min 测量伸长值)→锚固。

⑦孔道压浆。

预应力张拉完后，即进行注浆。利用真空泵先行清除预应力孔道中的空气，使孔道内达到负压状态，然后再用压浆机以正压力将水泥浆压注入预应力孔道，由此排出了孔道中的气泡，提高了孔道内压浆的饱满度。

⑧边跨现浇段施工。

栗子坪特大桥主桥边跨直线现浇段长 8.94m，梁高 3.6m，采用支架法施工。支架采用架子管拼装，外模、内模均采用胶合木模板。

⑨合拢段施工。

a. 施工方法。

边跨合拢段直接在支架上施工，中合拢段应用挂篮上的模板系统进行施工，方法是将挂篮底模平台锚于两个 21 号梁段底板上，外侧悬吊于 21 号梁段翼缘板上，内模置于底板顶面上。内外模间用对拉螺栓拉紧。为保持混凝土浇筑过程中梁体受力不变，在两个 21 号梁段上各预压质量等于合拢段混凝土质量一半的水箱，随混凝土的浇筑分级放水。

b. 合拢顺序及施工工艺要求。

合拢应先合拢两边跨的 23 号梁段，完成后再合拢中跨 24 号梁段。

a）合拢前的准备工作。

（a）首先拆除普通挂篮，清除桥面不必要的临时荷载。

（b）测量并调整合拢段两端的高程，以满足合拢要求。

b）合拢施工工艺要求。

（a）在一天中最低气温时，安装合拢段劲性骨架。

（b）绑扎合拢段钢筋及预应力束穿束，然后边跨 ST1、SB1 和中跨 CT1、CB1 钢束各张拉 500kN 的张拉力（注意孔道不压浆）。

c）选择夜晚气温较低且相对平稳时浇筑合拢段混凝土，要求合拢段混凝土采用低温、早强并参入适量微膨胀剂的混凝土。

d）加强合拢段的混凝土养生工作，采用可靠的措施防止混凝土早期开裂。

e）待混凝土强度达到设计强度 90% 后，根据先长束后短束的原则张拉其他预应力束。前期张拉的预应力束张拉到位。

f）在比合拢时温度高 120℃左右时，解除合拢段劲性骨架。

（三）悬臂浇筑箱梁的线形控制

1. 施工控制的目的

施工控制的目的就是确保施工过程中结构的可靠度和安全性，保证桥梁成桥桥面线形及受力状态符合设计要求。为此，我们要根据施工监测所得的结构参数真实值进行施工阶段的计算，确定出每个悬浇阶段的立模高程，并在施工过程中根据施工监测的成果，对误差进行分析、预测和对下一立模高程进行调整，以此来保证成桥后桥面线形、合拢段两悬臂端高程的相对偏差不大于规定值，以及结构内力状态符合设计要求。

2. 现场测试与参数识别

（1）应力观测与测点布置

在箱梁的控制截面布置应力测点，观察在施工过程中的这些截面的应力变化与应力分布情况。应力计按预定的测试方向固定在主筋上，测试导线引至混凝土表面，做好记录。

（2）挠度观测与测点布置

挠度观测资料是控制成桥线形最主要的依据。在每个阶段上布置 2 个对称的高程观测点，来测量箱梁的挠度和观察箱梁是否发生扭转变形。在施工过程中，对每一截面需进行立模、混凝土浇筑前、混凝土浇筑后、张拉前、张拉后的高程观测，以便观测各点的挠度及箱梁曲线的变化历程，保证箱梁悬臂端的合拢精度及桥面线形。高程控制点布置在离块件前端 10cm 处，采用 $\phi16$ 钢筋在垂直方向与顶板的上下层钢筋点焊牢固，并要求竖直。测点（钢筋）露出箱梁混凝土表面 5cm，测头磨平并用红油漆标记。

①测点布置。

a. 0 号块测点布置。

布置 0 号块高程测点是为了控制顶板的设计高程，同时也作为以后各悬浇阶段高程观测的基准点。

b. 各悬浇阶段的高程观测点布置。

每个阶段设 2 个测点，对称布置在悬臂板与承托的交接点，离块件前端 10cm 处。

②观测时间与项目。

为尽量减少温度的影响，挠度的观测安排在早晨太阳出来之前进行，在整个施工过程中主要观测内容包括：立模、混凝土浇筑前后、预加力张拉前后以及拆除挂篮后、边（中）跨合拢前、最终成桥前的各项高程值。以这些观测值为依据，进行有效的施工控制。

③温度观测及测点布置。

温度是影响主梁挠度的最主要的因素之一。采集各阶段在各施工阶段的温度，输入计算机计算挠度。因此，为了摸清箱梁截面内外温差和温度在截面上的分布情况，在梁体上布置温度观测点进行观测，以获得准确的温度变化规律。测点布置考虑到两个 T 构的温度大致相同，选择 1 号墩的 T 构悬臂作为温度测试对象。设两个观测界面，每个截面各布置 12 个温度测点。

④混凝土弹性模量及容重的测量。

a. 弹性模量的测量。

采用现场取样，通过万能试验机试压的方法，分别测定混凝土在 3d、7d、28d 龄期的值，来取得弹性模量 E 随时间 t 的变化过程，即完整 E-t 曲线。

b. 容重的测量。

采用现场取样，按试验室的常规方法进行测定。

⑤施工控制的实现与结果。

在建立了正确的模型和性能指标后，依据设计参数和控制参数，结合本桥的结构状态、施工工况、施工荷载、二期恒载、活载等，输入前进分析系统中。得到结构按施工阶段进行的每阶段的内力和挠度及最终成桥状态的内力和挠度。接着，假设成桥时为理想状态的各阶段的预抛高值，得出各施工阶段的立模高程以及混凝土浇筑前、混凝土浇筑后，钢筋张拉前、钢筋张拉后的预计高程。

⑥施工观测和控制。

按计算的施工高程设置底模高程，在混凝土浇筑过程中采用全站仪全过程监测底模高程变化情况，当与施工高程相差在 3 ~ 5mm 时应随时调整前吊带，使底模高程始终与施工高程误差控制在 5mm 之内。在张拉纵向预应力前后，挂篮移动前后均进行高程复测。

⑦数据分析与反馈。

复测应在日出前两小时进行，以消除日照和温差的影响。对每一梁段的挠度观测资料进行汇总分析，确定调整下一梁段施工高程。当施工方案有较大变动时应返回第 3 步骤重新计算。

⑧注意事项。

测量要定人、定仪器，以尽量减小人为和仪器的误差变化。要勤测量，勤记录及时反馈。严格控制梁体施工原材料的性能，基本做到全桥的统一性。

（3）悬臂浇筑梁施工技术保证措施

①每单项工程开工前，组织技术人员和工班长熟悉设计图纸，吃透设计意图，熟悉有关施工技术规范及有关单项工程的施工工艺工法，编制实施性施工组织设计，根据总的施工方案制订详细的分项工程操作细则、技术方法和操作要点，进行详细的技术交底，对特殊工种进行岗前培训，持证上岗。

②加强测量、试验人员及仪器设备的配备工作，做到精确测量放线，严控测量误差，坚持测量工作的复测制度，同一项测量工作，不仅要做到换人复测，也要做到用不同的方法复测。

③加强进入施工现场的原材料质量检验关，所有原材料必须经过严格的检验和试验，合格后方可进入施工现场，坚决杜绝不合格的材料用于工程项目。

④在混凝土浇筑过程中，应有专人对支架及模板系统进行检查，如发现有异常情况，如支架沉陷、模板跑位等，应及时采取措施处理完后才能继续浇筑混凝土。

⑤对墩顶上的施工托架,更要引起足够重视,因为托架在高墩上,所以对托架的施工设计要有足够的安全系数,施工质量也要保证,以确保施工安全和施工质量。特别是边跨现浇段的施工,一定要采取双保险的措施,并对托架超载预压,确信托架结构安全可靠后方可进行混凝土施工。

⑥预应力管道的定位钢筋一定要与其他构造钢筋焊接牢固,并不得随意踩踏挤压,以防造成脱焊,在混凝土浇筑过程中使预应力管道走位。钢筋焊接时要对预应力管道予以保护,以防焊渣烧伤预应力管道,造成漏浆。

⑦同一 T 构的两个对称梁段应同时悬浇,同时结束。

⑧为使后浇混凝土不引起先浇混凝土的开裂,箱梁混凝土的浇筑宜采用一次浇筑成型,并在底板混凝土凝固以前全部浇筑完毕,也就是要求挂篮的变形全部发生在混凝土塑性状态之间,即可避免裂纹的产生。

⑨预应力张拉应遵守"对称、同步"的原则,张拉时千斤顶前方不得站人。张拉千斤顶与油表应匹配,并定期校定。钢纹线张拉吨位与伸长量应与设计及计算值相吻合。

(四)高墩专项施工方案

1.施工方案

综合考虑设计墩高、工程质量要求、工期要求、场地条件等多方面因素,并结合同类型工程经验,空心墩施工采用翻模施工工艺。

2.施工辅助设备

(1)起重设备

塔吊:利用其提升物体高度大的特点,主要负责空心墩钢筋、模板拆装及其他小型机具的吊运,基础采用"+"形钢筋混凝土基础,设计尺寸为 5m×5m×1.2m,对于软土地基需进行加固处理。该项目工期紧,任务重,空心墩施工较为集中,计划租赁 25 座塔吊,施工过程中根据基桩施工进度将适当增加塔吊数量。

(2)混凝土输送设备

混凝土输送泵灵活性好,工作效率高,不受高度限制,每套设备需配备 260m 输送管道,输送管道拟固定在塔吊上。混凝土输送泵计划进场 10 台,输送管道数量与塔吊数量相匹配。

(3)人员上下通道

根据其他项目考察情况,人员上下通道方法较多,结合我标段实际情况,从施工方便和安全及经济角度考虑,计划 60m 以下人员上下时均从塔吊内爬梯上下,到达空心墩作业面高度时设置天梯。人员上下时系安全带,安全带套在护栏扶手钢筋上,随着人员的移动而滑动。60m 以上高墩在墩身上附着升降机供人员上下。

(4)模板上工作平台

在紧贴模板顶边第一道拉丝下方和模板支撑点处分别设置两个工作平台,用于模板和拉丝拆除、安装。1 号工作平台宽 200cm,2 号工作平台宽 70cm,上下两层工作平台分别承重 300kg 和 500kg,上下平台上均设置天窗(与下部人员上下爬梯位置对应),天窗上铺钢筋网活页。底部设置一层吊装平台,宽 85cm,承重 200kg。工作平台外侧均设置护栏,高度为 130cm。工作平台间通过专用爬梯上下。

(5)翻模模板

内、外模选用新型 RIM-240 工字木梁模板,本套模板具有结构合理,经济实用,标准化程度高等特点。混凝土施工简单、迅速,且十分经济,混凝土表面光洁,是一种理想的墙体模板体系。该种模板主要由以下部件组成:模板、上平台、主背楞桁架、斜撑、后移装置、受力三脚架、主平台、吊平台、埋件系统。两榀支架作为一个单元块。

模板特点：

①支架、模板及施工荷载全部由对拉螺杆、预埋件及承重三脚架承担，不需另搭脚手架，适于高空作业。

②模板部分可整体后移650mm，以满足绑扎钢筋，清理模板及刷脱模剂等要求。

③模板可利用锚固装置使其与混凝土贴紧，防止漏浆及错台。

④模板部分可相对支撑架部分上下左右调节，使用灵活。

⑤利用斜撑模板可前后倾斜，最大角度为30°。

⑥各连接件标准化程度高，通用性强。

⑦支架上设吊平台，可用于埋件的拆除及混凝土处理。

⑧悬臂支架设有斜撑，可方便调整模板的垂直度。

注：模板面板为21mm厚进口板。

工字木梁模板特点：

此套模板具有结构合理，经济实用，标准化程度高等特点。在单块模板中，胶合板与竖肋（木工字梁）采用自攻螺钉和地板钉连接，竖肋与横肋（双槽钢背楞）采用连接爪连接，在竖肋上两侧对称设置两个吊钩。两块模板之间采用芯带连接，用芯带销插紧，从而保证模板的整体性，使模板受力更加合理、可靠。木梁直墙模板为装卸式模板，拼装方便，在一定的范围和程度上能拼装成各种大小的模板。模板刚度大，接长和接高均很方便，模板最高可一次浇筑十米以上。

直墙模板拼缝结点：

直墙木梁模板通过芯带进行连接，模板与模板之间直接拼缝时，采用拼缝一的做法，当模板与模板之间不能拼在一起时，则增加拼缝模板，用芯带压住拼缝模板，按拼缝二做法。

此墩为两面收坡阳角处模板通过拉杆来控制，角部模板做启口并贴上海绵条，能有效保证模板角部不胀开和漏浆。

对拉螺杆的做法：

墩身模板对拉长度不大于3.5m时螺杆采用通常的方法，用PVC套管$\phi32\times2$和对拉螺杆，拉杆周转使用；在大于3.5m时对拉螺杆采用焊接工地的$\phi20$螺纹钢，拉杆的两端焊接D20螺杆的长度约为300mm，焊接长度大于200mm。

RIM-240悬臂模板的组装顺序：

在木工房的平台上将模板拼装好，注意保证其平整度，上好吊钩。

组装主背楞桁架，连接件安装要紧。

第一次浇筑混凝土、预埋埋件。

先将三脚架和后移装置组装起来，插好销子，上好平台立杆，安装埋件支座。

拆模、安装三脚架及模板，第二次浇筑混凝土。

提升模板及支架，安装吊平台，第三次浇筑混凝土。

重复第三次浇筑。

3. 施工工艺

（1）工艺原理

翻模是以凝固的混凝土墩体为支承主体，通过预埋在混凝土墩身上的高强螺栓支撑施工模板及平台，从而完成钢筋成型、模板就位和校正、混凝土浇筑等工作。

（2）施工工艺

①钢筋加工及安装。

在承台混凝土施工时，预埋墩身钢筋（竖向筋长度9m和7.5m）。主筋的接长采用等强度直螺纹接头工艺施工，横向箍筋现场绑扎成型。

直螺纹接头工艺是先利用套丝机在钢筋端部加工直螺纹，然后用连接套筒将两根钢筋对接。该工艺有连接速度快、操作简便、可集中批量生产、质量保证率高等特点，同时无污染、无噪声、无辐射，对操作人员身体不会造成伤害。

主筋下料长度根据模板高度和混凝土浇筑高度确定为4.5m，可节约钢筋，加工施工的钢筋端部必须调直，要求切口的断面与钢筋轴线垂直。

另外，为缩短工序耗时和施工便捷，建议空心墩内外侧钢筋同时绑扎，为了加强钢筋的刚度，使其在安装过程中不变形，在钢筋四周安装劲性骨架。劲性骨架横向为3道∠80×5角钢，竖向用3根ϕ5cm圆钢焊接而成，横向与竖向用法兰盘螺栓连接。长、宽尺寸小于内围主筋尺寸5～10cm，高5m，能满足4.5m长钢筋的接长操作。骨架整体刚度好，能保证钢筋笼的稳定性。骨架底部3m内无横水平连接，在底节箍筋绑扎完成之后，将其用塔吊取出。劲性骨架严格安装，位置准确、垂直、焊接牢固。劲性骨架支撑于内模预设钢板上。

②模板安装和拆除。

钢筋绑扎成型后，首先进行空心墩内模安装，内模靠空心墩内搭设支架固定，然后再进行外模板装。模板安装前必须进行试拼组装，模板接缝、错台、连接等方面可能出现的问题，提前解决。试拼完成后将模板集中进行打磨、涂刷脱模剂。

模板安装前须用全站仪准确测设出墩身的内外立模边线，模板安装利用汽车吊（或塔吊）辅助完成。整套模板采用ϕ22圆钢作为拉筋，拉筋外套ϕ25的PVC塑料管以备混凝土施工完毕后拉筋抽出。内、外模板安装加固后，整体应有足够刚度，在混凝土浇筑过程中做到稳固、不变形。拆除下层模板时先抽取模板拉筋，通过主背杠斜撑上螺栓调节器将模板向后移动65cm，拆除模板支架固定螺栓，利用塔吊提升模板至上一层固定螺栓处并固定。施工人员靠设置在钢筋笼内的踏板对模板进行维护和涂刷模板漆。再次利用背杠斜撑上螺栓调节器调整模板至指定位置。为确保施工缝处不漏浆，模板底部与浇筑过混凝土重叠10cm，并在模板上粘贴橡胶条。顶部预留5cm不浇筑混凝土，为保证施工接缝处外观效果，在距模板顶5cm处沿模板四周水平设置一圈2cm×2cm的木条或其他定型构件，混凝土每次浇筑高度与其顶面平齐。

③墩身混凝土浇筑。

钢筋、模板加工安装完毕，经监理工程师检验合格后，即可进行墩身混凝土的浇筑。采用泵送混凝土分层浇筑至模板顶面，第一次浇筑高度为4.6m，以后每次浇筑高度为4.5m，施工过程中混凝土强度未达到2.5MPa之前不得进行模板拆除作业。浇筑连续进行。混凝土采用混凝土拌和站集中拌和，自动计量，罐车运输，采用泵送混凝土施工，插入式振捣器振捣。混凝土的浇筑环境温度要求昼夜平均不低于5℃或最低温度不低于－3℃，局部温度不高于＋40℃，否则采用经监理工程师批准的相应防寒或降温措施。在下层混凝土初凝之前浇筑完上层混凝土，混凝土分层浇筑，分层厚度控制在30cm。振捣采用插入式振动器，振捣时严禁碰撞钢筋和模板。振动时要快插慢拔，不断上下移动振动棒，以便捣实均匀，减少混凝土内部气泡。振动棒插入下层混凝土中5～10cm，与侧模保持5～10cm距离，对每一个振动部位，振动到该部位混凝土密实为止，即混凝土不再冒出气泡，表面出现平坦泛浆。

墩身采用挂在内外模板上的环形喷水管洒水养生。墩柱最后一次浇筑时需在适当位置预留孔位，以作为盖梁模板支承点，浇筑完成后，还需预留一节模板不拆，作为盖梁施工平台。

该项目空心墩壁薄（横桥向为60cm，纵桥向为70cm），钢筋设计密度大，且环形箍筋相互重叠，无人工振捣空间。计划在空心墩钢筋绑扎时预留工作孔，施工孔处环形箍筋调整为挂钩，根据混凝土浇筑和振捣进度再进行挂钩绑扎成型。

④墩身横隔板施工。

空心墩施工至横隔板底时，预留 8cm 台阶（台阶顶与横隔板底面平齐）。待下部空心墩内支架和杂物全部拆除和清理干净后，吊装提前预制的 C25 钢筋混凝土盖板封盖，缝隙采用双面胶密封严实，防止横隔板施工时漏浆。然后进行隔板钢筋、混凝土施工。盖板预制时根据横隔板上通风孔尺寸和位置设置预留孔。

4. 高墩施工质量控制

(1)墩身线及高程型控制

①影响高墩施工精度及其解决办法。

高架桥薄壁空心墩，墩身柔性大，在施工中受到日照引起的温度、风力、机械振动及施工偏载的影响，墩身的轴线可能发生弯曲和摆动，使墩身处于一种动态之中。在墩身施工中针对不同的情况采取相应的措施。

a. 环境温差。

高温季节，在阳光的照射下，高墩的朝阳面和背阴面温度差较大，墩身也因此产生不均匀膨胀，使其向背阳面弯曲，对墩身施工精度有影响，且随着温度的增大而增大、随着太阳方位的改变而改变。

在施工中采用以下方法进行控制。

a)喷水降温法：通过安装在内外模板结构上的环形喷水养生管，间断地向墩身喷水，在养护墩身的同时起到降低阴阳面温差的作用，从而使日照温差引起的墩身轴线偏位减少到最小。

b)选择在日出前后测量墩身的高度和平面位置，以避免日照造成的墩身平面位置偏移和墩身高度的不均匀变化，造成测量定位的困难。具体方法为：在每天上午 6:30 左右，沿墩身横、纵方向两条中心线，再翻模下口精确安放水平尺，用全站仪进行测量，用此位置的日照偏差，作为待施工墩身部位模板的日照偏差，在模板中线调整中予以消除，以达到克服温差影响的目的。

b. 风力、机械振动和施工偏载。

风力、机械振动和施工偏载对墩身轴线的影响是随机的、无序的。针对此特点，采取如下措施：

a)采用刚度大的模板（面板为 6mm 钢板，横肋为[80 槽钢，竖肋为[100 槽钢，并采用[120 的槽钢作为横带），以提高模板整体的抗弯、抗扭强度。

b)在墩身混凝土浇筑时，混凝土应从四边均衡下料，以防止混凝土出现偏差。

(2)墩身线形测量及高程控制

①墩身线形测量及控制。

为了保证施工的连续性，确保高墩施工的垂直度及外观线形，在墩身施工控制测量中，采用高精度全站仪和激光垂准仪配合使用、相互校核的方案。在承台施工完毕后，采用全站仪在承台顶部空心墩内横向轴线上精确测定出两点，在其上分别安置激光垂准仪。墩身施工的过程中，在天气条件不允许（大风或雨天等）时，由于全站仪无法使用，使用激光垂准仪分别进行对点测量，若两者复核误差在 ±3mm 之内时，以全站仪测设点为准；若误差超过 ±3mm，查明原因（包括重新校正垂准仪），直到在误差允许内在进行施工。

②墩身高程测量及控制。

高程观测精度：为了能观测箱梁较小的变形，并使得外业观测工作量适中，易于达到设计的观测精度，一般采用国家二等或三等水准测量的精度等级要求和观测方法进行施测，就能够观测

到变形大于 ±1mm 的挠度值。

观测用仪器：精密水准仪（DS1）和因瓦水准尺。

观测时间：一般每天日出前需要完成立模等所有测量工作（但这只能消除日照温差的复杂影响，对于高墩桥梁，并不能排除体系温差的干扰）。

测点布置：布设在待浇筑梁段凌空面内侧 10cm（纵向），横向一般设置 3 个点（便于观测挠度和扭转）。

如上所述，一般将水准基点设置在 0 号块箱梁顶板和底板上，但需要长期跟踪观测，以消除墩身变形和基础沉降以及温度变化对上部梁段线形的影响. 在施工中每半月对激光垂准仪校核一次，每 1 ~2 月对大桥控制网复核一次。特别是在多雨季节，湿陷性黄土容易造成控制桩点移位。

（3）墩身外观质量的保证措施

墩身外观质量主要是模板、混凝土浇筑和施工工艺对结构物外表导致的随机出现的一些缺陷。

①构造物表面质量通病的防治。

主要有蜂窝、麻面、气泡、泛砂、混凝土色泽不一致等现象，保证措施如下：

a. 混凝土配合比设计时在满足施工条件下，应尽量降低含砂率和水灰比。

b. 混凝土应强制拌和，罐车运输，连续浇筑，杜绝坍落度不稳定，送料不衔接和每车混凝土级配不均匀、投料造成离析的现象出现。

c. 经试验掌握振捣的尺寸，既不能过振形成表面泛砂、混凝土流泪的现象，也不能因欠振导致蜂窝、麻面。

d. 必须分层浇筑，层厚能满足振实要求，在下层未凝固前进行上层的浇筑，夏天由于高温，混凝土内应掺入适量木钙粉，推迟混凝土的凝结时间。

e. 尽量避免在高温时段浇筑混凝土。如不可避免，应对钢模采取降温措施。浇筑过程洒落在钢模板上被烫干形成的“死灰”应随时清理干净。

②模板接缝、分层和分节施工缝的消除。

a. 模板接缝：要求使用整块钢模板，以减少接缝。模板应试拼并监理验收，不合格的不能用于工程。用时缝内应贴双面胶带，杜绝漏浆导致的表面缺陷。

b. 分层施工痕迹：这种现象大都是由于混凝土坍落度大，经振水泥内黑色成分上浮至表面，导致两层间有深色条带痕迹。也有下层初凝后浇筑上层形成的施工缝痕迹。解决办法是降低坍落度，第一次未初凝前必须浇筑第二层。若下层经振有离析现象时，应清除表面积水。

c. 翻模施工的模板与模板接缝的处理：要求两节模板横向接缝严密，不能有漏浆现象，每次拼接时，粘贴双面胶带。每层混凝土浇筑和模板顶面平齐，做到施工缝和模板缝重合。加大模板和支撑的刚度，做到节段接缝处模板不外胀。

③混凝土表面裂缝的预防。

薄壁空心墩下部 0 ~4m 段落由于受约束力复杂和施工条件较差，易出现表面裂缝，采取的主要预防措施为：

a. 墩身根部按设计要求敷设泄水排气孔。墩身设计施工期间用于墩内外空气流通和空心箱内养生水的外排，墩身施工结束后，用砂浆填补。

b. 墩身模板每隔一节中部应设直径 3 ~5cm 与墩身贯通的通气孔，顺桥向每侧 2 个、横桥向每侧 1 个，用 PVC 管预留。从模板支立到养生中止前，用空压机向墩身内部送风，以减小内外的温差。

c. 墩身混凝土浇筑应避开高温时段，若受高温影响较大时，太阳直射的模板面外应用彩条布覆盖。

d. 空心墩内、外模板上应挂设环形喷水养生管，连续喷水养生至混凝土强度达到设计强度的90%。

八、工程款支付情况

工程款全部支付到位，一切劳务、机械、材料等债务纠纷与建设单位无关。

九、施工体会

我们有幸参与洛栾高速公路嵩栾段的建设，在施工管理过程中感慨颇深。为在洛栾高速公路建设中一展身手，河南省公路工程局集团有限公司党委高度重视，从接到中标通知书开始，就迅速调集精兵强将组成项目领导班子。2010年10月底，集团公司的一支施工队伍告别了亲人，离开了繁华的省城郑州，来到了天寒地冻的洛阳市平桥嵩县纸坊乡安营扎寨，为项目施工做前期准备工作。

施工中，面对村民的阻挠，自然气候的影响以及山岭地区便道施工难度极大、原材料运输不便等种种困难，我们没有退缩，没有怨天尤人，而是凭着筑路人勤劳、朴实的职业道德，凭着河南省路桥工程集团顽强拼搏、敢打硬仗的优秀品质，出色地完成了施工任务。

在施工条件差，生活条件异常艰苦的情况下。SLTJ.1标段从干部到职工不畏艰难，顽强拼搏，识大体、顾大局，舍小家、顾大家，一心投入到工程施工中，针对工期紧、任务重、施工人员经验少、环境差等特点，制定了强有力的管理措施和作战方案，管理严格细致，工作务实、力度大、原则性强。加强职工素质教育，使全体参战人员精神振奋，克服厌战情绪、思家之情，发扬不怕苦、不怕累、连续作战的工作作风，施工质量稳中有升，工程进度明显加快，经过艰苦奋战，圆满地完成了工程任务，给洛栾人民交了一份满意的答卷。

河南省公路工程局集团有限公司

洛栾高速公路嵩栾段土建1标段项目经理部

二〇一六年八月

2. 洛栾高速公路嵩县至栾川段土建工程 No. 2 合同段施工总结报告

目　　录

一、工程概况
二、施工组织机构
三、质量管理情况
（一）质量管理体系
（二）施工质量保证措施
（三）施工中工程质量自检情况
（四）对完工质量的评价
四、施工进度控制
五、施工安全与文明施工情况
（一）安全保证措施
（二）文明施工
六、环境保护与节约用地情况
（一）环境保护方案
（二）环境保护措施
（三）大气环境及粉尘的防治措施
（四）固体废弃物的处理
（五）降低噪声措施
（六）节约用地措施
七、施工中新技术、新材料、新工艺的应用情况
八、工程款支付情况
九、施工体会

洛栾高速公路嵩县至栾川段土建工程 No. 2 合同段施工总结报告

一、工程概况

洛阳至栾川高速公路是河南省高速公路网规划中的重要干线，洛阳至栾川高速公路嵩县至栾川段是河南省2010年计划开工的重点高速公路项目。项目起自嵩县纸房乡后地村东侧，接同期规划并正在实施的洛阳至嵩县高速公路，路线向西南依次经过嵩县纸房乡、何村乡、德亭镇、大章镇、旧县镇，栾川县谭头镇、庙子乡，止于栾川县庙子乡河南村北侧，接拟建的武西高速公路尧山至西峡段。路线全长约66.6km。项目所在地区属于山岭区，地形地貌类型复杂，地形起伏变化大，地质条件复杂。本合同段起讫里程：K71+950~K79+250，全长7.3km。主要工程有朱凹1号大桥、朱凹2号大桥、柳扒伊河大桥、桃坡岭分离式立交、前范岭1号大桥、前范岭2号大桥、上元湾伊河大桥、山峡大桥、蛮峪河大桥、老道沟伊河大桥、九丈沟伊河大桥，山峡隧道、刁崖1号隧道、刁崖2号隧道等。

主要工程量：挖方109万m^3，填方70万m^3，涵洞4道，基桩803根，预制、安装梁板864片，连续刚构1座，路基中央分隔带1567延米，桥面铺装89255m^2，防护工程35519.4m^3，边沟、截水沟、排水沟8131延米。本工程于2010年11月开工，于2012年12月竣工。

二、施工组织机构

1. 项目部组织机构设置

为“按期、优质、安全、有序”地完成No.2合同段工程，我标段以投标中的主要人员为班底成立了强有力的项目管理机构，并抽调了具有公路路基和桥梁专业施工经验的劳务协作队伍承担本合同段的施工任务。

项目部设项目经理1名、副经理5名，项目总工程师1名，下设四部两室，即工程技术部（34人），安全质量部（6人），物资设备部（6人），计划财务部（3人），试验室（12人，不含试验工）及综合办公室（4人），经理部管理机构定员共58人。

项目部下辖3个施工大队，分混凝土构件预制队、路基施工队、结构物施工队。高峰期进入工地总人数2000人。

2. 组织机构框图（图1）

三、质量管理情况

项目部成立了质量管理领导小组，由项目经理任组长，项目部总工程师和质检负责人任副组长，组员由施工员、专业工程师、试验员、质检员组成。并为每个施工作业队配备1名专职质检员，随时进行质量检查和报验工作。同时项目部还制定了一系列的质量保证制度和控制措施。开工以来，我合同段在质量管理工作上真正做到了“促进度、保质量”，所有已完工程施工质量均得到了监理工程师的认可。在省交通运输厅质量大检查中，我项目部以良好的质量得到了检查组的认可和好评。

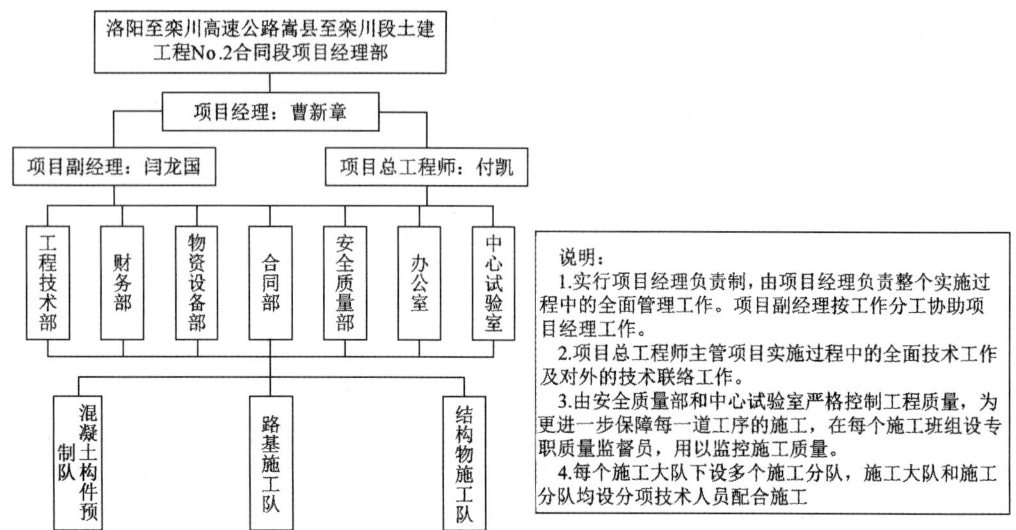

图1　组织机构框图

(一)质量管理体系(图2)

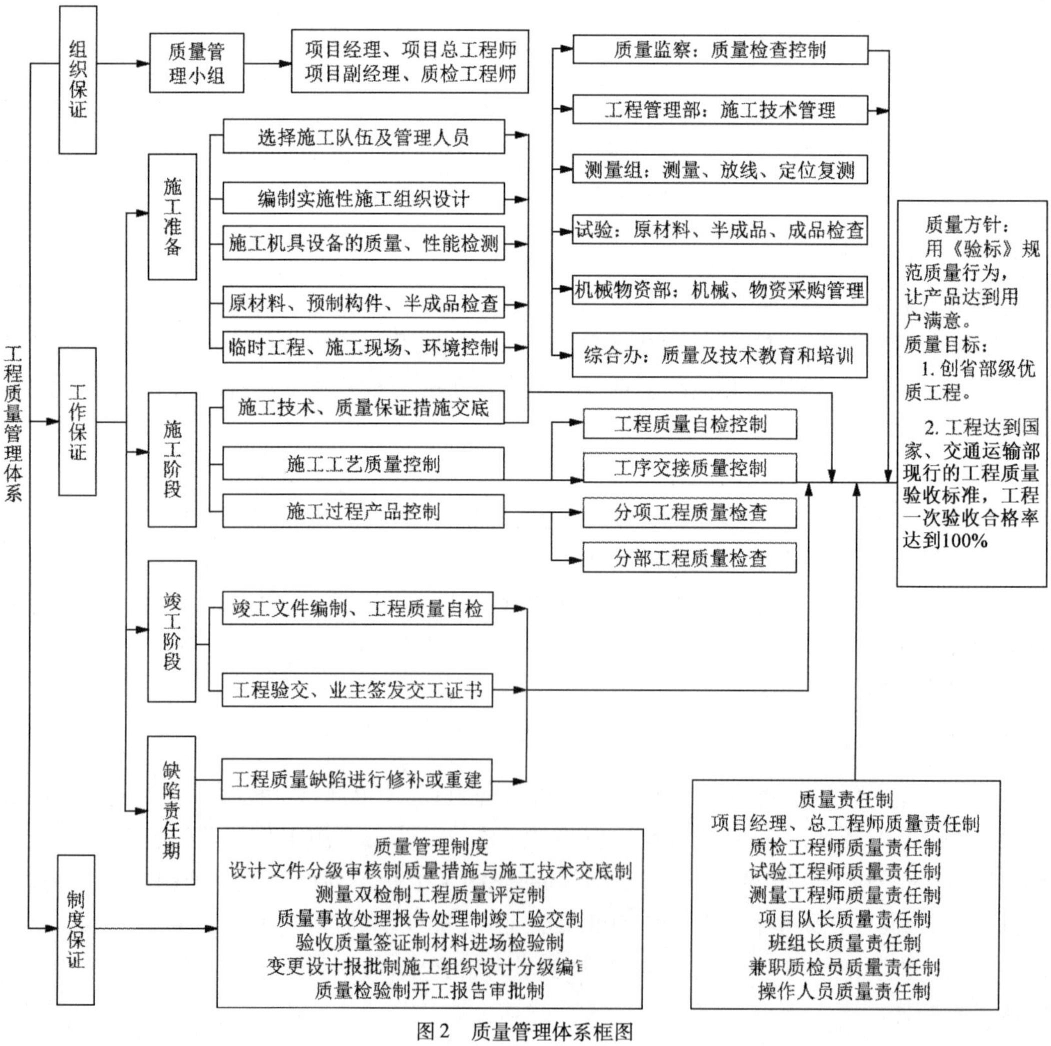

工程质量管理体系

组织保证
质量管理小组
项目经理、项目总工程师
项目副经理、质检工程师

工作保证

施工准备
选择施工队伍及管理人员
编制实施性施工组织设计
施工机具设备的质量、性能检测
原材料、预制构件、半成品检查
临时工程、施工现场、环境控制

质量监察：质量检查控制
工程管理部：施工技术管理
测量组：测量、放线、定位复测
试验：原材料、半成品、成品检查
机械物资部：机械、物资采购管理
综合办：质量及技术教育和培训

施工阶段
施工技术、质量保证措施交底
施工工艺质量控制
施工过程产品控制

工程质量自检控制
工序交接质量控制
分项工程质量检查
分部工程质量检查

竣工阶段
竣工文件编制、工程质量自检
工程验交、业主签发交工证书

缺陷责任期
工程质量缺陷进行修补或重建

质量方针：
用《验标》规范质量行为，让产品达到用户满意。
质量目标：
1. 创省部级优质工程。
2. 工程达到国家、交通运输部现行的工程质量验收标准，工程一次验收合格率达到100%

制度保证
质量管理制度
设计文件分级审核制质量措施与施工技术交底制
测量双检制工程质量评定制
质量事故处理报告处理制竣工验交制
验收质量签证制材料进场检验制
变更设计报批制施工组织设计分级编审
质量检验制开工报告审批制

质量责任制
项目经理、总工程师质量责任制
质检工程师质量责任制
试验工程师质量责任制
测量工程师质量责任制
项目队长质量责任制
班组长质量责任制
兼职质检员质量责任制
操作人员质量责任制

图2　质量管理体系框图

（二）施工质量保证措施

“确保工程质量，控制施工进度”，是工程施工质量顺利进行的关键。在工程开工以后，为了确保工程质量，控制施工进度，必须采用有效的质保措施，树立全面质量管理意识。争创全优工程，争创“样板路”。质量保证措施如下。

1. 人员方面保证措施

（1）指派能力强、施工管理经验丰富的项目经理、副经理。选派技术水平优秀、工作作风严谨的项目总工程师。

（2）项目经理部安排协调组织能力强和专业技术水平高的职员任科室负责人，并安排具有一定的工作能力和工作实践经验，敢于坚持原则，廉洁奉公，不徇私情，有较强的事业心、工作责任感，热爱质量管理工作的专职质检工程师、试验工程师。

（3）采取各种途径，提高施工人员技术素质。利用雨天和施工间隙，请工程师代表讲授技术要求和施工操作方法，组织技术比赛，并适当派员外出学习，及时掌握工程施工的一流工艺和技术。重要岗位安排专人持证上岗，并保证人员的相对稳定。

（4）组织工程技术人员对本项目的工程技术规范、质量管理模式进行集中学习。我公司有一批参加几条高速公路建设的合同制民工队伍，我们将选优劣汰，使其从事的施工项目单一化，以此提高他们的生产技能和稳定施工质量，并在进场前组织他们学习技术性较强的工序与工艺进行专门的培训，树立质量第一、争创全优工程的思想。

2. 机械设备方面的保证措施

（1）选用具有国际国内先进水平的一流设备进行本项目施工，保证机械设备有良好的出勤率和最优的安全保障，配备一定的修理人员跟班作业，加强设备的日常保养、维护工作，确保工程设备处于最佳运行状态。

（2）配备足量的，能满足本项目精度要求的测量仪器。并做到定期检查、校核校正仪器，避免出现由于仪器的误差而影响工程质量。

（3）每一批施工设备进场，需先向监理工程师报验，征得监理工程师同意后方可进场，以避免由于施工设备而影响施工质量。

（4）建立能满足本项目常规标准试验配比设计和质量检测工作需要的工地试验室，能独立开展下列类型试验项目：①土工试验；②混凝土、砂浆试验；③钢筋力学试验；④材料试验。

对于试验频率不高的少数试验项目，我们将委托具有高信誉的中心试验室完成。

3. 材料管理措施

（1）完善材料采购管理措施；材料采购前，先对供货厂商资质进行考查，对规格型号、质量标准进行验收，对不合格厂商的材料不予采购。

（2）从调查认可的合格厂商采购前，先由试验室取样试验，做到不合格的材料不运往工地。

（3）各单位工程开工前，送中心试验室对该项目所需各种材料进行检验。同时在使用过程中加强随机抽检，保证规范规定的步骤要求，杜绝不合格材料进入现场和用于工程建设。

（4）对于存放三个月以上的水泥，在使用前先取样试验，确保材料在有效期内使用。

4. 施工管理措施

（1）尊重和绝对服从监理工程师及其代表，根据合同条款要求，在工程师及其代表监督和指导下施工，并如实向监理工程师汇报进度和质量情况。

（2）建立检验和试验程序文件，按程序规定对施工全过程进行检验，并按程序规定的种类、格式和方法予以记录、归档。

（3）测量组拟定施工测量实施方案，负责控制网点的自检、施工全过程中的测量放样及测量验收工作，并提交工程师进行审核。

(4)试验室随时检查原材料产品质量检验证，做好各项原材料试验、施工中抽样试验、各种配合比试验，运用统计技术将其数据经计算机分析后，报质检科审批。对工程使用的混合型材料先由试验室进行配合比试验，在分析、对比的基础上，选择最优配合比，经监理工程师及监理处、中心试验室平行试验验证后再予以实施。

(5)班组技术人员或自检人员在每一分项工程完工后进行质检，并填写质检表格交质检科。质检人员在审核试验资料，自检资料及其他相关资料无误后，到现场进行复检并填写报检通知单报监理工程师验收。对隐蔽工程在覆盖前报监理工程师检查验收，每一道工序的完工，经施工队负责人和质检人员自检合格后，填写验收表格，经监理工程师检测完毕确认合格签字后，方可进行下一道工序的施工。各隐蔽工程除应有质检资料外还要有相应的照片、录像资料。

(6)工程开工前，技术部门做好开工报告，在开工报告中应写明为保证质量而选用的施工方案及工程安排，开工报告中的施工方案必须经 TQC 小组审核，认为其方案可行、有质量保证措施后方可报监理工程师，施工过程中方案的改变要有设计的理论计算和总工程师的复核，并报监理工程师批准，经监理批准后的施工方案方可实施。

(7)自检员、试验人员应严格实行跟班作业，工程关键部位以及经工程师批准"三班制"施工等工程，必须有自检工程师守候现场。

(8)每一工序完工后，应及时对施工场地进行清理，以免残留物对下道工序产生质量影响。对于连续施工工序，交班质检人员应就本班施工质量情况以及需要注意事项向接班人员作详细说明，并认真填写交接班记录。

(9)严格按部颁标准、部颁技术规范要求、本工程业主的要求与格式分项分单元整理并保存好所有原始资料。

(10)定期检查、校正试验检测测量仪器，预应力张拉设备避免由于仪器设备的误差而影响工程质量。

(11)制定严格的质量管理条例，工程质量与个人效益挂钩。质量领导小组每月至少进行一次全面质量检查和评分，并将结果予以通报。此结果将是核实各施工区奖惩的首要依据，各施工区质量自检小组每天进行质量小结，每周进行一次自检自评，并将结果报质量领导小组，此结果亦是职工、民工取得报酬的重要的依据。

(12)雇请的合同制民工，将尽量使其从事施工项目单一化，以此提高他们的生产技能和稳定施工质量。

(13)坚决实行质量一票否决制，凡不合格工程一律推倒重来，并追究其责任人的责任，当质量与进度发生矛盾时必须先保证工程施工质量。

(14)如出现施工质量事故，由总工程师或自检工程师组织有关人员对事故原因进行分析，确定事故的程度与等级，计算事故的经济损失，预测事故的社会影响，提出缺陷修复方案和质量整改措施，报工程师批准后实施。对事故责任人都将予以经济处罚、通报批评直至勒令其离开工地，以杜绝类似事故再次发生。实行谁主管，谁负责，并根据国务院的有关规定，对工程质量实行"终身责任制"。

(三)施工中工程质量自检情况

1.路基工程

本标段路基工程于 2010 年 11 月份开工，于 2012 年 11 月份结束，在工程施工中项目部始终从源头控制工程质量。路基清表后进行冲击碾压，控制碾压遍数和含水率，按照规范要求检测压实度检测,合格后方可进行下达工序,通过冲击碾压提高地基承载力,减少了路基沉降。在路基填方施工中,坚持按频率检测压实度,不合格的坚决返工,不留质量隐患。坚持每层必检,严格控制松铺厚度和含水率,对含水率大的填土进行翻松晾晒,经检测达到最佳含水率时才进行碾压。我标段的路基成型后,经过了监理、业主、第三方检测、省站的多次检测,各项指标均满足要求,尤其是弯沉值,都远优于规范标准。

2. 桥梁工程

本标段桥梁工程于2010年11月份开工,于2012年11月份结束。在施工过程中,对隐蔽工程严把质量关,坚持每道工序报检,认真履行监理工程师的各项工作指示。再灌注桩施工过程中,通过对钻孔、钢筋笼制作安装、混凝土灌注的质量控制和检测,提高了成品质量,我标段的钻孔桩混凝土强度100%合格,平面位置和高程均在规范和设计允许范围内。对墩身和盖梁严格控制外观尺寸和质量,在浇筑后28d时及时组织技术人员对混凝土结构物进行全面检测,检测合格后向监理工程师申请验收,监理验收合格后进行下道工序施工。通过回弹强度和试块强度的对比找出现场存在的问题,提高混凝土振捣水平和养护水平。我标段11座桥的墩台柱经过了监理和第三方检测单位的多次检测,均符合规范和设计要求。对梁板预制过程进行全程控制,由于强度等级高,提高混凝土强度成为本项工程的控制重点,选取合理的配合比,严把材料进购关,通过掺加减水剂和控制水用量大大提高了混凝土强度,每片箱梁和T梁均做多组试块,通过试验确定最佳配比、振捣方案、养护方案。我标段技术人员对每片梁板均进行尺寸检测和强度检测,梁板的外观尺寸、顶板厚度、混凝土强度均能满足规范要求。

3. 防排水工程

本标段防排水工程量大,我标段技术人员步步把关,沟槽开挖、土工布铺设、碎石铺筑、底板浇筑、墙身砌筑、盖板预制、盖板吊装、伸缩缝设置等各个工序都要严格检查,合格后才向监理报检。水沟砌筑完成后对水沟的尺寸、竖直度、强度等各项指标进行检测,均能满足要求。绿化工程的成活率达不到要求的进行了返工和补种。

(四)对完工质量的评价

我标段工程施工完成后,组织全体技术人员对标段的各分项工程进行了全面检测。对路基边坡、防护工程、边沟、绿化、桥涵结构物进行了细致排查,对检测数据进行汇总、分析、统计、评定,我标段的分项工程合格率达到96%,工程质量达到合格标准。

四、施工进度控制

根据本工程建设特点和合同有关约定,我标段确定了工程进度总体目标。我标段按照施工计划精心施工,按时按要求完成了该工程的施工任务。

严格按规范及设计要求施工,在抢进度的同时把质量、安全放在第一位,开工至今,我标段未发生一起质量、安全事故。

"时间就是效益,工期就是信誉",这是甲乙双方的共识,为使该项目能按合同工期完成,尽早发挥投资效益,我单位主要采取下列措施,确保提前工期目标实现,具体措施如下:

(1)指挥机构及时到位;

(2)施工力量迅速进点;

(3)施工准备抓早抓紧;

(4)施工组织不断优化;

(5)建立高效指挥系统;

(6)实施网络控制技术;

(7)强化施工劳动管理;

(8)执行责任成本管理；

(9)安排好冬季施工；

(10)加强机械检修保养工作；

(11)推广应用“四新”成果，确保高效；

(12)奖罚措施。

五、施工安全与文明施工情况

(一)安全保证措施

1. 组织体系

为了保证本工程顺利实现安全目标，我单位在施工过程中将严格遵守建设单位的有关规定。针对本项目的具体情况并结合以往类似工程的经验，从思想教育、组织、工作、制度、经济等方面建立符合本项目工程的全面的施工安全和行车安全保证体系(图3)。

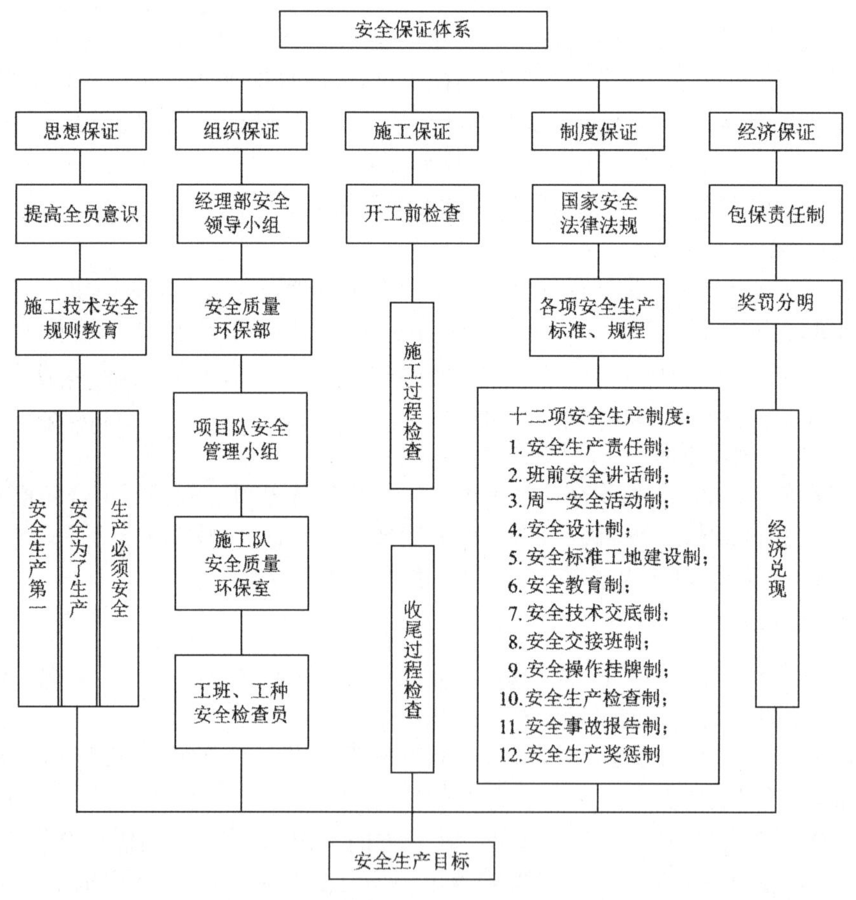

图3　安全保证体系框图

2. 规章制度

按照“管生产必须管安全”的原则成立以项目经理挂帅和项目副经理、总工程师、安检负责人等人员组成的经理部安全领导小组，领导和组织安全生产，并确保安全目标实现。安全质量环保部是经理部常设职能部门，具体负责各项安全管理工作，以专检和监督方式为主，实行安全生产“一票否决权”。经理部安全管理小组是所负责工程范围内安全管理的组织实施机构。经理部配备专职安全检查工程师。经理部安检员、工班安检员负责施工过程中的安全监督。安全管理组织机构见图4。

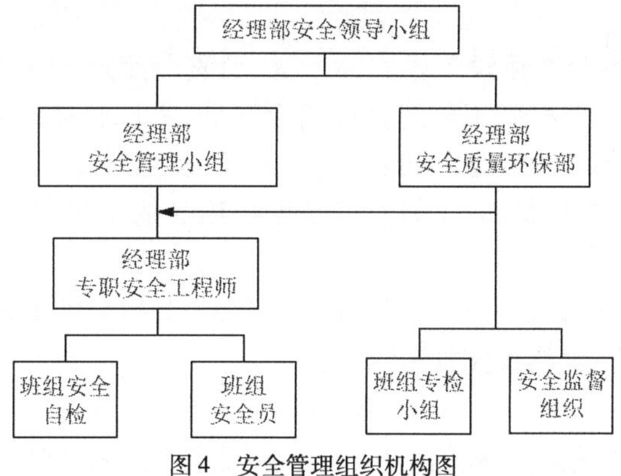

图4 安全管理组织机构图

(1)安全管理职责

在施工中,建立健全安全生产责任制,逐级落实安全生产责任目标。

(2)各级领导安全职责

项目经理(项目副经理):对本项目的安全生产和劳动保护负总的领导责任。贯彻国家和本公司有关安全生产的方针、政策和规章制度;组织制定本项目安全管理制度,研究解决生产中的安全问题,组织安全生产检查;监督各级、各职能部门贯彻安全生产责任制;主持重大伤亡事故的调查处理。

总工程师、专业工程师或技术负责人:对项目安全生产和施工技术安全工作负全面的领导责任。在编制实施性施工组织设计时,重点考虑工程特点结合现场实际情况,编制针对性强的安全技术措施;采用新技术、新材料、新工艺、新设备时,制定相应的安全操作规程;负责审查改善工人劳动条件的技术措施,认真解决施工生产中安全技术问题,对职工进行安全技术教育;参加重大伤亡事故的调查分析,提出鉴定意见和改进措施。

专职安全检查工程师:在施工中认真实施安全生产制度并根据现场制定实施细则,经常检查施工现场,及时消除事故隐患,经常对职工进行安全技术、安全纪律教育;发现违章作业现象坚决制止;发生重大事故要及时上报,认真分析事故原因,并提出改进措施,加以落实。

工长(领工员):对所管工程的安全生产负直接领导责任。在组织施工同时采取相应的安全技术措施,并根据工程进展情况及时向施工班组进行安全技术交底;在施工中不违章指挥,及时制止违章作业;发现隐患立即处理;发生工伤事故立即上报,并保护好现场,参加事故调查处理。

班组长:教育并带领本班组人员遵守安全生产规章制度,学习安全操作规程,按章作业;每天上班前开好安全会,认真执行安全交底;对本班组成员思想或身体状态反常,采取相应对策或调离危险作业岗位;如发生工伤或重大未遂事故立即上报工长。

(3)企业职工安全职责

企业职工自觉遵守安全生产规章制度,不违章作业,并严格按照下列安全施工要点操作。

施工人员进入现场必须戴好安全帽,并正确使用个人劳动保护用品。3m以上高空作业,没有搭设跳板或平台时,系好安全带。高空作业时,不准往下或往上抛扔工具、材料等物品。

(4)职能部门安全职能

施工生产部门:在组织施工生产时,施工生产部门认真贯彻实施性施工组织设计中的安全技术措施;严格执行保证安全生产的规章制度和安全操作规程;科学地对施工现场进行规划和管理,建立安全生产、文明施工的良好秩序。

工程技术部门:严格遵照安全生产的要求编制工程项目的实施细则,同时编制安全技术措施;对于企业采用新技术、新材料、新工艺、新设备,认真编制安全技术操作规程;解决生产中的安全技术问题。

安质部门:根据国家结合本标段工程实际情况,负责制定适合于本工程施工的规全管理规定,并严格监督执行;负责对所有施工员工进行安全培训,考试合格的才能允许上岗。负责制作工程所需安全标志。进行不定期安全大检查,发现问题,及时纠改。

材料部门:保证安全生产用材料、工具及劳动保护用品的及时供应,并能符合安全生产的质量要求。

劳资部门:配合有关部门做好新工人、特殊工种工人、调换工种工人的安全技术培训、考核工作,督促基层做好劳逸结合,严格控制加班加点。

3. 安全保证措施

为杜绝重大事故和人身伤亡事故的发生,把一般安全事故减少到最低限度,确保施工的顺利进行,项目部在施工过程制定如下措施:

(1)通过宣传标语,事故案例视频观看,让安全警钟长鸣,使职工牢固树立"安全第一"的思想,不断强化安全意识,建立安全保证体系,使安全管理制度化,教育经常化。

(2)各级领导在下达生产任务时,必须同时下达安全技术措施。检查工作时,必须同时检查安全技术措施执行情况。总结工作时,必须同时总结安全生产情况,提出安全生产要求,把安全生产贯穿到施工的全过程。

(3)认真坚持执行定期安全教育、安全讲话、安全检查制度,设立安全监督岗,充分发挥安全人员的作用,对发现的事故隐患和危及工程、人身安全的事项,做到立即处理,做出记录,限期改正,落实到人。

(4)对路基土方施工执行有关安全作业细则,并在施工中设专人进行检查。施工中临时结构必须向员工进行技术交底,对大型临时结构须进行安全设计和技术鉴定,合格后方可使用。

(5)土方工程,严格按照路基土方施工规范组织施工,运输车辆及施工机械严加管理。经常检查制动和运转部分情况,防止意外事故发生。在运输繁忙的道口,设立安全监督岗,指挥行人和车辆,确保汽车运输及行人安全。

(6)工地修建的临房,架设的动力照明线路、库房,都必须符合防火、防水、防触电、防雷击、防爆的要求,配备足够的消防设施,安装避雷设备。

(7)在施工场地与公路交叉口,设立警示牌,车辆限速行驶,防止交通事故发生。

(二)文明施工

(1)组建高素质的施工队伍,不断加强内部管理。

(2)正确处理好与业主的关系。

(3)正确处理好与监理的关系。

(4)正确处理与当地政府和群众的关系。

(5)尽量使施工现场环境有序、整洁。

六、环境保护与节约用地情况

(一)环境保护方案

(1)成立以项目副经理任组长的环境保护领导小组,配备一定量的环保设施和技术人员,认真学习环保知识,共同搞好环保工作,并将环保与文明施工结合起来。

(2)采用各种有效措施,对容易引起环境污染的各种渠道严格控制。

(3)环境保护组织机构及框图(图5)。

本工程将成立专门的环境保护组织机构，由主管生产的副经理担任组长，全面负责环保工作的检查、指导及环保措施的制定落实，使环保工作始终处于受控状态。

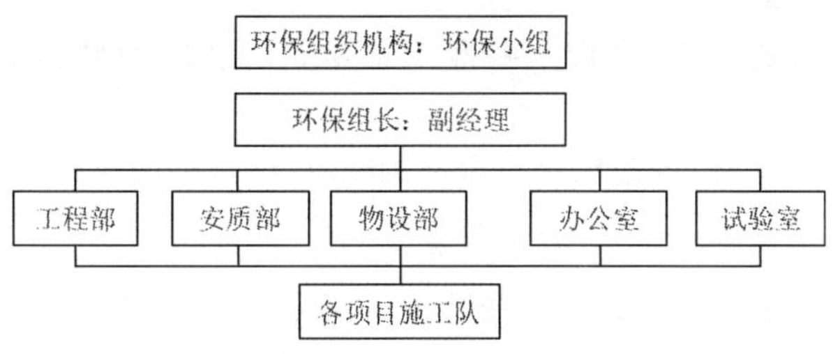

图5　环境保护组织机构及框图

（二）环境保护措施

（1）重视环境保护工作。

（2）加强环境保护教育。

（3）贯彻环境保护法规。

（4）强化环保管理。

（5）美化施工场地。

（6）消除施工污染，施工废水、生活污水不得污染水源、耕地、农田、灌溉渠道和水库，采用渗井或其他措施进行处理。工地垃圾及时运往指定地点深埋，清洗集料、机具或含有沉淀油污的操作用水采用过滤的方法或沉淀处理，使生态环境受损减到最低程度。

（三）大气环境及粉尘的防治措施

（1）施工场地和运输道路经常洒水，尽可能减少灰尘对生产人员和其他人员造成危害及对农作物的污染。

（2）在运输水泥等易飞扬的物料时用篷布覆盖严密，并装量适中，不得超限运输。

（3）在设备选型时选择低污染设备，并安装空气净化系统，确保达标排放。

（4）对汽油等易挥发品的存放要采取严密可靠的措施。

（四）固体废弃物的处理

（1）施工营地和施工现场的生活垃圾，应集中堆放。

（2）施工和生活中的废弃物也可经当地环保部门同意后，运至指定地点，此外，工地设置能冲洗的厕所，派专门的人员清理打扫。

（3）报废材料或施工中返工的挖除材料立即运出现场并进行掩埋等处理。对于施工中废弃的零碎配件，边角料、水泥袋、包装箱等及时收集清理并搞好现场卫生，以保护自然环境与景观不受破坏。

（五）降低噪声措施

（1）对使用的工程机械和运输车辆安装消声器并加强维修保养，降低噪声。

（2）机械车辆途经居住场所时应减速慢行，不鸣喇叭。

（3）在比较固定的机械设备附近，修建临时隔音屏障，减少噪声传播。

（4）合理安排施工作业时间，尽量降低夜间车辆出入频率，夜间施工不得安排噪声很大的机械。

（5）适当控制机械布置密度，条件允许时拉开一定距离，避免机械过于集中形成噪声叠加。

（六）节约用地措施

（1）组织项目部管理人员和技术人员认真学习国家和地方政府有关土地使用的法律、法规，做到用地合法、合法用地，最大限度地提高土地使用效率。

（2）做好施工组织设计，对项目部驻地、拌和站、料场、预制场、便道等各项用地面积要仔细计算并制定最佳的施工方案，尽量减少占地。

（3）对弃土场进行认真调查，选取一些废气的坑窑、荒地、自然沟作为弃土场，减少耕地占用。

（4）当地改路、改渠做了详细统计，进行全面的勘测，尽量利用原有道路进行改造。

七、施工中新技术、新材料、新工艺的应用情况

在薄壁空心墩墩身施工中采用无支架翻模法，利用已浇筑混凝土段顶节模板作为嵌固段，以其作为支撑依托，承托新装模板、工作平台等荷载，从而增加了模板安装的稳定性、安全性和准确性，同时也确保新旧混凝土接缝平顺，模板的提升、拆除及钢筋和混凝土的提升均采用塔吊进行，提高了机械的使用效率。无支架翻模法操作简单、连续，施工速度较快，并且投入费用较小，在高墩施工中应提倡。

八、工程款支付情况

本项目工程款全部支付到位，一切劳务、机械、材料等债务纠纷与建设方无关。

九、施工体会

几年耕耘，几多收获，嵩栾高速公路在省政府、省交通运输厅、嵩阳高速的正确领导和指导下，在沿线各级政府的大力支持下，通过全体工程建设者的共同努力，嵩栾高速公路土建工程全部完工。嵩栾高速公路的建设取得成功，为我省高速公路的示范工程建设在科学管理和工程质量等方面起到了抛砖引玉和示范带头的作用，开创了河南省高速公路建设的新局面。

回顾总结几年的工作，我们清醒地认识到提高工程管理无止境，提高工程质量无止境，我们仍有许多不足和差距。为此，我们一定按照上级的要求，“修好一条路，培养一支队伍，树立一种精神”，认真总结，不断提高，为高速公路的建设做出应有的贡献。

中铁七局集团有限公司

洛栾高速公路嵩县至栾川段土建工程 No. 2 合同段项目经理部

二〇一六年八月

3. 洛栾高速公路嵩县至栾川段土建工程 No. 3 合同段施工总结报告

目　　录

一、工程概况
二、机构组成
三、质量管理情况
四、施工进度控制
五、施工安全与文明施工情况
（一）施工安全情况
（二）文明施工情况
六、环境保护与节约用地措施
七、施工中新技术、新材料、新工艺的应用情况
八、工程款支付情况
九、施工体会
（一）搞好进度管理
（二）做好成本控制
（三）抓好施工队伍管理

洛栾高速公路嵩县至栾川段土建工程 No.3 合同段施工总结报告

一、工程概况

河南省洛阳至栾川高速公路嵩县至栾川段 SLTJ.3 合同段起始里程为 K79 + 250 ~ K85 + 400，路线全长 6.15km，全线位于嵩县境内。沿线经过大章镇的五道庙村、刘坪村、东湾村、任岭村四个村组。全线采用双向四车道高速公路标准，设计速度为 80km/h，整体式路基宽 24.5m，分离式路基半幅宽 12.75m。

完成的主要工程内容有：大桥 8 座，全长 3150.5m，隧道 11 座（单洞），全长 3110m（单洞），钢筋混凝土拱涵 4 道，钢筋混凝土盖板涵 5 道，圆管涵 2 道，箱涵 1 道；路基挖方 76 万 m^3，路基填土 75 万 m^3。水泥稳定碎石路面底基层、基层 141035m^2 及排水防护、路线交叉等工程。项目于 2010 年 12 月开工，2012 年 12 月建成通车试运行。

二、机构组成

本工程项目经理部设经理：李军、总工：冯忠荣、副经理 3 人，下设“五部二室”：由施工技术部 16 人、物资设备部 2 人、财务部 2 人、计划合同部 2 人、安全质量监督部 8 人、综合办公室 2 人、试验室 6 人组成，共 43 人负责工程施工和具体业务管理工作。人员实行弹性编制、动态管理，下设 17 个队级单位，即桥梁工程施工队（四个作业面）、预制梁场（一个作业面）、路基工程施工队（两个作业面）、涵洞工程施工队（两个作业面）、隧道工程施工队（三个作业面）。全面施工投入各类施工人员 800 人左右，高峰期将达到 1000 人左右。人员素质构成比例为：技术熟练工占 52%，高级技工占 17%，普工 31%。投入的主要机械设备有：推土机 9 台，挖掘机 11 台，装载机 12 台，平地机 3 台，压路机 8 台，自卸车 30 辆，洒水车 6 辆，水泥混凝土输送车 8 辆，混凝土汽车输送泵 5 辆，吊车 10 辆，掘进台车 10 台，混凝土喷射机 10 台，衬砌台车 6 台，空压机 20 台，注浆机 10 台，凿岩机 122 台。

三、质量管理情况

（1）建立、健全质量管理机构，加强了质量监督检查。我们总结过去的施工经验，以质量管理领导小组为整个工程质量管理的最高领导机构，由项目第一责任人项目经理任组长，总工程师、工程质检部长、试验室主任及各工程队长为成员组成质量管理领导小组，并制定全合同段工程质量创优规划方针、措施。工程质检部、试验室专职抓质量管理，工队一级的质量管理机构在项目部质量管理小组的领导下，制订本施工段的创优措施、质量保证计划，并负责具体落实。所属各施工班组根据自己的创优目标，拟定分项工程具体的施工工序、实施计划、并做到责任到人。

（2）坚持质量三级检查制度，开展质量“三分析”活动。对工程检测及计量仪器实行规范化管理，各种仪器及计量器具必须确定专人保管专人使用。对不合格的器具须及时修理调换，各种仪器按产品使用说明及施工规范要求定期检查及检验，严禁带病工作。

（3）成立 QC 小组，开展 QC 活动。召开工程技术会议，收集与工程质量有关的课题，成立

QC 质量管理小组,组织专职攻关。积极开展 QC 小组活动,建立工程质量奖罚制度,成立了以提高工序质量和工程质量为目的的 QC 小组,科学解决施工中的关键质量问题,实行挂牌施工,广泛接受各方面监督。遵循"谁施工,谁负责"的原则,奖优罚劣。

(4)加强工地试验室建设,工地试验室按要求进行设置,配备相应的设备。工程项目将严格检测手段,严把材料质量关。

(5)加强思想政治工作,向全体职工广泛深入地宣传建立本工程重大意义,树立强烈的责任心和使命感,精心组织,精心施工。

(6)加强技术工作,认真学习熟悉图纸,认真学习项目专用技术规范和部颁公路施工技术规范。每月组织一次技术学习,对照工程现场实际,按照图纸和规范进行分析和学习。每道工序开工前,做好技术交底工作,使技术管理人员和操作人员都做到心中有数,加强计量工作和试验工作,确保测量工作的准确与精度要求。

四、施工进度控制

接到项目办的中标通知书后,项目部就及时组织人员和机械设备,于 2010 年 10 月进场按照业主要求展开施工,并按照业主要求的节点工期目标,根据已完工程的进度、施工人员的增减、业主要求的计划变更等诸多因素,不断调整进度计划,动态监控关键线路的变化,以适时调整人员分配和施工顺序,使施工生产持续有效地按计划正常进行。

嵩栾三标存在工期相对滞后的问题,要想完成业主下达的节点目标,工期压力巨大。主要有以下几个方面原因:一是去年业主资金缺口大,因材料和人工费大幅上涨,大量款项需现款支付或预付款支付,项目资金相当紧张,材料供应受到严重影响,模板无法及时到位,导致施工一度处于停工、半停工状态。二是二次征地问题和三改拆迁进度缓慢,村民经常阻工,导致工作面不能全部展开。三是本标段桥隧相连,桥梁施工和隧道施工相互干扰,施工组织优化难度很大,影响了施工进度。四是设计变更方案确定不及时,如路基塌方段变更设计方案一年多才确定下来。

由于以上原因导致项目部进度目标相对滞后,为了确保洛栾高速公路年底通车的目标,加快我标段的工程建设进度,满足业主期望,提高企业信誉。经项目部劳动竞赛领导小组研究决定,在本项目迅速掀起集团公司劳动竞赛委员会提出的"比建设工期、比工程质量、比安全施工、比技术创新、比文明施工、创和谐团队,保按期开通"为主要内容的"五比一创保开通"劳动竞赛活动,实行重奖机制进行激励。项目部在施工过程中增加了大量的人力、物力的投入,并实行质量、进度责任到人,由项目经理、总工带头落实。2012 年 7 月份以来,为了赶工期、按时完成集团公司督导组和业主下达的节点目标,我们在设备、人工、物资等方面进一步加大了投入力度,新建预制梁场 2 个,增加大型机械设备 12 台,新建混凝土拌和站 1 座,增加模板 120t、架桥机 2 台、运梁炮车 5 台,新增劳务队 4 个、增加项目管理人员 8 人、施工人员 120 人,项目施工能力得到了大幅提升,并保证了进度计划的顺利实现。通过 3 个月全体参建人员的努力奋战、紧张施工,成效显著,基本达到预期目标,于 2012 年 11 月 25 日完成了合同内主要工程,各项工程均进行严格的检测和检验,各项检测结果均符合设计和规范要求。

五、施工安全与文明施工情况

(一)施工安全情况

(1)建立、健全安全保证体系,项目经理部成立以项目经理、副经理、总工程师为首的安全领导小组,组织领导安全施工管理工作,积极推动全面安全管理工作的深入开展。

(2)建立健全的自检制度,项目经理部建立二级安全管理体系,项目经理部设质量、安全、环保部门,施工班组设安检员、分别实施检查任务,同时认真接受外部监督。

(3)认真贯彻执行了“安全第一、预防为主”的方针,坚持和加强了全员的安全教育。深入各施工队,利用夜间进行安全培训,使每位员工上岗前都进行安全规范、安全操作的培训,提高了全员的安全防范能力。

(4)严格执行安全监督、奖罚制度,实行逐级承包,签订安全责任书,对事故坚持“三不放过”原则,即“事故责任分不清不放过;事故原因查不清不放过;事故责任者及群众没受教育不放过”。

(5)定期开展安全竞赛活动,运用安全系统工程技术,开展安全预防,安全预测活动,实施生产全过程的安全管理。

(6)加强日常安全巡查,做到有记录,有回复,有落实。

(二)文明施工情况

(1)我们在组建项目部的同时,成立了临时党支部,配合项目部搞好党建工作,充分发挥党、团、工的先锋作用,并组织开展了经常性的劳动竞赛活动。

(2)积极组织员工的职业道德培训,强化了员工的职业道德,提高了员工的综合素质,增强了员工的文明施工意识。

(3)施工中每位员工都能做到遵纪守法,自觉维护当地社会治安,从而杜绝了打架斗殴、酗酒、赌博等不文明行为的发生。

(4)我部在整个施工中都本着勤俭节约的方针开展工作,反对浪费,提倡节约。

(5)充分尊重当地群众的风俗习惯并较好地处理了与当地群众的关系,积极参与了当地的精神文明建设工作。

六、环境保护与节约用地措施

(1)施工中严格按设计要求和国家法律法规的有关规定进行取土、弃土、弃渣,避免造成对道路、农田的污染和水土流失。

(2)施工废水不排入农田、耕地、饮用水源、灌溉渠道和水库。

(3)施工运输车辆在运输途中均用帆布、盖套及类似物品进行遮盖,避免了造成施工用料的抛洒、飞扬而污染道路及环境,采用两台洒水车专门进行洒水降尘。

(4)桥梁施工过程中泥浆采用泥浆池进行沉淀,完工以后连同废物同时清理干净,避免了引起堵塞河道或妨碍交通。

(5)尽量不破坏天然植被,并在施工完毕后将破坏的植被及时恢复。

(6)由于施工沿线村庄较多,对于临近居民区的施工段,我部尽量避免进行夜间施工,尽力减少噪声污染。

(7)利用路基改做预制梁场,减少土地征用;利用隧道洞渣施作路基填料,减少弃土场的征用;利用路堑挖方的废方为附近村庄造地。

七、施工中新技术、新材料、新工艺的应用情况

在本合同段工程施工中,新技术的使用主要体现在预应力混凝土梁的压浆采用真空吸浆机,大大提高了预应力管道压浆的饱满度,保证了预应力筋不会腐蚀,从而保证了梁板的质量;本标段原设计的路基利用方因 CBR 值不合格,全部采用本标段隧道洞渣作为填料,保证了路基填筑的施工质量。

八、工程款支付情况

截止至 2012 年年底共计拨付工程款 3.25 亿元,我单位一切劳务、机械、材料等债务纠纷与建设单位无关。

九、施工体会

(一)搞好进度管理

首先要科学合理安排计划,按照总体施工计划、年度生产计划和工程进展情况倒排工期,按季、月、旬定期编制施工计划,明确形象进度,按计划施工;其次要具有打破常规、超前运作的意识和克服困难、勇于强行推进施工的勇气,单位领导要身先士卒,现场指挥,及时发现解决问题。第三要有完善各种激励机制,形成良好的施工氛围,充分调动全体员工的积极性和主动。

(二)做好成本控制

做好项目策划,确定目标成本。动态地对实际施工成本的发生过程进行有效的控制,加强合同管理。加强自身管理,加强自主协调,认真解决实际问题,积极主动创造条件,扎实做好各项工作,为企业创造效益和良好的信誉。

(三)抓好施工队伍管理

该项目在施工过程中根据实际情况,强化对劳务队的资金管理、班组管理的同时,积极组建并切实强化架子队的管理模式,项目部成立混凝土拌和站、土石方一队、桥涵一队、杂工班等架子队,归属项目部直接全面管理,架子队管理人员进入项目部成员编制,既能彻底贯彻项目部整体部署和指令,又能随时作为项目部的突击队,并且在协调不到位、资金不到位造成的断续停工的情况下避免大的负面影响,为项目的顺利进展起到了很好的保障作用。

中铁十五局集团第二工程有限公司

洛栾高速公路嵩县至栾川段土建工程 No.3 合同段项目经理部

二〇一六年八月

4. 洛栾高速公路嵩县至栾川段土建工程 No. 4 合同段施工总结报告

目　　录

一、工程概况
二、机构组成
三、质量管理情况
四、施工进度控制
五、施工安全与文明施工情况
六、环境保护与节约用地措施
七、施工中新技术、新材料、新工艺的应用情况
八、工程款支付情况
九、施工体会

洛栾高速公路嵩县至栾川段土建工程 No.4 合同段施工总结报告

一、工程概况

1. 简介

洛阳至栾川高速公路嵩县至栾川段 SLTJ.4 合同段起讫桩号为 K85 + 400 ~ K92 + 350,全长 6.955841km,其中长链 5.841m。设计技术标准为双向四车道,设计总宽度为 24.50m;设计最高时速为 80km;最大纵坡为 3.6%,最小转弯半径 $R = 650m$;路面结构层设计总厚度为:16cm 水泥稳定砂砾石底基层 + 34cm 水泥稳定碎石基层 + 8cmATB 沥青碎石 + 6cm AC-20 沥青混凝土 + 4cm AC-13 沥青混凝土。

2. 工程起止时间

本合同段实际开工日期为 2010 年 11 月 15 日,完工日期为 2012 年 11 月 25 日,实际工期为 24 个月。

3. 主要工程内容

本合同段共设计清除表土 589428m^2;路基挖方 2377307m^3,其中挖土方 2030393m^3、挖石方 346914m^3;路基填方 1807357m^3,其中填土方 1450139m^3、填石方 357218m^3;钢筋混凝土涵洞 14 道,钢波纹管涵 2 道;先简支后连续箱梁式桥梁 14 座,现浇整体箱梁式跨线天桥 1 座;圬工砌筑 56220m^3;水泥稳定砂砾石底基层 142220m^2;水泥稳定碎石基层 141373m^2;收费区水泥混凝土面板 2160m^3。

二、机构组成

1. 项目经理部组织机构(图 1)

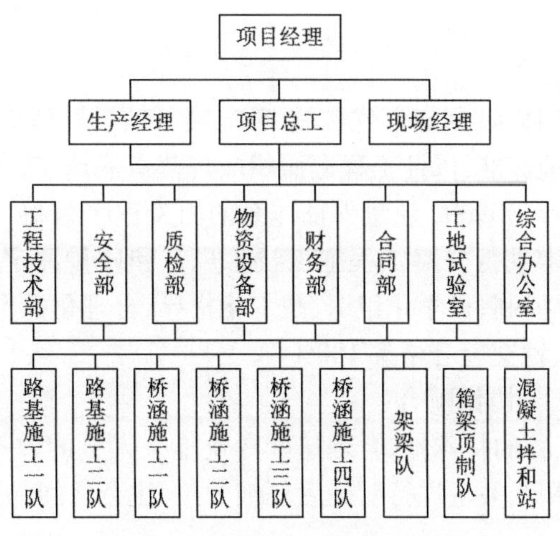

图 1 项目经理部组织机构图

2. 主要人员明细(表1)

主要人员明细表　　表1

序号	在本项目中担任的职务	姓名	年龄	技术职称
1	项目经理	刘绍舜	37	高级工程师
2	项目副经理	李勇军	36	工程师
3	项目副经理	齐银更	34	工程师
4	总工程师	张涛	44	高级工程师
5	合同、计划工程师	魏方震	39	工程师、造价师
6	财务负责人	潘小玲	23	会计师
7	质检工程师	王明存	39	工程师
		刘锦堂	41	工程师
8	路基工程师	李自新	64	工程师
		陈潸	31	工程师
9	结构工程师	马建磊	43	高级工程师
		黄亚军	26	工程师
		董峰强	34	工程师
		杨立堂	60	工程师
10	测量工程师	王志峰	26	工程师
11	试验负责人	范海根	46	试验检测工程师
12	机械工程师	王凤雏	43	工程师
13	专职安全员	史强云	45	工程师
		孙绪利	29	工程师
		郭二涛	30	技术员
		许亚雷	23	技术员
		张拓	26	助工
		王昌俊	22	技术员

三、质量管理情况

1. 质量管理措施

(1)建立健全质量保证体系、制定创优实施细则、实行项目经理负责制

认真贯彻工程施工管理标准,保证工程遵照相应规范有序施工,严格按照《质量管理体系要求》(GB/T 19002—2008)和ISO9002质量保证体系的相关程序编制“质量目标责任书”和“质量实施计划书”,严格按照国家现行公路工程施工技术规范和质量评定验收标准及施工图设计文件进行规范化管理、程序化控制、科学化组织、技术化指导、合理化操作、同步化跟踪。

工程质量目标为“一次性交验合格率100%”。

(2)合理组织,明确分工,协作配合

根据各工序、各分项工程的特殊性,合理选配专业施工人员的数量和工程机械的台套;对各工序及各作业点面之间的相互关系进行明确后仔细分工,注意之间的相互协同性和配合性;注重上下工序间的紧密连接性。

(3)建立质量目标责任制,以质量作为各岗的考核及奖惩依据

各单位、各工种均实行项目负责制和岗位责任制，使质量目标直接与个人的工资、奖金挂钩，以奖优惩劣的形式，充分调动各岗的质量意识，以分部、分项工程的质量作为各岗责任人的月、季、年考核依据。

（4）建立技术交底制和岗前培训制，提高总体质量意识

由项目总工主持，对各工序、各分项进行施工现场技术交底；由质检工程师和专职质检员对施工现场的每道工序进行全面的技术化、规范化跟踪性监督、控制；由具备相应技术资格的专业人员对各岗进行岗前专业培训，使每一位参建人员都能熟悉相关专业职能和质量目标，熟悉相关技术规范和操作规程，严格按照设计文件和技术规范进行施工作业。

（5）加强原材试验和现场检测工作，以实际试验数据来作为科学指导施工的基本依据

①对每批进场原材都做出详尽的检测，并建立各类原材进场、试验台账；依据检测数据结果科学的、合理的、经济的做出各类材料的掺配比例，以求各部技术指标均能达到设计要求。

②加强施工过程中的检测频率，真实、严谨的指导现场施工。

（6）落实质量检查和交工预检制度，避免中间交验不达标现象

由项目总工和质检部长负责，各专项质检工程师配合，对所需交验的各分项、分部、单位工程进行先期预演性检验，及时对存在质量弊病的区段、点面返工处理，并以实记录和评定各分项、分部、单位工程的自检实际得分。

（7）落实隐蔽工程签认回填制

对各部所有隐蔽工程或隐蔽项目，落实由监理、业主、设计、施工单位会签制度，确保各隐蔽部位的隐蔽质量、强度及工程量等完全符合设计和规范要求，并保留电子影像资料档案待查。

（8）落实首件、样板工程推广制

对各类首件、样板工程做好试验和总结工作，以首件或样板的施工工法作为相应同类工程的施工标准工法，以首件和样板的质量作为质量标杆，以样板领路来全面推广。

2. 施工中质量自检情况及工程质量问题处理情况

（1）落实自检和抽检制度

我单位在本项目的施工过程中严格按照自检、抽检制度进行操作，首先由一线施工工人自检和工班自检合格后，再经工区专职质检员检测合格后，方能上报至项目经理部质检部，由相关专业质检工程师对其所上报工序进行全面、彻底的检验复查。当确认各部技术指标均符合设计和规范要求后，上报监理工程师进行抽检签认，而后才进行下道工序的施工作业。

（2）落实工序间互检和交接班互检制度

各工序之间的相互衔接时做好检查验收工作，上道工序不合格，下道工序不接受，上道工序的质量弊病不留给下道工序。

各岗交接班时做好质量互查互检工作，上一班施工人员仔细对当班所作业内容做好全面质量检测和技术控制传达；下一班人员认真领会上一班人员所交接的技术控制要求，并详尽的检查所接工序是否存在质量弊端，确认合格后方可继续上一班人员的施工作业内容。

（3）落实定期质量检查制度和质量整改排查制度

项目经理部在每月一次定期质量检查的基础上，由项目总工和各专职质检工程师对当月所施工项目进行不定期的排查，并进行质量评定，以作为对下当月验工计付和各岗从业人员的考核，同时也是对质量检查、跟踪落实等情况的检验考察。对检查出现的质量问题进行工程例会通报，并指出整改或返工意见、措施和日期，然后再进行后期整改的复查、复检。

（4）落实及时排查、及时返工、切实确保质量制度

对施工中所发现的问题，我单位决不隐瞒、姑息，坚决处理彻底，绝不遗留质量隐患；哪里发

现问题就从哪里开始处理。

在后期的路面结构层施工过程中，对局部所出现的各层间黏结不好现象，我部已彻底返工，并且后期采用充分洒水湿润后喷洒水泥素浆黏结层的作业方法得以改善，确保了工程质量。

3. 完工质量评价

经过接近两年的努力，合同工程终于如期完工。根据《公路工程质量检验评定标准　第一册　土建工程》（JTG F80/1—2004）的相关规定，我部对已完成的各分项、分部、单位工程分别进行了真实的、客观的、理性的逐级质量评定和汇总，最终评定为合格工程。

但对于涵洞顶填土厚度较厚，但不能利用强夯进行补强夯实的部分段落路基，我部尚存一定的质量疑虑：担心后期使用过程中会产生不均匀的沉降变形。

四、施工进度控制

按照施工总体节点目标及各分部进度计划工期，合理组织、科学管理，切实落实各项措施的顺利实施和工程进度计划的有效进行。从组织、人员、物质、设备、资金、技术等方面做好充分的、强有力的保证。

1. 组织保证措施

（1）成立精干的项目项目管理机构和管理系统，实行项目经理负责制，实施工程项目的宏观管理和整体统筹。

（2）以工程队别为基础单位，建立健全队长负责制，强化一线基层领导的组织管理和指挥能力，确保实施性施工组织设计的顺利有效地如期进行；强化项目的集体能力，制定详细的、科学的、实际的施工作业计划，群策群力、均衡生产，最终实现项目工期目标。

（3）统一指挥，步调一致，强化项目工期宏观调控性和指挥性，合理地、有效地、及时地对因计划不周或其他原因而影响工期的现象进行调整，以确保总体节点目标的最终实现。

2. 人员保障措施

（1）加强用工的计划性，根据相应工程量实行定额用工。

（2）加强劳动定额管理和工资按时发放制度，充分调动参建人员的主观能动性，确保定额水平的完成。

（3）组织好昼夜“三班倒”工作制度的正常落实，做到各工序的连续施工。

（4）积极主动同当地劳动部门做好横向沟通，吸收当地闲散劳动力参加工程建设。

（5）做好节假日和农忙季节的维稳工作，提高工资待遇标准，积极主动的帮助解决工人的各种困难，保证在节假日和农忙季节有足额用工。

3. 技术保证措施

（1）优化施工组织设计，科学组织施工、信息反馈及时，适时调整和改进施工方案。

（2）组织合理的、切实可行的平行化流水作业，确保环环相扣的施工顺序能平稳进行。

（3）落实“细审核、严交底、勤检查、促落实”的技术管理制度，以“技术指导生产，技术服务施工”。

（4）实行项目总工程师技术岗位负责制，对项目技术负全责，并实施项目总工程师一票技术否决权。

（5）各专业技术人员深入一线跟班作业，及时搞好技术交底和技术监管工作，发现问题及时解决。

4. 物质保障措施

（1）选配具有较高的技术素质、政治修养、较强的事业心和责任感的同志担任设备管理人员。

(2)加强设备的定期保养、换季保养、定期检查维修与保管工作,确保机械的完好实用性和出勤率。

(3)建立机械统管调度制度,加强现场设备的统一使用和协调管理。

(4)根据工程进度超前考虑,落实各种设备的提前进场,确保随用随上、不误时间。

5. 资金保障

(1)选配财务经验丰富、廉洁自律的会计师,主持工程资金的筹集和合理使用。

(2)压缩非正常的生产性开支,全力保障有限的资金用于工程和职工的工资发放上。

(3)积极主动的与监理单位、建设单位做好横向沟通,确保工程进度拨款不滞后,以便资金用于工程施工中的正常周转。

(4)若资金紧张时,积极向上级主管单位反映,组织筹措临时周转资金,确保工程施工的正常运行。

五、施工安全与文明施工情况

1. 施工安全情况

(1)建立健全安全保障体系,施工项目设立安全管理小组由项目经理任主长,由主管生产的项目副经理、安全部长任副组长,工地设立专职安全员,班组设兼职安全员,从而形成一个健全的安全保证体系。

(2)安全管理小组主要负责贯彻执行国家有关安全施工的方针政策、法令、规章制度和上级有关规定,在"安全第一、预防为主"的方针指导下组织和推动施工中的安全工作。

(3)工地专职安全员的职责是认真贯彻执行上级有关安全施工的规定,推动和组织施工中的安全工作,在业务上接受上一级安全管理部门的领导。

(4)班组兼职安全员协助班组长组织安全活动,进行现场安全检查,并组织学习安全规程、制度及上级颁发的有关文件,模范遵章守纪;对违章作业者进行批评教育,指导班组人员正确使用个人防护用品等。

2. 安全管理组织机构

项目部成立以项目经理为首的安全领导小组,对本工程项目安全全面负责。项目部设安全长、专职安全工程师、各专业队设专职安全员。贯彻"安全第一、预防为主"的方针和"管生产的必须抓安全"的原则,根据工程施工特点,制定各项安全措施,确保施工生产的安全。

3. 安全管理制度

为使管理组织运转并发挥作用,项目实施前制定如下管理制度:安全检查制,分日常检查和每月例行检查;安全责任制,对所有人员进行安全责任分解,定岗定位定责任;安全教育制,定期进行安全知识教育和思想教育;安全审查制,对重要施工项目的施工方案进行安全审查,组织相关专业技术人员进行评审。

4. 安全保障措施

(1)建立安全岗位责任制,逐级签订安全生产承包责任状,明确分工,责任到人。

(2)工序开工前,及时做好施工安全技术交底的安全注意事项。

(3)操作人员必须佩戴安全帽,高空作业系安全带。

(4)抓好现场管理,搞好文明施工,经常保持现场管线整齐,灯明、路平、无积水。易燃物品仓库要设专人防守,危险区要设有栏杆和标志,备齐消防器材,并具备防盗能力。

(5)生活区、加工场要符合防水要求,切实做好防洪、防火、防中毒、防淹等工作,杜绝重大伤亡事故,减少一般性事故。

(6)加强施工用电安全管理,施工中加强对机具、电器设备的检查和维修,线路架设高度和照明度必须符合标准。

(7)车辆要经常检修,动力机械司机持证上岗。严禁非司机开车,严禁酒后开车。

(8)联系就近乡县医务所和医院,一旦出现紧急情况,应做好现场急救和保护工作;现场备应急车辆,以供急需。

(9)坚持经常和定期安全检查制度,及时发现事故隐患,堵塞事故漏洞;结合安全事故的规律和季节特点,重点查防触电、防火灾、防交通事故等措施的落实。对检查中发现的问题及时采取措施解决并实行奖罚制度。

(10)积极主动地与当地政府和当地群众进行沟通,征求意见、改进工作,严肃群众纪律、搞好路地联防、共同做好施工期间的安全工作。

(11)施工场地规范的安放警示牌、指示牌等标牌。

六、环境保护与节约用地措施

1. 环境保护措施

(1)建立环境保护目标

本工程的环境保护目标是“两不破坏”——不破坏景观、不破坏生态,“三不污染”——不造成水质污染、不造成空气污染、不造成噪声污染。保护生态环境,防止水土流失,环境保护工作在施工时做到了全面规划,合理布局,化害为利,创造了清洁适宜的施工和生活环境。

(2)环境保护的管理措施

设立环保办公室,切实贯彻环保法规,严格执行国家及地方政府颁布的有关环境保护、水土保持的法规、方针、政策和法令;结合设计文件和工程实际情况,及时提出有关环保措施。

废弃物及时运至业主指定的位置进行填埋处理。

采用有效措施,消除施工污染,施工和生活废水采用沉淀池、化粪池等方式处理;清洗集料或含有油污的废水采用集油池的方式处理,不污染水源及耕地。

施工地点要防治噪声污染,施工便道经常洒水,防止车辆通过时尘土飞扬。

强化环保管理、健全环保管理机制,定期进行环保检查,及时处理违章事宜,并与当地的环保部门建立联系,接受社会及有关部门的监督。

加强职工环保教育,宣传有关环保政策,强化职工的环保意识,使保护环境成为参建职工的自觉行为。

以醒目的标志封闭施工区域,并在区界挂以醒目整洁的环保语言和企业精神等标牌。

施工中注意保护自然生态,不得随意拆堵水利设施,做好河渠防排设施,防止污染水源。

(3)环境保护的规划措施

施工期环保规划共分六个部分:即自然景观保护、生态环境保护、水土保持、施工和生活废水处理、废气粉尘处理、噪声控制。

保护施工区域当地的自然景观,施工期间应严格按照施工总平面布置图布置临时设施,不得修建超出规划范围以外的建筑;所有临时设施的修建严格按照既定的标准和要求进行,不低于规定的标准;保证临时设施整齐统一、外表美观;做好场地和临时设施非交通部位的绿化,种植花草树木,维持并保护原有地表植被;施工人员驻地每100m间距配置垃圾箱一个,各施工队及项目部均搭设简易垃圾站,避免生活垃圾污染周边环境。

对原有生态环境进行调查,结合施工中可能产生的影响,合理地进行施工组织,尽量使用能保持原有生态的施工措施;严格落实其他环保措施,保护溪流水质和空气环境;不因施工需要在未经业主和相关部门容许的情况下砍伐林木、毁坏地表植被、挖掘土石、埋设管线;对合同规定的施工界限内外的植物、树木,尽力维持原状;砍除树林或其他经济植物时,事先征得所有者和业主的指示同意；做好树林防火措施，配置灭火器材；除征地范围内的耕地占用外不得侵占现有耕地，并积极开展路地共建活。

施工完毕后，能复耕的复耕，能造地的造地；对有害物质(如燃料、油料、废炸药、旧材料、垃圾等)要通过焚烧或其他措施处理后运至业主和监理工程师认可的地点进行掩埋，以防泄露，造成对动物、植物的损害；修渠筑坝、通渠道，防止土壤冲蚀和地表冲刷；对弃土严格按甲方指定的弃渣场堆放，严防水土流失，污染环境；开挖作业严格控制开挖尺寸，少扰动土体，维护好自然地形地貌，防止引发地质性灾害；施工沿线的弃渣和剩余失效的灰砂、混凝土等，选择合适低洼地堆放、填埋，避免流失污染环境。

对现场做复土还耕或还林处理，竣工恢复具体内容包括：清除临时设施，对沿线开挖所破坏的植被施工完成后按水土保持计划设计要求种草绿化，恢复自然景观，防止造成新的水土流失；各工地居住区的污水沟、粪便及垃圾做好消毒灭菌清除工作，并用净土填埋、压实、种植植被。

施工期间始终保持工地的良好排水状态，修建有足够泄水断面的临时排水沟槽，并与永久性排水设施相连接，避免形成淤积和冲刷。施工平面布置尽量利用永久征地，减少对耕地或林木的损坏，避免水土流失；基坑边坡严格按照设计要求进行支护，分段留设排水沟。

施工期的水污染主要来自施工人员的生活污水和生产废水两部分，由于两部分废水的性质不同，拟将其分开处理。考虑到工程各施工部位相距较远，难以进行集中处理，故根据施工场地分布状况，各驻地内设管线将污废水集中进行处理的方案。

生活污水考虑到施工期间的生产与管理的条件，故选择较易操作控制的以生物接触氧化为主体的处理工艺。

生产废水包括施工机械设备清洗的含油废水和混凝土养护冲洗水、砂石料冲洗与开挖土石方排水。含油废水和含砂、石废水分别进行处理，含油废水用隔池去油污，含砂、石废水则由沉淀将其中固体物料沉淀下来。进行水沉淀处理措施为：施工场地的生产废水，经过滤网过滤后通过污水管输入池中沉淀，并做除油处理。

进入工地的机动车辆消音排烟净化系统一定要完好，施工工地上的道路每天要不定时打扫，适时进行洒水，特殊范围内的工作人员要戴防尘面罩，控制烟尘与粉尘污染；施工段用编织布围好以减少扬尘，降低施工现场对景观的破坏；运输车辆配备两边和尾部挡板，对易飞扬的物料用篷布严密覆盖，且装料适中不超限，车辆轮胎及车外表用水冲洗干净。

工地生活垃圾弃置在半密封的池中，定期焚烧掩埋处理；工地设置能冲洗的厕所并派专门的人员按时定期清理打扫，并定期对周围喷药消毒，以防蚊蝇滋生，病毒传播。

施工期间要防止噪声扰民，机械运输车辆途经居住场所时应减速慢行，不鸣汽喇叭，适当控制机械动力布置密度，条件允许拉开一定空间、减少噪声叠加；合理安排施工作业时间，尽量避开夜间车辆出入频率；机械设备振动声音较大的，要加设消音罩或消声管，最大可能减少噪声的影响，以液压工具代替气压冲击工具；采取综合治理措施，合理安排施工计划，规定噪声大、冲击性强并伴有强烈振动的活动安排在白天进行，把噪声控制在合理范围之内；接近居民区及类似的环境敏感点部位施工时减少爆破开挖作业。

2. 节约用地措施

(1)总体规划、合理用地，按照总体的工作思路，结合现场实际情况，做到用临结合，尽量少占农用耕地。

(2)项目经理部驻地、拌和站、板梁预制场、钢筋加工场等工作场所利用暂时空闲的地方，少占大量土地。

(3)贯通全线的施工便道首选利用当地原有生产道路,对确需临时征用的区段,优先选取距边坡的护道和排水沟较近的位置,以减少征地面积。

七、施工中新技术、新材料、新工艺的应用情况

1. 箱梁预制

我部在箱梁预制混凝土浇筑前,选取直径相宜的 PVC 管,首先预穿在钢制波纹管内,在浇筑混凝土混合料至混凝土初凝前,利用人工采取间断性往复抽拉,这样既能避免预应力孔道在浇筑混凝土混合料的受力偏位,又能避免因振捣棒作用力或波纹管自身质量原因而形成的预应力孔道堵塞,保证了后期预应力钢绞线的正常穿束、张拉和孔道压浆,从而确保了预应力箱梁的整体质量。

2. 桥面铺装施工

在桥面铺装施工时,我部首先在桥梁两侧的护栏部位按照适当宽度,铺筑同等级混凝土高程控制带,这样既能满足桥面铺装混凝土的设计厚度需要,又能有效控制桥梁每联的高程、平整度,对桥面施工的整体质量有了很大的提高。

3. 适量掺拌混凝土外加剂

为维持水泥混凝土构件的整体质量,我部根据当地每年季节变化的规律,视冬夏的温度、湿度和混凝土使用部位,适时选用早强剂或缓凝剂,使混凝土构件保证其早期强度变化能与自身温度以及外部环境相匹配,从而避免混凝土构件的冬季受冻脱皮和夏季龟裂,保证了混凝土结构的强度要求和整体质量。

4. 新桥规的贯彻应用

自 2011 年 8 月 1 日《公路桥涵施工技术规范》(JTG/T F50—2011)颁布实施以来,我部就积极组织相关技术从业人员进行全面的解读、学习,领会了新老规范的相同点与不同之处。切实在后期桥涵施工中,使新规范能得到全面的、详尽的贯彻执行,将新规范中的安全措施融入桥涵生产第一线。

八、工程款支付情况

本项目工程款全部支付到位,一切劳务、机械、材料等债务纠纷与建设方无关。

九、施工体会

洛栾高速公路嵩栾段 SLTJ.4 合同段在整个建设过程中得到了河南省交通运输厅及嵩阳高速公路有限公司高度重视和关怀,同时还得到了全体监理人员积极主动、热情周到的监理服务,以及设计单位和当地政府的大力支持。使承包人具体施工能顺利实施,整个工程施工能有条不紊地进行,优质完成全部任务。

经全体施工人员的共同努力,精密组织实施洛栾高速公路的施工管理,并与业主、设计、监理单位密切配合,我部所有工程质量得到很好控制。施工中,我们始终以工程施工为重点,做到工期、质量、安全、文明施工等由领导亲自抓,各专业人员具体抓;精心组织、严格管理、科学施工,不仅按期优质高效地完成了任务,而且在施工中磨砺了筑路人的意志,提高了施工技术和管理水平,丰富了承包人的工程施工经验和专业视野。其中包括:

(1)加强对“合同条款”“新桥规”的学习和应用,对施工中发生的各种事宜进行详细记录的重要性,合理进行工程变更、索赔和追加的实施过程。

(2)与建设单位、设计单位和监理单位要密切配合、及时沟通的重要性,避免了因沟通不及时而发生的误工、窝工、返工现象。

(3)在施工过程中,根据实际情况及时调整进度指标的重要性,避免盲目追赶工期埋下质量隐患。

(4)要积极进行新技术、新材料、新工艺的推广应用,丰富了参建全员的专业头脑和组织能力及生产能力。

中国葛洲坝集团股份有限公司

洛栾高速公路嵩县至栾川段土建工程 No.4 合同段项目经理部

二〇一六年八月

5. 洛栾高速公路嵩县至栾川段土建工程 No. 5 合同段施工总结报告

目　　录

一、工程概况
二、机构组成
三、质量管理情况
四、施工进度控制
五、安全与文明施工情况
（一）安全保证措施
（二）文明施工
六、环境保护与节约用地措施
七、施工中新技术、新材料、新工艺的应用情况
八、工程款支付情况
九、施工体会

洛栾高速公路嵩县至栾川段土建工程 No.5 合同段施工总结报告

一、工程概况

洛栾高速公路嵩县至栾川段土建工程 No.5 合同段起讫里程：K92 + 350 ~ K97 + 850，全长 5.5km。主要工程量有：①路基工程：挖方 255 万 m^3，填方 35 万 m^3。②路面工程：水泥稳定碎石底基层：101193m^2，水泥稳定碎石基层 105240m^2。③桥涵工程：大桥 9 座，中桥 2 座，涵洞、通道及钢波纹管涵共 14 道。④左右分离式隧道一座，折合单洞全长 625m。⑤九龙山互通立交工程 1 处。合同价值 3.9 亿元，本工程于 2010 年 10 月开工，于 2012 年 11 月 25 日完工。

二、机构组成

为"按期、优质、安全、有序"地完成 No.5 合同段工程，我标段以投标中的主要人员为班底成立了强有力的项目管理机构，并抽调了具有公路路基和桥梁专业施工经验的劳务协作队伍承担本合同段的施工任务。

项目部设项目经理 1 名、副经理 4 名，项目总工程师 1 名，下设四部两室，即工程技术部(27 人)，安全质量部(2 人)，物资设备部(5 人)，计划财务部(3 人)，试验室(6 人，不含试验工)及综合办公室(3 人)，经理部管理机构定员共 52 人。

项目部下辖 5 个施工大队，分混凝土构件预制队、路基施工队、结构物施工队、隧道施工作业队、路面水稳施工队。高峰期进入工地总人数 1500 人。

三、质量管理情况

为了确保工程施工质量，我标段建立了质量保证体系，并着重对生产过程和原材料质量进行检查和控制。在施工中，建立操作人员自检、班组互检、工序交接检和工前检查、工中检查和工后检查以及分项分部检验、定期检验和随机抽查的内部检查制度。同时我标段成立了质量管理领导小组，由项目经理任组长，项目部总工程师和质检负责人任副组长，组员由施工员、专业工程师、试验员、质检员组成。并为每个施工作业队配备 1 名专职质检员，随时进行质量检查和报验工作。同时项目部还制定了一系列的质量保证制度和控制措施。开工以来，我合同段在质量管理工作上真正做到了"促进度、保质量"，所有已完工程施工质量均得到了监理工程师的认可。

为了保证各工序施工质量，建立健全了各项质量保证措施。

1.施工控制措施

施工控制工程施工最基础性的关键手段，它主要包括工程测量、施工监测和工程试验。施工控制的好坏直接关系到工程质量乃至工程项目的正常使用。因此，必须从工程测量、施工量测和工程试验三项控制入手来确保工程质量，其主要措施如下。

(1)工程测量质量保证措施

①测量队伍。

a.公司精测队对全管段进行控制测量。

b.项目经理部成立测量队。测量队以公司精测队的测量成果为基础，负责进行复测、加密控制网点和重点建筑物的控制测量。

c. 施工队设测量室,负责日常施工测量和放样测量。

②建立严格的测量制度,健全测量责任制。

a. 挑选工作负责、作风细致、业务谙熟的技术人员从事测量工作,责任落实到人,实行严格奖惩。

b. 严格复核制度。

c. 重要部位放样测量由两组人员完成,一组放样,一组核检。

(2)工程试验质量保证措施

①挑选工作负责、业务拔尖的试验人员,并将试验责任落实到人,实行奖优罚劣并与工资收入挂钩。

②编制详细的试验工作计划,严格按照规范对试验的项目、抽样组数、频次和要求,保质保量进行工作,确保工程材料混凝土结构等均在有效的监控下,施工质量能得到充分保证。

③配足先进的试验仪器,满足试验工作需要。

④工程材料要把好进料质量关,以保证工程质量。

2. 技术保证措施

(1)保证技术管理力量,建立技术管理体系。

以项目经理和总工程师为首,建立起本工程的技术管理体系,严格项目工作程序。

(2)完善各项技术管理制度,在项目工程实施中严格执行。

①施工组织管理措施。

a. 施工前,项目经理要主持编制切实可行的施工组织设计和针对本项目的质量保证措施,制定本项目的质量计划,并领导组织实施。在施工过程中,全部施工人员要严格按项目部制定的各项技术文件认真执行。

b. 搜集并掌握与项目有关的技术规范,施工操作规则,国家和行业标准,评定验收标准等,据此制定施工方案、各项工序的作业指导书。

c. 施工过程中,要对施工组织实施动态管理,视实际情况,不断完善、优化施工组织方案,使之最合理、最科学、最切合工程实际。

②技术图纸复核制度。

a. 所有施工图纸,必须经项目总工程师和专业工程师认真审查复核,确认该图纸正确无误并签署复核意见后,才可使用。

b. 项目部发放给工程队的施工图纸,工程队技术主管要亲自或指定其他工程技术人员对施工图纸进一步进行复核,并进行现场核实,确认无误后才能使用。施工图纸经复核发现有误或与现场实际不符须进行修正,在尚未办理修正或变更设计手续,不准使用;发现有误的图纸要立即上报。如属应急图纸且经发现有误,要在征得设计部门对错误的澄清注明错误之处并签认后,方可使用,防止用错图纸造成施工错误。

c. 经发现有误的施工图纸在作废之前,应用红笔标出错误之处;如属在图纸发放之后发现有误,应立即书面通知施工人员,停止使用。

d. 施工图纸在确认停止使用后,应全部收回,并在每一张图纸上标注红色"作废"字样。

③技术交底制度。

a. 施工前,总工程师和主管工程师亲自抓技术交底工作,将工程特点、工程内容、施工部署、施工方法、施工顺序、进度安排、设计要求和规范要求等以书面形式向各部门和工程队施工管理人员进行详细的技术交底,施工阶段由经理部技术人员和工程队技术主管将单位、分部、分项工程的工程内容、结构特点、操作要求、技术标准等向现场技术人员及领工员进行交底,现场技术交底由现场技术人员向领工员和作业人员进行分项技术交底。技术交底应有配套措施。

b. 随着施工进展,在前阶段即将结束、后阶段尚未开始、工序变更即将进入下道工序之前,应分阶段进行技术交底。搬移新工点后亦应先交底后开工。

④隐蔽检查制度。

工程开工前,项目部要制定本工程的全部隐检项目报监理审批。

施工过程中,严格执行施工人员自检、专业检查工程师检查和监理终检的制度,未经专业检查工程师检查和监理检查合格的任何工序不得自行转入下道工序。隐蔽部位不得覆盖。

⑤试验检验制度。

规范计量检测试验工作。组建项目中心试验室和合格的工地试验室、质检站。应按试验检测程序进行现场检测试验工作,不得漏检。定期对测量、监测、试验仪器进行检验、校正或送有资格的部门进行检验、标定。

⑥技术资料管理制度。

工程现场技术文件和资料,由工程技术部门负责填写、整理、分类。施工过程中,要随时收集、记录和整理各项施工资料,以便于竣工文件编制,做到工程施工完成,竣工文件也编制完成。

⑦推行规范化管理、标准化施工。

按照质量保证体系,规范技术操作及技术管理工作,杜绝由于管理上的随意性造成的技术失误;施工过程中严格执行质量体系中的检验、施工过程控制、不合格控制等程序文件以及制定的施工工艺细则和相关的规范、规程,以严格的工作标准确保技术、质量标准的实现。

(3)严格现场技术管理,落实质量承包责任制

①开展群众性的质量自检、互检和班前、班中、班后三检制,广泛开展全面质量管理和 QC 小组活动。

②重要工程部位、重要工序除按设计控制外,都应以测量、试验和监测信息为依据,必要时设置试验段采集相关参数以指导施工。

③下达计划、调整工序、技术交底应有质量保证措施,制定重要工序、难点部位控制点的实施方案都要制定质量保证措施及操作注意事项。

④组织公司直属施工、科研、安质、机电、物资等部门赴现场进行现场办公,随时协调解决现场难以解决的问题,确保项目顺利实施。

⑤建立经理部和现场质量承包责任制,并分解到工班和个人,严明施工纪律,严格奖惩制度。

(4)对难点工程或工序,要组织技术人员和作业人员进行技术攻关,从难点分析入手,有针对性地研究、制定技术方案、操作工艺和实施措施,提高施工技术水平。组织有经验的专家常驻进行咨询。

3. 混凝土质量保证措施

(1)原材料保证措施

水泥使用业主供应水泥。选用级配合格、质地坚硬、颗粒洁净的天然砂,粒径采用 0.16 ~ 5.0mm 的中粗砂,其含泥量不大于 3%。云母、轻物质、硫化物及硫酸盐、有机物含量均应符合规范要求。粗集料碎石最大粒径不大于 40mm,针片状颗粒含量不超过 15%,含泥量不大于 1% 的洁净碎石。混凝土用水选用洁净的饮用水或化验合格的河水。外加剂、掺合料使用符合国家相关标准。

(2)配合比管理措施

配合比由试验室负责设计和管理,需根据不同的结构、不同部位、不同的强度等按设计规定

分别进行设计。

配合比选定后，将严格按照规范要求，制作试件试验，确保设计的配合比满足设计要求。

混凝土施工时，须配齐计量设备，严格按照设计配合比拌制混凝土。

(3)混凝土施工组织措施

①成立以项目副经理为组长的混凝土灌注施工管理组，主要负责实施混凝土施工的组织管理工作，确保混凝土连续供应和按施工工艺组织施工，从而保证混凝土施工质量。

②混凝土浇筑前，由项目总工程师组织人员进行技术交底，明确混凝土浇筑的工艺、特点和施工注意事项等；项目副经理负责组织拌和站、砂石加工场的布设和施工机具、运输工具以及劳动力的安排；项目质检和技术部门专职负责相应部位的灌注质量控制。

③项目经理部相关部门抽调技术人员组成现场值班小组，专职负责落实混凝土的拌制、运输和按施工工艺组织施工，并监督关键部位的混凝土施工质量。

④实行承包责任制。项目经理部和作业班组、拌和站、质量检查责任人均签订责任承包合同，制定奖优罚劣制度。

(4)混凝土质量控制措施

混凝土的质量形成过程分为：原材料检验及配合比设计→混凝土拌和及运输→混凝土灌注，三个阶段中原材料选定及配合比设计是混凝土本身质量及质量形成的重要阶段，通过采取科学的严格的试验手段和管理措施，使混凝土本身质量较容易得到控制；而混凝土的拌和运输，以及灌注阶段影响混凝土质量的因素较多，为确保本工程结构混凝土质量，采取如下措施保证混凝土灌注质量。

①混凝土拌和。

拌和站每次搅拌前，应检查拌和计量控制设备的技术状态，以保证按施工配合比计量拌和，试验室还应根据材料的变化状况和拌和料含水率及时调整施工配合比，确保混凝土的坍落度、和易性，并随时接受监理工程师的监督。

②混凝土灌注。

a. 分别制定混凝土灌注操作规程，制定设备、人员、小型机具及运输组织计划，由现场负责人组织实施。

b. 每次浇筑前，模板均应刷脱模剂，变形模板不得使用。混凝土拌制要严格控制用水量、水灰比及水泥用量，按试验配合比投料，外加剂、掺和料按试验用量和先后顺序投料，用量不得超过规范限值。

c. 混凝土拌和站运来的混凝土先经工地试验人员检查核实配料单是否符合配合比要求，坍落度是否满足要求。泌水、离析、拌和不均、坍落度损失超标准以及超过允许运输时间的混凝土作废弃处理。

d. 要分仓、分段、分层进行混凝土浇筑，混凝土的生产速度须保证后一层混凝土在前一层混凝土初凝前浇筑。分层厚度不超过捣固棒长的 1.5 倍，振捣时要插入下层不少于 5cm，振动半径应先后重叠，顺序推进，每次移动距离不大于作用半径的 1.5 倍，做到不漏振，不欠振、不超振，每棒达到混凝土面且下沉到位，上面泛浆排完气泡即可。采用附着式振动器时，各振动器必须频率相同，每次振动时间不超过 20s，捣固人员及时从各窗口跳移输料管，使之分层厚度匀速推进，尤其不得超振引起混凝土翻砂和粗集料下沉。

e. 大体积混凝土施工。

大体积混凝土由于体积大，水泥水化热形成的内外温差及收缩引起非均匀变形，当变形受到内外约束时，将在结构内产生拉应力，拉应力超过混凝土的极限抗拉强度就会出现有害裂缝。为

了避免裂缝出现,拟采取如下措施:

a)降低混凝土的入模温度。对砂石料采取避免暴晒,湿凉降温措施;拌和水先存池并避免暴晒,有条件时抽井水作拌和水。

b)分层浇筑,层厚不大于30cm,利用大层面散热。连续进行浇筑,并在前层混凝土初凝前将后层混凝土浇筑完毕。

c)覆盖保温养护。浇筑完的构件立即覆盖草袋或麻袋湿润养护,避免构件暴露,风吹日晒造成迅速干裂。覆盖式保温应避免浇筑体内外温差大于20℃,温度突变超过10℃。

d)大体积混凝土应进行温度应力计算,对混凝土表面和内部设孔测量温度,若温度超限时,加厚保温层和用热水养护,始终控制降温收缩应力不大于混凝土极限抗拉强度,控制有害裂缝出现。

4. 隐蔽工程质量保证措施

结合标准管理和程序文件,把责任落实到人,建立健全的隐蔽工程质量检查和验收制度。

(1)隐蔽工程在专职检查以自检与专职检查相结合。施工班组在班中、下班前应对当天隐蔽工程初始质量进行自检,对不符合质量要求的由质检工程师命令返工。

(2)各工序工作完成后,由分管工序的技术负责人、质量检查人员组织工班长,按技术规范进行检验,凡不符合质量标准的,坚决返工处理,直到再次验收合格。

(3)工序中间交接时,必须有明确的质量交接意见,每个班组的各工序都应当严格执行"三工序制度"即检查上道工序,做好本道工序,服务下道工序。

(4)每道工序完成并经自检合格后,邀请专业监理工程师验收,并做好隐蔽工程验收记录和隐蔽工程检查签证。

(5)所有隐蔽工程必须在获得监理工程师的签证后才允许进行下一道工序的施工,未经签证的工序不得进行下道工序的施工。

(6)未通过隐蔽工程验收的项目,返工自检、复验合格后,填写隐蔽工程验收记录,并向驻地监理工程师发出复验申请,并办理相应的签认手续。

(7)按要求整理各项隐蔽工程资料,并按文件、资料控制程序进行归档。在工序施工中,应有严格的施工记录,隐蔽工程施工记录应有检查项目、检查手段技术要求及检查验收部位等,签认栏应有技术负责人及质量自检检查人员签名。监理工程师检查时,要主动提供必需的仪器设备。

5. 工程质量完成情况

在我项目部的精细化管理施工,和各界领导的关怀指导下,路基、桥涵等各分项工程质量自检合格率为100%,工程质量自检评定得分95.8分,中间交验全部一次通过,各单位工程及合同段工程质量评定均达到优良级。

四、施工进度控制

根据本工程建设特点和合同有关约定,我标段与嵩阳高速公路有限公司签订了工程建设目标责任书,确定了工程进度总体目标。我标段按照施工计划精心施工,按照两条路线三个关键点的思路施工,按时按要求完成了该工程的施工任务。

严格按规范及设计要求施工,在抢进度的同时把质量、安全放在第一位,开工至今,我标段未发生一起质量、安全事故。

"时间就是效益,工期就是信誉",这是甲乙双方的共识,为使该项目能按合同工期完成,尽早发挥投资效益,我单位主要采取下列措施,确保提前工期目标实现,具体措施如下:

1. 施工力量迅速进点,合理有效利用资源

实施本合同的施工队伍已经选定,条件具备后即可迅速进点,进行施工准备。配置机械设备

将随同施工队伍抵达，确保主体工程按时（或提前）开工，同时合理利用其他标段的资源，在前期搅拌站未建立，桩基已成孔，通过联系附近标段的搅拌站，保证了桩基及旱地灌注完成。

2. 施工准备抓早抓紧

尽快做好施工准备工作，认真复核图纸，编制实施性施工组织设计，落实重大施工方案，并做好技术交底工作，预防一切质量事故。积极配合甲方及有关单位办理征地手续，主动疏通地方关系，取得地方政府及有关部门的支持，施工中遇到问题影响进度时，将统筹安排，见缝插针，及时调整，确保总体工期。

3. 施工组织不断优化

根据业主的要求的进度和工期，及时编制各项施工组织设计，落实施工方案，报监理工程师审批。实际施工期间，则根据情况变化，不断进行改进、优化，使工序衔接、劳动力组织、机具设备、工期安排等更趋合理和完善。

4. 建立高效指挥系统

建立高效的指挥系统，及时掌握和准确处理施工中的各种问题，对重大关键问题要超前研究，制定措施，及时调整工序和调动人、财、物、机，保证工程的连续均衡性。强化施工管理，实行短期网络计划管理。对劳动力实行动态管理，优化组合，使之专业化、规范化。

5. 强化施工劳动管理

强化施工管理，严明劳动纪律，对劳动力实行动态管理，优化组合，使施工作业专业化、正规化，关键岗位聘用施工经验丰富的工作，保证各项工序能够有序进行。

6. 加强施工便道的维修

豫西山区施工环境复杂，道路难行，需修筑大量的施工便道才能保证施工的连续性，为此，项目部投入大量的机械修建了施工道路，同时对施工便道进行了混凝土或水稳碎石硬化，保证雨后就能立即投入施工。

7. 加强机械检修保养工作

切实做好机械设备的检修工作，配齐维修人员，配足常用配件，确保机械正常运转，对主要工序储备一定的备用机械。

8. 推广应用“四新”成果，确保高效

根据工程需要，配备充足的技术人员和技术工人，并采取各项措施，全面提高劳动者的技术素质和工作效率。有重点的组织技术攻关，推广应用新技术、新工艺、新材料、新设备，以确保工程质量，加快施工进度。

9. 奖罚措施

对协作队伍实行重奖重罚政策，把业主的政策方针及时传达给基层员工和民工，做好思想动员。项目部和每个协作队伍均签订施工节点约定协议，注明奖罚金额，明确双方的责任和义务，使协作队伍在利益得到充分保证。

五、安全与文明施工情况

（一）安全保证措施

1. 安全生产与文明施工管理

针对本工程我们制订了详尽的安全生产规章制度与文明施工管理办法。设立了专门的施工安全组织机构，成立了以项目经理为组长、总工副经理为副组长的安全生产领导小组。各级设立专职安全员，领导小组负责组织安全生产计划的编制实施，了解施工中存在的安全隐患，督促检查安全保证体系的运转情况，及时制定切实可行的安全保证措施，保证安全保证体系的有效运行。我标设立项目部安全生产月咨询活动日，定时举办农民工施工生产安全质量培训。

2. 组织体系

为了保证本工程顺利实现安全目标，我单位在施工过程中将严格遵守建设单位的有关规定。针对本项目的具体情况并结合以往类似工程的经验，从思想教育、组织、工作、制度、经济等方面建立符合本项目工程的全面的施工安全和行车安全保证体系（图1）。

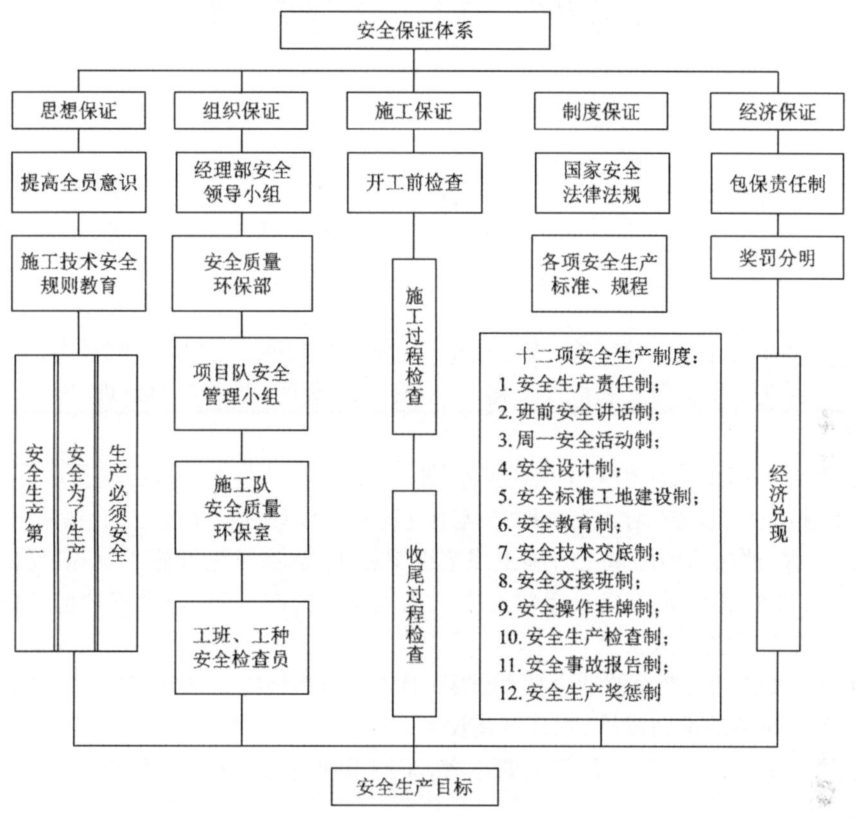

图1　安全保证体系框图

3. 规章制度

按照“管生产必须管安全”的原则成立以项目经理挂帅和项目副经理、总工程师、安检负责人等人员组成的经理部安全领导小组，领导和组织安全生产，并确保安全目标实现。安全质量环保部是经理部常设职能部门，具体负责各项安全管理工作，以专检和监督方式为主，实行安全生产“一票否决权”。经理部安全管理小组是所负责工程范围内安全管理的组织实施机构。经理部配备专职安全检查工程师。经理部安检员、工班安检员负责施工过程中的安全监督。安全管理组织机构见安全管理组织机构图。

在施工中，建立健全安全生产责任制，逐级落实安全生产责任日标。

4. 安全保证措施

为杜绝重大事故和人身伤亡事故的发生，把一般安全事故减少到最低限度，确保施工的顺利进行，项目部在施工过程制定如下措施：

（1）通过宣传标语，事故案例视频观看，让安全警钟长鸣，使职工牢固树立“安全第一”的思想，不断强化安全意识，建立安全保证体系，使安全管理制度化，教育经常化（图2）。

（2）各级领导在下达生产任务时，必须同时下达安全技术措施。检查工作时，必须同时检查安全技术措施执行情况。总结工作时，必须同时总结安全生产情况，提出安全生产要求，把安全生产贯穿到施工的全过程。

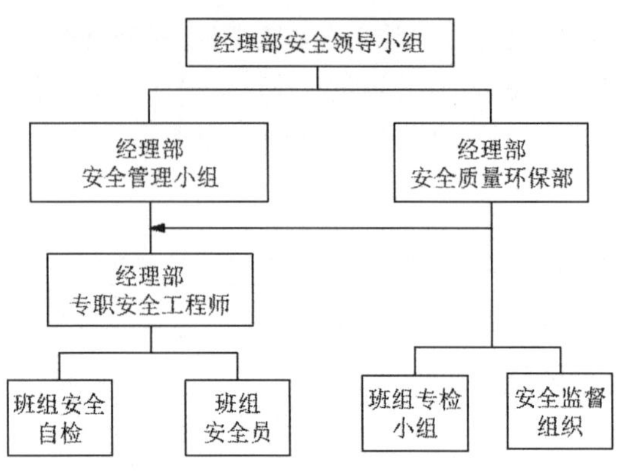

图2　安全管理组织机构图

(3)认真坚持执行定期安全教育、安全讲话、安全检查制度,设立安全监督岗,充分发挥安全人员的作用,对发现的事故隐患和危及工程、人身安全的事项,做到立即处理,做出记录,限期改正,落实到人。

(4)对路基土方施工执行有关安全作业细则,并在施工中设专人进行检查。施工中临时结构必须向员工进行技术交底,对大型临时结构须进行安全设计和技术鉴定,合格后方可使用。

(5)土方工程,严格按照路基土方施工规范组织施工,运输车辆及施工机械严加管理。经常检查制动和运转部分情况,防止意外事故发生。在运输繁忙的道口,设立安全监督岗,指挥行人和车辆,确保汽车运输及行人安全。

(6)工地修建的临房,架设的动力照明线路、库房,都必须符合防火、防水、防触电、防雷击、防爆的要求,配备足够的消防设施,安装避雷设备。

(7)在施工场地与公路交叉口,设立警示牌,车辆限速行驶,防止交通事故发生。

(二)文明施工

我公司是一支多次承担过高速公路建设的施工队伍,在以往的施工过程中总结出了一条经验:文明施工既是一个施工单位整体水平的体现,也是施工顺利展开的有力保障。保持文明的施工现场,有着重要的社会效益和经济效益,它直接反映了施工单位的精神面貌和管理面貌,我公司在施工过程中坚持贯彻文明施工的要求,以取得良好的社会信誉。项目部本着"产品就是人品、印象就是形象、现场就是市场、奖牌就是品牌"的理念,在搞好施工生产的同时,也注重了项目部形象建设,创建"七局"品牌,展现"铁军"风采。我合同段对项目部驻地、施工现场进行统一规划,项目部房屋建设整齐、井井有条,作业队驻地干净整洁、物品摆放整齐。并采取了如下措施不断提高和完善整体施工水平。

1.组建高素质的施工队伍,不断加强内部管理

(1)建立高素质的领导队伍,选拔思想品质好、政策水平高、技术精、管理能力强,既有一定公关能力、又能做到廉洁奉公,自觉做到两个文明一起抓的领导者和干部队伍。

(2)提高职工的思想觉悟,使全体职工认识到高速公路不但质量要求高、工期要求紧、施工难度大,同时还是国家和我省的重点工程,各方面比较关注,政治性强。我司对全体工作人员进行法制教育与宣传,做到全员知法、懂法、守法;加强精神文明教育,严格规范自己的言行,制定严格的制度进行约束。

(3)激发职工的劳动积极性,在不同工种、不同班组、不同工序、不同岗位之间加强信息沟通,进行必要的协调,使工地始终洋溢团结协作、平等竞争、和谐向上气氛。

(4)抓好施工现场宣传鼓动工作,促进施工现场文明建设,在桥梁、大型土建工程现场做到五有:即有固定标语、工程牌、施工竞赛栏、施工进度表;在驻地内采用工地板报、广播、生产快报等多种宣传形式,及时宣传施工现场涌现出来的先进典型、好人好事、劳动竞赛战果,造成浓厚的、强烈的你追我赶的氛围。

(5)组织多种形式的质量、技术、劳动竞赛,不断掀起施工高潮。

(6)抓好职工的文化生活,满足职工的精神需要。

2. 正确处理好与业主的关系

(1)对业主负责,严格按合同条款行事;根据合同规定,精心组织,严格施工,高质量地完成工程并修复工程的任何缺陷,所有参加施工的管理人员必须认真学习和掌握合同条款,信守合同,严格履约,保证工程优质,力争精品工程。

(2)紧密依靠业主,主动与业主加强联系,增进了解。及时请求业主解决临时用地及拆迁等前期准备工作,施工过程中发生特殊情况及时向业主汇报,多接触业主及相关管理人员,征求意见,处理好执行合同的有关事宜。

3. 正确处理好与监理的关系

(1)按合同条款和监理程序办事,我施工单位的一切活动,尤其是工程质量,工程进度、和计量支付,均应自觉接受和服从监理工程师的监督和指导,对监理工程师的要求要严肃对待、遵照执行,进度安排、各种表格、资料均应按监理要求认真填写,及时送达。

(2)尊重监理工程师;热情接待监理工程师的检查指导,主动汇报工程进度、工程质量情况。

4. 正确处理与当地政府和群众的关系

(1)施工准备阶段和初期,及时走访各级地方政府,熟悉地方政府及其部门的职责和业务范围,了解办事程序和习惯做法,掌握当地政府的政策规定,建立联系。

(2)加强请示汇报,谦虚谨慎,主动服从各级地方政府指导,施工中遇到的困难和问题,及时向地方政府通报,取得其对高速公路建设的支持。

(3)依靠政府处理民事纠纷,施工过程中发生的受阻、拦车、截道等破坏和妨碍施工建设的行为和民事纠纷,一方面要及时控制事态,另一方面报请当地政府,我司协同当地政府共同解决。

(4)尊重当地风俗习惯,提倡入乡随俗,修路不扰民,树立文明施工的良好企业形象。

(5)关心当地群众利益,利用施工间隙为群众兴办公益事业,如修桥铺路、平整场地等。

5. 尽量使施工现场环境有序、整洁

为把本标段建设成一条环境优美的公路,我公司在施工中尽量大限度维护原来的地貌地形,保持原来的生态环境,在施工中,从以下面几方面加强文明施工管理:

(1)现场布置

根据场地实际情况合理地进行布置,设施设备按现场布置图规定设置堆放,并随施工不同阶段进行场地布置和调整。最大限度地减少耕地占用。我公司推行现代管理方法,科学组织施工,做好现场各项管理工作。拌和场内各项临时设施均按施工总平面图布置,不侵占场内道路及安全防护设施。保持场内道路的畅通,排水系统处于良好的使用状态,保持场容场貌的整洁,随时清理施工垃圾。各类必要的生活设施符合卫生、通风、照明的要求。

(2)道路和场地

在施工现场设置明显的标志牌,标明工程名称、建设单位、施工单位、项目经理姓名和开、竣工日期;堆放于现场的各种材料设置状态标识,标明材料名称、来源、使用状态、标识人、标识日期等;拌和机旁挂标牌标明各种混凝土的施工配合比;现场施工人员均佩戴标明其身份的证卡,并且统一着装。

施工区内道路通畅、平坦、整洁，不乱堆乱放，无散落物；构造物周围应浇捣散水坡，四周保持清洁；场地平整不积水，无散落的杂物及散物；场地排水成系统，并保持畅通不堵。施工废料集中堆放，及时处理。

施工结束后，我们及时组织清场，拆除临时设施，剩余物质限定场，以便整治规划场地，恢复临时占用土地。

(3)班组场地清理

班组必须做好操作后场地清理，随作随清，物尽其用。在施工作业中，应有防止尘土飞扬、泥浆横流、混凝土撒漏、车辆沾带泥土运行等措施。有考核制度，定期检查评分考核，成绩上牌公布。

(4)材料堆放

砂石分类堆放成方，砌体料垒成垛，堆放整齐。

(5)周转设备存放

施工钢楔、机具、器材等集中堆放整齐。零用钢模及零配件、脚手扣件分类分规格，集中存放。

(6)构配件及特殊材料

构件及特殊材料分类、分型、分规格堆放整齐。

六、环境保护与节约用地措施

环境保护是我国的一项基本国策，搞好环境保护和水土保持与国家的可持续发展密切相关，我部来严格按照业主、招标文件及当地政府的有关要求搞好施工环保、水土保持。我标段制定了以下施工环保、水土保持和组织保证体系以及环境保护措施，确保了施工环境和水土保持。

1. 制定环境保护方案

(1)成立以项目副经理任组长的环境保护领导小组，配备一定量的环保设施和技术人员，认真学习环保知识，共同搞好环保工作，并将环保与文明施工结合起来。

(2)采用各种有效措施，对容易引起环境污染的各种渠道严格控制。

(3)环境保护组织机构及框图(图3)。

本工程将成立专门的环境保护组织机构，由主管生产的副经理担任组长，全面负责环保工作的检查、指导及环保措施的制定落实，使环保工作始终处于受控状态。

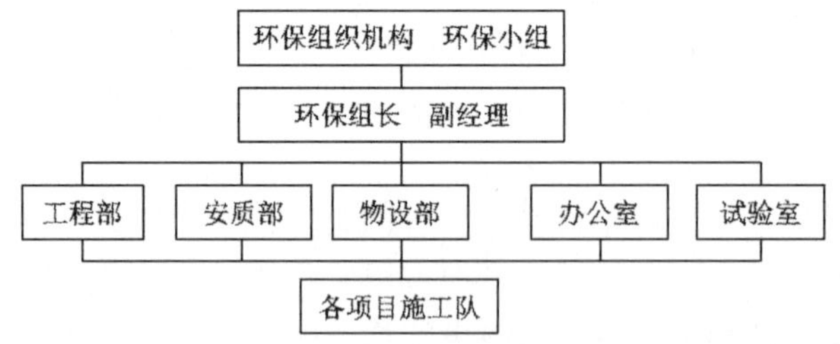

图3　环境保护组织机构及框图

2. 环境保护措施

(1)重视环境保护工作

编制实施性施工组织设计时，把环境保护工作作为施工组织设计的重要组成部分，建立文明施工环保、水土保持和文物保护管理体系，完善管理制度，并认真贯彻执行。

(2)加强环境保护教育

项目经理部成立施工环保、水土保持领导小组，指定项目副经理主抓施工环保、水土保持工作，结合现场实际情况制定施工环保、水土保持和管理细则，上报业主及监理工程师同意后实施。并组织职工学习环境保护知识，强化环保意识，使大家认识到环境保护工作的重要性和必要性。

(3)贯彻环境保护法规

认真贯彻各级政府的有关水土保护、环境保护方针、政策和法令，结合设计文件和工程特点，及时提报有关环境保护设计，切实按批准的文件组织实施。

制定施工环保、水土保持、施工现场管理、施工秩序管理、施工安全管理细则，并认真落实。

(4)强化环保管理

实行施工环保、水土保持管理责任制，将施工环保、水土保持与各作业班组和管理人员奖金分配挂钩，定期进行环保检查，及时处理违章事宜，主动联系环保机构，请示汇报工作，做到文明施工。

(5)美化施工场地

场地废料、土方处理，应按设计要求及监理工程师指定的地点处理，防止水土流失。保持排水通道畅通，工地干净卫生。施工中还应尽量减少对周围绿化环境的影响和破坏。

(6)消除施工污染

施工废水、生活污水不得污染水源、耕地、农田、灌溉渠道和水库，采用渗井或其他措施进行处理。工地垃圾及时运往指定地点深埋，清洗集料、机具或含有沉淀油污的操作用水采用过滤的方法或沉淀处理，使生态环境受损减到最低程度。

3. 大气环境及粉尘的防治措施

(1)施工场地和运输道路经常洒水，尽可能减少灰尘对生产人员和其他人员造成危害及对农作物的污染。

(2)在运输水泥等易飞扬的物料时用篷布覆盖严密，并装量适中，不得超限运输。

(3)在设备选型时选择低污染设备，并安装空气净化系统，确保达标排放。

(4)施工期间爱护环境，保护绿化，保护好已成建筑物、路面，不损坏、不污染，完工时彻底清场，恢复原有道路、设施，并将工地及周围环境清理整洁，做到工完、料清、场地洁净，达到一次顺利交付。

(5)对汽油等易挥发品的存放要采取严密可靠的措施。

4. 固体废弃物的处理

(1)施工营地和施工现场的生活垃圾，应集中堆放。

(2)施工和生活中的废弃物也可经当地环保部门同意后，运至指定地点，此外，工地设置能冲洗的厕所，派专门的人员清理打扫。

(3)报废材料或施工中返工的挖除材料立即运出现场并进行掩埋等处理。对于施工中废弃的零碎配件，边角料、水泥袋、包装箱等及时收集清理并搞好现场卫生，以保护自然环境与景观不受破坏。

5. 降低噪声措施

(1)对使用的工程机械和运输车辆安装消声器并加强维修保养，降低噪声。

(2)机械车辆途经居住场所时应减速慢行，不鸣喇叭。

(3)在比较固定的机械设备附近，修建临时隔音屏障，减少噪声传播。

(4)合理安排施工作业时间，尽量降低夜间车辆出入频率，夜间施工不得安排噪声很大的机械。

(5)适当控制机械布置密度，条件允许时拉开一定距离，避免机械过于集中形成噪声叠加。

6. 节约用地措施

(1)组织项目部管理人员和技术人员认真学习国家和地方政府有关土地使用的法律、法规，做到用地合法、合法用地，最大限度提高土地使用效率。

(2)做好施工组织设计，对项目部驻地、拌和站、料场、预制场、便道等各项用地面积要仔细计算并制定最佳的施工方案，尽量减少占地。

(3)充分利用九龙山互通内的永久占地，从而减少临时征地。

(4)对弃土场进行认真调查，选取一些废气的坑窑、荒地、自然沟作为弃土场，减少耕地占用。

(5)当地改路、改渠做了详细统计，进行全面的勘测，尽量利用原有道路进行改造。

七、施工中新技术、新材料、新工艺的应用情况

1. 薄壁空心墩

在薄壁空心墩墩身施工中采用无支架翻模法，利用已浇筑混凝土段顶节模板作为嵌固段，以其作为支撑依托，承托新装模板、工作平台等荷载，从而增加了模板安装的稳定性、安全性和准确性，同时也确保新旧混凝土接缝平顺，模板的提升、拆除及钢筋和混凝土的提升均采用塔吊进行，提高了机械的使用效率。无支架翻模法操作简单、连续，施工速度较快，并且投入费用较小，在高墩施工中应提倡。

2. 梁板预制

在梁板预制过程中，采用了先进的机械设备和施工生产工艺：

(1)钢筋加工采用了数控钢筋弯箍机，数控弯箍机生产程序可由工作人员根据实际进行调整，可对直径≤12mm 的钢筋弯箍成型，具有精度高，生产效率高，可控性强等特点；利用它大大提高了钢筋加工效率，降低了成本，保证了预制完成的箱梁钢筋保护层合格率稳定在 90% 以上，得到了业主和监理的一致好评。

(2)在梁板养生方面冬季我们采用了蒸养棚养生，夏季采用了喷淋管设备对处于养生期间的梁板喷淋水雾，不间断的对梁体养生，避免了因夏季温度过高而产生的干缩裂缝，保证梁板强度。

项目部以科学管理为理念，以新工艺为指导，认真把握箱梁预制过程的每一个环节，保证施工工艺的流程和工程质量。

八、工程款支付情况

本项目工程款全部支付到位，一切劳务、机械、材料等债务纠纷与建设方无关。

九、施工体会

几年耕耘，几多收获，嵩栾高速公路在省政府、省交通运输厅、嵩阳高速的正确领导和指导下，在沿线各级政府的大力支持下，通过全体工程建设者的共同努力，嵩栾高速公路土建工程全部完工。嵩栾高速公路的建设取得成功，为我省高速公路的示范工程建设在科学管理和工程质量等方面起到了抛砖引玉和示范带头的作用，开创了河南省高速公路建设的新局面。

我标段把工程质量放在一切工作的首位，工程质量是决定企业生死存亡的大事，要在工程质量管理上狠下功夫，从而提高工程进度。只有按照规范和设计要求施工，认真执行监理程序，从管理上要效益，从创新上求发展，才能取得工程进度和质量的双丰收，从而也才能获得企业最大的收益和进步。

回顾总结几年的工作，我们清醒地认识到提高工程管理无止境，提高工程质量无止境，我们仍有许多不足和差距。我们需要提高企业的创新意识，在工程施工建设上要高标准，严要求；向国内外的优势企业学习,在工程施工上要敢于投入,大胆地采用新材料、新工艺和新设备,争创一流工程,才能做到事半功倍。为此,我们一定按照上级的要求,“修好一条路,培养一支队伍,树立一种精神”,认真总结,不断提高,为高速公路的建设做出应有的贡献。

中铁七局集团郑州工程有限公司

洛栾高速公路嵩县至栾川段土建工程 No.5 合同段项目经理部

二〇一六年八月

6. 洛栾高速公路嵩县至栾川段土建工程 No. 6 合同段施工总结报告

目　　录

一、工程概况
二、机构组成
三、质量管理情况
四、施工进度控制
五、施工安全与文明施工情况
六、环境保护与节约用地措施
七、施工中新技术、新材料、新工艺的应用情况
八、工程款支付情况
九、施工体会

洛栾高速公路嵩县至栾川段土建工程 No.6 合同段施工总结报告

一、工程概况

洛阳至栾川高速公路嵩县至栾川段土建六合同段位于洛阳市栾川县潭头镇境内，起讫里程桩号 K97 +850 ~ K103 +500，全长 5.65km。

线内包括河西 1 号大桥、河西 2 号大桥、河西 3 号大桥、石门伊河大桥、五成沟 1 号大桥、五成沟 2 号大桥、狮子坪 1 号隧道以及少量路基。

主要工程量如下。

(1)桥梁工程：河西 1 号大桥(10 ×40m 后张 T 梁)、河西 2 号大桥(5 ×40m 后张 T 梁)、河西 3 号大桥(11 ×25m 后张箱梁)、石门伊河大桥(11 ×50m 后张 T 梁)、五成沟 1 号大桥(7 ×50m 后张 T 梁)、五成沟 2 号大桥(23 ×25m 后张箱梁)。25m 箱梁 264 片，40m T 梁 168 片，50m T 梁 216 片。

(2)隧道工程：狮子坪 1 号隧道左洞长度为 2161m，右洞长度为 2176m，双洞总长 4337m。

(3)路基工程：路基挖方 76.6 万 m^3，路基填方 70.2 万 m^3。

工程于 2010 年 12 月开工，2012 年 11 月完成全部土建工程。

二、机构组成

项目经理：尉永军

项目总工：周长青

项目副经理：谢聪、马玉明

管理机构设置：见图 1。

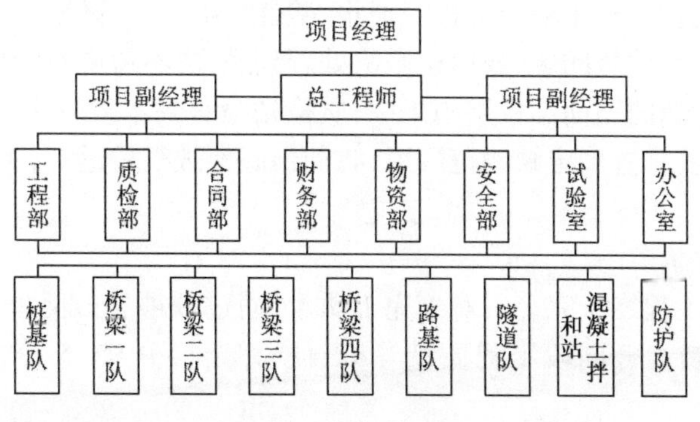

图 1　机构组成图

三、质量管理情况

1. 质量控制措施

我单位在工程施工中对工程项目实行质量目标管理，使工程质量达到一次验交合格率 100%，优良率 90% 以上，具体实施中有以下控制措施：

(1)按照 ISO9002 质量体系要求,建立完善的质量管理体系和质量保证体系,制定创优规划,使每道工序都在严格的质量监控之下进行、实行全面质量管理。

(2)根据工程项目特点组织精明强干的施工队伍,明确分工,加强协作,注重上道工序与下道工序间的密切配合。

(3)各单项工程、各工种均实行项目负责制和岗位责任制,质量指标直接与施工人员经济挂钩,奖优罚劣、重奖重罚,分项分部工程质量指标均列入奖罚内容。

(4)采取多种形式对项目全员进行质量教育,树立"百年大计,质量第一"的思想,强化项目全员的质量意识,施工前有针对性地进行各工种的技术培训,提高施工人员的操作技能,为创优质工程创造条件。

(5)运用科学的管理方法和现代化的检测工具,强化工程质量管理,认真执行设计图纸审核制度,并做好施工技术交底,使每一个施工人员都能做到心中有数,熟悉本工程的技术要求,做到严格按照设计要求施工,严格按照施工规范作业。

(6)加强试验检测工作,严格检验各种工程材料,严格按照施工配料,确保各部位强度达到设计要求。

(7)做好质量检查工作,项目部和各队设专职质量检查工程师,监督检查工程质量,对每一道工序均进行全面严格的质量检查,实行内部质量上级管理制度,隐蔽工程在业主及监理人员检查签证后方可进行下道工序的施工,确保工程质量。

(8)根据工程特性,提供先进的施工机械和试验仪器,为工程创优夯实基础。

(9)搞好样板工程的试点和经验总结,用样板领路,全面推广,达到创全优工程的目标。

2. 施工中工程质量自检情况及工程质量问题的处理情况

我单位在施工中对工程质量严格按照自检制度进行操作,先由施工队操作工人自检和工班自检,队级质检员检验,经检合格后,上报项目部质检工程师,项目部质检工程师再进行检验,工程质量得到确认后报验监理工程师。上下工序之间还要进行交接检验,上道工序不合格下道工序不接收,上道工序的质量事故隐患决不留给下道工序。

同时,项目经理部每月组织一次质量大检查,并进行质量评定,作为当月验工计价的依据。质量大检查以检查工程质量为主,同时检查质量管理工作,查看各项规章制度落实情况。对检查中发现的质量问题,检查组根据实际情况及时提出改进措施,限期改正,并进行复查。质量大检查后,检查组汇总检查情况,在工程会上进行通报,奖优罚劣,以示激励。

对施工中发现的工程质量问题,我单位坚决处理到底,决不留质量隐患,在哪发现问题,就从哪进行处理。在工程后期的路面结构层施工中,质检站检查到水泥稳定碎石底基层存在局部厚度不够和松散处,经认真排查确定缺陷范围后,我们彻底地进行了返工,不留一点后患,从而保证了工程质量。

3. 对完工质量的评价

经过两年的努力,工程终于完工。对于完工质量,通过分项、分部、单位工程质量评定汇总,总体工程质量达到优良。合同段工程质量等级自检评定得分 95.5 分,合同段工程质量等级合格。

四、施工进度控制

开工前,项目经理部成立工期领导小组,在施工现场建立工程施工调度室,主要负责工程进度的管理。建立健全目标责任制度、进度检查制度、工期奖惩制度等规章制度,同时与各施工队签订目标责任状。在施工过程中,领导小组根据资源配备的情况,结合公路工程的常规做法和材料机具供应实际,广泛征求技术人员和广大施工人员的意见,合理、可行地安排总体进度计划。

另外，根据已完工程的进度快慢、施工人员的增减、业主要求的计划变更等诸多因素，不断调整进度计划，动态监控关键线路的变化，以适时调整人员分配和施工顺序，使施工生产持续有效地按计划正常进行。施工中尽可能采用先进、高效的施工机械和新工艺，提高劳动效率，加快施工进度，保证阶段性工期目标的实现。尽可能采用一些实用的新技术，提高生产效率。周密计划和不断调整工序搭配，避免或尽可能缩短工序之间的间隙时间。

五、施工安全与文明施工情况

施工安全方面，项目部成立安全领导小组，设安全检查长，由项目经理担任组长，安全检查长为副组长，组员由项目部各职能部门负责人组成。各施工队相应成立队安全检查小组，并在各工班设专职安全检查员，坚持经常性的施工安全检查及监督指导。

施工中，坚持正确处理安全与施工生产统一、与施工速度互保、与质量互补、与效益兼顾、与危险并存的关系。坚持预防为主、综合考虑的原则，坚持安全与生产同步进行的原则，坚持全员、全过程、全方位和全天候的“四全”动态管理原则，坚持安全管理具有明确目的性的原则。在各级明确安全管理范围，组织职工学习有关劳动保护的政策、条例、规程和制度，规范操作。采取得当安全管理措施，落实安全责任，实施责任管理，建立各级人员的安全责任制度，明确相应的安全责任，定期检查落实情况。

我标段与多条地方道路交叉，沿线过往车辆较多，经过我们严密组织、多方协调，在保证正常施工的情况下，也保证了车辆的安全和原有公路的正常运营。

文明施工方面，我单位采取了以下几点措施：

(1)建立健全各项规章制度，工地现场悬挂文明施工标牌条幅、张贴宣传标语，采用多种形式向项目全员进行文明施工教育，提高全员文明施工意识。

(2)现场布置统一建临时房屋，统一室内配备、布置，统一现场标识。

(3)施工场地、便道、各种材料、机具等布置、堆放、停置有序，并进行标识，做好文明施工。

(4)教育全体员工遵纪守法、行为规范、文明施工，争创文明工地。

(5)遵守当地居民的生活习惯和民族风俗，搞好施工队伍与当地政府、人民群众的关系。

六、环境保护与节约用地措施

保护环境是为当地人民，为子孙后代造福的大事。施工中，我们加强环保意识，工程完工后不为当地留下任何后患。施工中我们采取了以下措施：

(1)在全体职工中认真开展组织学习和贯彻《中华人民共和国环境保护法》，结合许昌市近郊的环境特点，制订规章制度，认真落实环保法规，增强职工环保意识。

(2)为减少环境污染，施工用的粉状材料采用袋装或其他密封方法运输，不得散装散卸，现场存放时，严密覆盖，防止尘埃飞扬。施工产生的垃圾和废弃物质，清理出场。施工运输道路，经常洒水除尘。

(3)加强对施工区和生活区的环境卫生管理，清洗施工机械、设备及工具的废水、废油等有害物质以及生活垃圾集中储积处理，禁止乱堆、乱埋、乱流，影响环境卫生。

(4)工程全部完工后，拆除不再使用的临时设施，做到工完料尽、场地清洁。

节约用地方面，我们采取了以下两点措施：

(1)在保证路基填筑取土用地后，我们尽量做到不占用或少占用农耕地。我们的预制梁场设置在收费站生活区，临时设施、队伍生活办公设置在孙刘赵立交区内，施工便道设置在永久征地内，这些都极大地减少了占用耕地。

(2)在改路、改河、改沟“三改”工程中，我们根据现场实际情况，积极提出合理建议，在满足通行、通洪条件下，尽量减少征地。后来实际的征地比设计减少了许多。

七、施工中新技术、新材料、新工艺的应用情况

在空心薄壁高墩施工中，我们根据现场实际情况，现场进行木翻模施工，这极大地提高了生产效率，使空心薄壁高墩施工提前一个月完成计划。

混凝土拌和站建设，根据业主要求建造密闭储料仓，实施工厂化生产，高强度等级混凝土的集料全部进行筛分和水洗，中粗砂进行过筛后才允许使用；在混凝土配合比选用上，我们合理选择高效减水剂，使配出的混凝土既节约了水泥，又提高了混凝土的强度。

在 K100 +990 五成沟 2 号大桥施工中，预制箱梁单片重 65t，共 176 片，我们根据预制箱梁无法直接运送至架桥机的情况，大胆采用大吨位吊车（300t 两台），将预制箱梁吊至桥面上然后通过运梁车运送至架桥机的方法，克服重重困难，灵活快速地完成了架设任务。

八、工程款支付情况

工程款全部支付到位，一切劳务、机械、材料等债务纠纷与建设单位无关。

九、施工体会

经过近三年的努力，工程如期完成，我们觉得，一个工程要想干好，首先要有建设单位的正确领导，还要有设计单位、监理单位和地方政府的积极配合。作为施工单位，只有在质量上高标准，严格要求，进度上，合理组织，确保合同工期，才能取得预期的收益。

中铁十五局集团第一工程有限公司

洛栾高速公路嵩县至栾川段土建工程 No. 6 合同段项目经理部

二〇一六年八月

7. 洛栾高速公路嵩县至栾川段土建工程 No. 7 合同段施工总结报告

目　　录

一、工程概况
二、机构组成
三、质量管理情况
四、施工进度控制
五、施工安全与文明施工情况
六、环境保护与节约用地措施
（一）环境保护
（二）节约用地的措施
七、施工中新技术、新材料、新工艺的应用情况
八、工程款支付情况
九、施工体会

洛栾高速公路嵩县至栾川段土建工程 No.7 合同段施工总结报告

一、工程概况

项目区位于豫西山区，地形条件比较复杂，拟建线路内山岭纵横，层峦叠嶂，河沟交织，主要河流有伊河及其支流河谷等水系，伊河支流众多。路基段存在软基，具体地段为 AK0 + 225 ~ AK0 + 378 路基填方段，土体类别为淤泥。K104 + 350 ~ K104 + 520（L4k104 + 340 ~ L4k104 + 530）路基挖方段，此段土体类别为高液限膨胀土；桥梁桩基地质岩层较硬，斜岩较多，勘察地质与设计不符，施工困难。隧道分Ⅲ、Ⅳ、Ⅴ三种围岩，洞口全部为Ⅴ岩，其中龙勃 3 号及 4 号隧道洞身也有Ⅴ岩，施工难度大。涵洞主要为盖板型构造，构筑物主要分布在冲沟凹地上，山露地层上部多为第四冲洪积地层，其上多为可塑 ~ 硬塑状粉质黏土，承载力底，不能作为持力层，且下部多为基岩及基岩风化层，层位变化大，力学性质差异大。

主要工程量（含重渡沟互通立交）为：路基挖方 125.3 万 m^3，路基填方 111.3 万 m^3，防护工程 7.5 浆砌片石 17233.8m^3，排水工程左、右两侧各 10497m，涵洞（通道）12 道，钢波纹管涵 1 道；大桥 5 座（跨径为 30m 箱梁 2 座，40m 组合 T 梁 3 座），中桥 3 座（跨径为 20m 箱梁）重渡沟互通式立交主线跨匝道 A 桥 1 座，互通立交 1 座，隧道 7 座。

工程于 2010 年 12 月开工，于 2012 年 11 月完成全部土建工程。

二、机构组成

1. 主要人员投入情况（表 1）

主要人员投入情况表 表 1

序号	姓　名	职　务	职　称	年　龄	备注
1	袁鹰	项目经理	高级工程师	37	
2	吴德强	项目常务副经理	工程师	32	
3	张崇现	项目副经理	工程师	56	
4	胡智峰	项目副经理	工程师	35	
5	杨永富	项目总工	高级工程师	40	
6	张志敏	合同计划工程师	工程师	30	
7	郝喜林	合同计划工程师	工程师	51	
8	朱心梅	财务负责人	会计师	40	
9	高梗鑫	质检工程师	高级工程师	37	
10	韦克峰	质检工程师	高级工程师	35	
11	石良	路基工程师	工程师	31	
12	刘洪	路基工程师	工程师	34	

续上表

序号	姓　名	职　务	职　称	年　龄	备注
13	马宗全	结构工程师	高级工程师	39	
14	陈光辉	结构工程师	高级工程师	36	
15	尤华军	结构工程师	高级工程师	34	
16	王建立	结构工程师	高级工程师	36	
17	唐吉成	地质工程师	工程师	53	
18	石明成	测量工程师	工程师	53	
19	李晓余	试验负责人	高级工程师	40	
20	袁伟杰	机械工程师	工程师	35	
21	吴学军	专职安全员	助理工程师	49	
22	王宝兴	专职环保监督员	工程师	55	

2. 主要设备投入情况(表2)

主要设备投入情况表　　表2

设备名称	型号、产地	功率、吨位、容积	单位	承诺数量	进场时间安排
1. 路基工程施工机械设备					
推土机	TY220 山东	161kW	台	6	2010.10.26
装载机	ZL-50 柳州	$3.1m^3$	台	2	2010.10.26
装载机	ZL-50 徐州	$3.1m^3$	台	3	2010.10.26
挖掘机	PC220 日本小松	$1.0m^3$	台	6	2010.10.26
挖掘机	SY265 三一	$1.0m^3$	台	2	2010.10.26
钢轮振动压路机	3Y18/21 徐州	74kW、18～21t	台	4	2010.10.26
钢轮振动压路机	XSM220 洛阳	96kW、40t	台	6	2010.10.26
平地机	PY180 天津	132kW	台	5	2010.10.26
洒水车	EQ6100 东风	99kW、6000L	辆	5	2010.10.26
自卸汽车	解放自卸车	15t	辆	15	2010.10.26
自卸汽车	陕汽豪沃	18t	辆	30	2010.10.26
强夯机	W1001-1		台	1	2010.10.26
强夯机	IPD-80 履带吊		台	1	2010.10.26
2. 桥涵工程施工机械设备					
汽车吊	QY25 徐州	25t	台	5	2010.10.26
汽车吊	QY30 徐州/中联	30t	台	3	2010.10.26
汽车吊	QY16 徐州	16t	台	2	2010.10.26
混凝土输送泵	HBT60C 长沙	$60m^3/h$	台	3	2010.10.26
龙门吊	180t 真牛 新乡	180t	台	1	2010.10.26
龙门吊	180t 真牛 新乡	100t	台	2	2010.10.26
龙门吊	180t 真牛 新乡	5t	台	3	2010.10.26

续上表

设备名称	型号、产地	功率、吨位、容积	单位	承诺数量	进场时间安排
架桥机	TLQJ200T 洛阳	200t	台	2	2010.10.26
架桥机	TLQJ250T 洛阳	250t	台	1	2010.10.26
250kW 发电机	SB-W-200 江西	200kW	台	7	2010.10.26
冲击钻			台	18	2010.10.26
旋挖钻			台	3	2010.10.26
空压机	LGY20-20/8 江西	176kW	台	6	2010.10.26
预应力张拉设备	YCW300 柳州	300t	套	2	2010.10.26
预应力张拉设备	YCW250 柳州	250t	套	4	2010.10.26
预应力张拉设备	YCW150 柳州	150t	套	16	2010.10.26
拌浆机	200 型南昌		台	3	2010.10.26
压浆机	VSLYJJ 武汉	$1.2m^3/h$	台	3	2010.10.26
油压泵	ZL1 * 50		台	10	2010.10.26
钢筋调直机	GT4-14	5t	台	12	2010.10.26
箱式变压器	ST-625	625kVA	台	11	2010.10.26
钢筋弯曲机	GB40B 渭南	3kW	台	15	2010.10.26
钢筋切割机	GQW40 山东	40kW	台	10	2010.10.26
木工多用机床	WB106 威海	7.5kW	台	3	2010.10.26
钢筋滚丝机	HGS-40B	40kW	台	7	2010.10.26
电焊机	BX1-500 江西	30～50W	台	55	2010.10.26
脚手架	WJ 碗扣架		t	100	2010.10.26
钢模板	立柱/盖梁/系梁/空心墩/梁板		t	100	2010.10.26
3. 拌和站机械设备					
混凝土强制式拌和站	JS2250/1500 洛阳	$60m^3/h$	台	2	2010.10.26
混凝土搅拌运输车	德龙/奔驰/东风	$12m^3$、240kW	辆	13	2010.10.26
1t 蒸汽养生锅炉	DZL4-1 焦作		台	1	2010.10.26
变压器	ST-500 泰兴	500kV·A	台	2	2010.10.26
发电机	SB-W-250 江西	250kV·A	台	2	2010.10.26
石料筛分机			台	1	2010.10.26
石料清洗机			台	1	2010.10.26
装载机	ZL50 徐工	154kW	台	1	2010.10.26
4. 检测设备					
全站仪	莱卡 TS02		台	1	2010.10.26
水准仪	苏州一光 DSZ2		台	6	2010.10.26
全站仪	托普康 GTS-332N		台	1	2010.10.26
试验室仪器	土工/钢筋/水泥		套	1	2010.10.26

3. 组织机构(图 1)

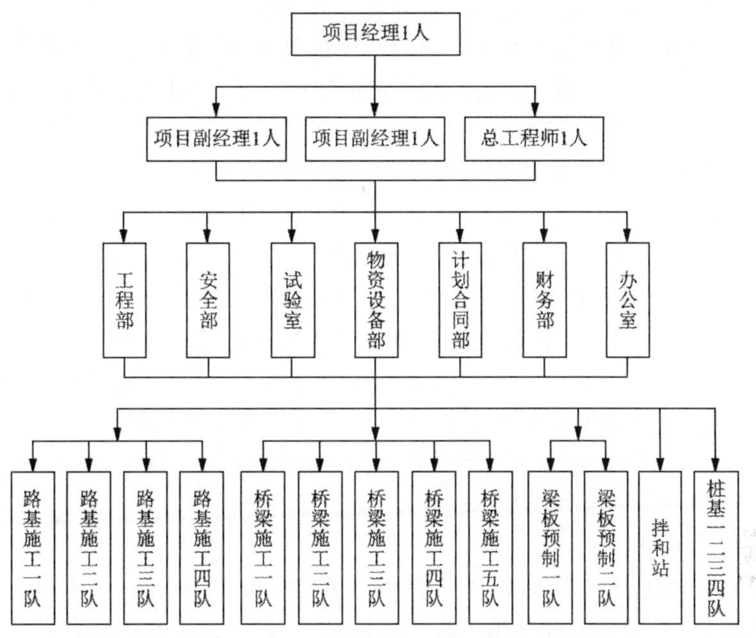

图 1　洛栾高速公路 LSTJ. 7 标段项目经理部组织机构图

三、质量管理情况

1. 质量控制措施

我单位在工程施工中对工程项目实行质量目标管理,使工程质量达到一次验交合格率 100% ,优良率 96% 以上,具体实施中有以下控制措施:

(1)按照 ISO9002 质量体系要求,建立完善的质量管理体系和质量保证体系,制定创优规划,使每道工序都在严格的质量监控之下进行、实行全面质量管理。

(2)根据工程项目特点组织精明强干的施工队伍,明确分工,加强协作,注重上道工序与下道工序间的密切配合。

(3)各单项工程、各工种均实行项目负责制和岗位责任制,质量指标直接与施工人员经济挂钩,奖优罚劣、重奖重罚,分项分部工程质量指标均列入奖罚内容。

(4)采取多种形式对项目全员进行质量教育,树立“百年大计,质量第一”的思想,强化项目全员的质量意识,施工前有针对性地进行各工种的技术培训,提高施工人员的操作技能,为创优质工程创造条件。

(5)运用科学的管理方法和现代化的检测工具,强化工程质量管理,认真执行设计图纸审核制度,并做好施工技术交底,使每一个施工人员都能做到心中有数,熟悉本工程的技术要求,做到严格按照设计要求施工,严格按照施工规范作业。

(6)加强试验检测工作,严格检验各种工程材料,严格按照施工配料,确保各部位强度达到设计要求。

(7)做好质量检查工作,项目部和各队设专职质量检查工程师,监督检查工程质量,对每一道工序均进行全面严格的质量检查,实行内部质量上级管理制度,隐蔽工程在业主及监理人员检查签证后方可进行下道工序的施工,确保工程质量。

(8)根据工程特性,提供先进的施工机械和试验仪器,为工程创优夯实基础。

(9)搞好样板工程的试点和经验总结,用样板领路,全面推广,达到创全优工程的目标。

2. 施工中工程质量自检情况及工程质量问题的处理情况

我单位在施工中对工程质量严格按照自检制度进行操作,先由施工队操作工人自检和工班自检,队级质检员检验,经检合格后,上报项目部质检工程师,项目部质检工程师再进行检验,工程质量得到确认后报验监理工程师。上下工序之间还要进行交接检验,上道工序不合格下道工序不接收,上道工序的质量事故隐患决不留给下道工序。

同时,项目经理部每月组织一次质量大检查,并进行质量评定,作为当月验工计价的依据。质量大检查以检查工程质量为主,同时检查质量管理工作,查看各项规章制度落实情况。对检查中发现的质量问题,检查组根据实际情况及时提出改进措施,限期改正,并进行复查。质量大检查后,检查组汇总检查情况,在工程会上进行通报,奖优罚劣,以示激励。

对施工中发现的工程质量问题,我单位坚决处理到底,决不留质量隐患,在哪发现问题,就从哪进行处理。在工程后期的路面结构层施工中,质检站检查到水泥稳定碎石底基层存在局部厚度不够和松散处,经认真排查确定缺陷范围后,我们彻底地进行了返工,不留一点后患,从而保证了工程质量。

3. 对完工质量的评价

嵩栾高速公路自施工开始到现在,整个过程质量完全处于受控状态,未出现任何重大质量事故。工程总体质量优良,满足设计及施工规范的标准,达到了招标文件和合同条款的要求。

交工验收检验评定的主要依据是《公路工程竣(交)工验收办法》、《公路工程质量检验评定标准》(JTG F80—2004)、设计文件、现行国家及(部)颁有关技术规范、施工过程的试验检验评定资料等。参加评定的按合同段路基、桥涵、互通立交加权平均计算我标段工程质量评分96.5分。

四、施工进度控制

按照总体的进度计划安排,积极落实各项措施,确保工程进度按计划要求进行。

结合本工程的特点和业主的要求,我单位采取以下措施,确保工期实现:

(1)我单位抽调优秀的管理、技术骨干组建项目经理部,全面负责本工程的施工管理,组织充足和先进的机械设备及专业队伍,进行平行交叉流水作业,在人力、物资、设备、资金等方面给予充分的保证,确保整体工程优质、按时完成。

(2)按项目法组织施工,施工现场成立高效运行的项目经理部,项目经理部主要施工技术人员和管理人员都是多年从事公路工程、桥梁、隧道工程施工的技术及管理人员。施工中合理配置劳动力,按施工组织设计安排劳力数量。项目部根据我单位ISO9002质量保证体系的标准,建立以总工程师为核心、施工技术科、质量检验科为指导、现场试验室、工程队技术员为主体的三级技术管理体系,负责承担起与业主、监理、设计等联系和工程施工技术问题、重大技术方案,由单位总工程师及时进行监督、指导,做到:一、及时编制科学、详细的施工组织设计和作业指导书,做好技术交底工作,把好施工过程中的各个环节和关口;二、不出现技术方案的失误,并杜绝由于技术方案不当造成的停工、返工等;三、对技术方案应根据施工特点和实际情况不断优化和创新,确保施工技术的先进性、实用性和高效性。

(3)工程开工前,编制谨慎严密的实施性施工网络计划,找出关键工序、关键工期,合理安排施工顺序,制定关键线路。施工中严格按既定的施工网络计划组织安排,确保关键线路,实行均衡生产。编制计划时要充分考虑施工现场各种干扰因素可能对工期造成的延误及相应的预防及补救措施,进度作业指标要留有余地,以便当有延误发生时,能立即采取补救措施,做到"有备无患"。

(4)项目部严格按照ISO9002质量标准,建立健全以项目经理为第一责任人的质量保证体系,结合工程实际,编制适合于本工程的质量计划,严格按计划中的过程、程序和项目实施,实行质量终身制，层层落实到个人，真正做到全员、全方位、全过程的有效控制。同时我们自始至终贯彻我单位"用户至上、质量第一"的质量方针，把工程质量合格率达100%、优良率达96%以上作为我们的质量目标，争创优质中，消灭一切质量事故，坚决杜绝由于质量问题引起的误工、返工现象，确保工程顺利进行。

(5)项目部将根据工程实际情况、施工图和招标文件要求，围绕批准的总进度计划分解编排阶段性"年、季、月、周、天"的施工作业计划，坚持生产周计划及周生产调度会制度，根据实施过程中的完成情况，及时检查、调整进度计划，施工全过程实行动态管理，对实际过程中出现的进度滞后及时查找原因，切实做到"以日保周、以周保月、以月保季、以季保年、以年保总工期"的进度保证要求。

(6)根据施工组织设计及总进度计划的要求，及时配置好各阶段的人力、机械设备和材料物资供应，并按各工序正常情况下需要的时间，提前做好机具、材料的准备工作，对主要的机械设备、材料物资有必要和足够的备用，设备机具保持其完好率。对不适合的设备及时更换，不影响施工，确保施工强度的要求。材料供应根据总体计划提早安排检验及进场，避免停工待料现象的发生。

(7)据总体目标和施工进度、难点、环境和特点，充分利用以前的施工经验，提前分析、预测可能会发生的工序间配合衔接不到位的情况，及早采取有效措施，抓住重点，优化资源组合，合理调配劳力、机械设备等生产要素，保证关键工序顺利开展。

(8)全面实行经济承包责任制，多劳多得，把职工的经济收入同生产效益、施工质量直接挂钩，调动管理及施工的积极性。

(9)组织好多工作面、多工序的平行交叉作业，提高工作面利用效率，节省直线工期。设现场值班员，及时处理现场问题。

(10)采用先进的大型机械化施工技术方案，提高工程质量，提高生产效率，确保项目施工优质、高速顺利完成。

(11)保证混凝土拌和系统有足够的生产能力。

(12)严格控制好混凝土各道施工工序、工艺质量关，确保施工质量，杜绝质量事故发生而造成的返工工期损失。

(13)发挥我单位在路桥隧工程施工方面的优势，合理选择施工方案，解决好各工序之间的衔接问题，优化配置高效率的机械设备和施工人员，为关键工程施工工期提供保障。

五、施工安全与文明施工情况

1.建立健全安全保障体系

施工项目设立安全管理小组，由主管生产的项目经理任组长，书记任副组长，工地设立专职安全员，现场技术员兼职安全员，从而形成一个健全的安全保证体系。

安全管理小组主要负责贯彻执行国家有关安全施工的方针政策、法令、规章制度和上级有关规定，协助领导在"安全第一，预防为主"的方针指导下组织和推动施工中的安全工作。

工地专职安全员与现场技术员的职责是认真贯彻执行上级有关安全施工的规定，推动和组织施工中的安全工作，在业务上接受上一级安全管理部门的领导。

专职安全员协助安全部组织安全活动，进行现场安全检查，组织学习安全规程、制度及上级颁发的有关文件，模范遵章守纪，对违章作业者进行批评教育，指导班组人员正确使用个人防护用品等。

2.安全管理组织机构

项目部将成立以项目经理为首的安全领导小组，对本工程项目安全全面负责。项目部设安全部长、专职安全工程师,各专业队设专职安全员,贯彻“安全第一、预防为主”的方针和“管生产的必须抓安全”的原则,根据工程施工特点,制定各项安全措施,确保施工生产的安全。安全管理组织机构见安全管理组织机构图。

3. 安全管理制度

为使管理组织运转并发挥作用,项目实施前将制定如下管理制度。

安全检查制度:分日常检查、每月例行检查与不定期检查。

安全责任制度:对所有人员进行安全责任分解,定岗定位定责任。

安全教育制度:定期进行安全知识教育和思想教育。

安全审查制度:对重要施工项目的施工方案进行安全审查,组织相关专业技术人员进行评审。

4. 安全保障措施

(1)建立安全岗位责任制,逐级签订安全生产承包责任状,明确分工,责任到人。

(2)工序开工前,及时做好施工技术交底的安全注意事项。

(3)操作人员必须佩戴安全帽,高空作业必须系安全带。

(4)抓好现场管理,搞好文明施工,经常保持现场管线整齐,灯明、道路平整通畅、无积水。易燃物品仓库要设专人登记看守,危险区要设有栏杆和标志,备齐消防器材,并能防盗。

(5)生活区、加工场,要符合防水要求,切实做好防洪、防火、防中毒、防淹等工作,杜绝重大伤亡事故,减少一般性事故。

(6)加强施工用电管理,施工中加强对机具、电器设备的检查和维修,线路架设高度和照明度必须符合标准。

(7)车辆要经常保养检修,动力机械司机持证上岗。严禁非司机开车,严禁酒后开车。

(8)联系就近的医务所,出现紧急情况,应做好现场急救和保护工作,现场备应急车辆,以供急需。

(9)坚持经常和定期安全检查制度,及时发现事故隐患,堵塞事故漏洞,还要结合安全事故的规律和季节特点,重点查防触电、防火灾、防交通事故等措施的落实。对检查中发现的问题及时采取措施解决,并实行奖罚制度。

(10)常与当地政府联系,密切同当地群众的关系,征求意见,改进工作,严肃群众纪律,搞好路地联防,共同做好施工期间的安全工作。

(11)施工现场放置好警示牌、指示牌等标牌。

六、环境保护与节约用地措施

(一)环境保护

1. 环境保护目标

本工程的环境保护目标是:“两不破坏”——不破坏景观、不破坏生态;“三不污染”——不造成水质污染、不造成空气污染、不造成噪声污染。

保护生态环境,防止水土流失,环境保护工作在施工时做到了全面规划,合理布局,化害为利,创造了清洁适宜的施工和生活环境。

2. 环境保护的管理措施

(1)设立有效的环保机构,切实贯彻环保法规,严格执行国家及地方政府颁布的有关环境保护、水土保持的法规、方针、政策和法令,结合设计文件和工程实际,及时提出有关环保措施。

(2)废弃物及时运至业主指定的位置进行填埋处理。

(3)采用有效措施,消除施工污染,施工和生活废水采用沉淀池、化粪池等方式处理,清洗集料或含有油污的废水采用集油池的方式处理,不得污染水源及耕地。施工地点要防治噪声污染。施工便道经常洒水,防止车辆通过时尘土飞扬。

(4)强化环保管理,健全环保管理机制,定期进行环保检查,及时处理违章事宜,并与当地的环保部门建立联系,接受社会及有关部门的监督。

(5)加强环保教育,宣传有关环保政策,强化职工的环保意识,使保护环境成为参建职工的自觉行为。

(6)以醒目的标志封闭施工区域,并在区界挂以醒目整洁的环保语言和企业精神等标牌。

(7)保护生态。施工中注意保护自然生态,不得随意拆堵水利设施,保护好河渠,不污染水源。

3. 环境保护的规划范围及相应的具体措施

施工期环保规划共分六个部分。即自然景观保护、生态环境保护、水土保持、施工和生活废水处理、废气粉尘处理、噪声控制。

(1)自然景观保护

为保护施工区域当地的自然景观,施工期间应严格做好以下几点:

严格按照施工总平面布置图布置临时设施,不得修建超出规划范围以外的建筑。

所有临时设施的修建必须严格按照既定的标准和要求进行,不低于规定的标准。保证临时设施整齐统一,外表美观。做好场地和临时设施非交通部位的绿化,种植花草树木,维持并保护原有地表植被。

施工人员驻地每100m间距配置垃圾箱一个,各施工队及项目部均搭设简易垃圾站,避免生活垃圾污染周边环境。

(2)生态环境保护

对原有生态环境进行调查,结合施工中可能产生的影响,合理进行施工组织,尽量使用可不破坏原有生态的施工措施;严格落实其他环保措施,保护溪流水质和空气环境。

不得因施工需要,在未经业主和相关部门容许的情况下,砍伐林木,毁坏地表植被,挖掘土石,埋设管线。对合同规定的施工界限内外、的植物、树木,尽力维持原状。砍除树林或其他经济植物时,应事先征得所有者和业主的指示同意。做好树林防火措施,配置灭火器材。

除征地范围内的耕地占用,不得侵占现有耕地,并积极开展路地共建活动,施工完毕后,能复耕的复耕,能造地的造地。

对有害物质(如燃料、油料、废炸药、旧材料、垃圾等)要通过焚烧或其他措施处理后运至业主和监理工程师认可的地点进行掩埋,以防泄露,造成对动物、植物的损害;修渠筑坝,通渠道,防止土壤冲蚀,地表冲刷,对弃土严格按甲方指定的弃渣场堆放,严防水土流失,污染环境。

开挖作业严格控制开挖尺寸,少扰动土体,维护好自然地形地貌,防止引发地质性灾害;施工沿线的弃渣和剩余失效的灰砂、混凝土等,选择合适低洼地堆放、填埋,避免流失污染环境。

对现场做复土还耕或还林处理,竣工恢复具体内容包括:清除临时设施,沿线开挖所破坏的植被,施工完成后按水土保持计划设计要求种草绿化,恢复自然景观,防止造成新的水土流失。各工地居住区的污水沟、粪便及垃圾做好消毒灭菌清除工作,并用净土填埋、压实,种植植被。

(3)水土保持

防排水:施工期间始终保持工地的良好排水状态,修建有足够泄水断面的临时排水泄道,并与永久性排水设施相连接,不形成淤积和冲刷。

施工平面布置尽量利用永久征地,减少对耕地或林木的损坏,避免水土流失;施工道路顶面表面筑成2%的横坡,以利于排水;基坑边坡严格按照设计要求进行支护,分段留设排水沟。

(4)施工期生产和生活废水处理

施工期的水污染主要来自施工人员的生活污水和生产废水两部分,由于两部分废水的性质不同,拟将其分开处理。考虑到工程各施工部位相距较远,难以进行集中处理,根据施工场地分布,各驻地内设管线将污废水集中进行处理的方案。

生活污水的主要污染物都是易生物降解的有机物,考虑到施工期间的生产与管理的条件,故选择较易操作控制的以生物接触氧化为主体的处理工艺。生产废水包括施工机械设备清洗的含油废水和混凝土养护冲洗水、砂石料冲洗与开挖土石方排水。含油废水和含砂、石废水分别进行处理,含油废水用隔池去油污,含砂、石废水则由沉淀将其中固体物料沉淀下来。

进行水沉淀处理措施为:施工场地的生产废水,经过滤网过滤,通过污水管输入池中沉淀,并做除油处理。经业主和环保部门认可后沿排放。

(5)防大气污染

进入工地的机动车辆消音排烟净化系统一定要完好;施工工地上的道路每天要不定时打扫,适时进行洒水,特殊范围内的工作人员要戴防尘面罩,控制烟尘与粉尘污染。

施工段,用编织布围好,减少扬尘,降低施工现场对景观的破坏;运输车辆配备两边和尾部挡板,对易飞扬的物料用篷布覆盖严,且装料适中,不得超限;车辆轮胎及车外表用水冲洗干净。

工地生活垃圾弃置在半密封的池中,定期焚烧掩埋处理;工地设置能冲洗的厕所若干处,派专门的人员清理打扫,并定期对周围喷药消毒,以防蚊蝇滋生,病毒传播。

防止开挖出的泥土被雨水冲散或流溢,冲散的泥浆因扩散面广不易清除,遇上干燥天气容易产生二次扬尘,用施工车辆及时将其运至指定弃土场掩埋。

(6)防噪声污染

施工期间要防止噪声扰民,机械运输车辆途经居住场所时应减速慢行,不鸣汽喇叭;适当控制机械动力布置密度,条件允许拉开一定空间、减少噪声叠加;合理安排施工作业时间,尽量避开夜间车辆出入频率;机械设备振动声音较大的,要加设消音罩或消声管,最大可能减少噪声的影响;以液压工具代替气压冲击工具。

采取综合治理措施,合理安排施工计划,规定噪声大、冲击性强并伴有强烈振动的活动安排在白天进行;把噪声控制在合理范围之内,白天最大不超过 75dB,夜间控制在 45 ~ 55dB 之间。

(二)节约用地的措施

(1)总体规划,合理用地。按照总体的工作思路,结合现场实际情况,做到用临结合,尽量少占农用耕地。

(2)取土场选用占地少且不适宜耕种的荒地,取土后立即复耕。

(3)贯通全线的施工便道利用了边坡的护道和排水沟的位置,在征地范围内修筑,进入便道的道路则利用了既有道路,完工后进行复耕,增加耕地面积。

七、施工中新技术、新材料、新工艺的应用情况

在路基的填筑时,我部将 94 区与 96 区填筑的集料统一的换成了符合路基填筑的碎石料,这样既保证了路基的实体质量又大大缩短了路基填筑的时间。

八、工程款支付情况

本项目工程款全部支付到位,一切劳务、机械、材料等债务纠纷与建设方无关。

九、施工体会

我标段嵩栾高速公路在整个建设过程中,得到了河南省交通运输厅、河南高速公路发展有限公司及豫西指挥部领导高度重视和关怀,同时还得到了全体监理人员积极主动、热情周到的监理

服务,以及设计单位和当地政府的大力支持。使承包人具体施工能顺利实施,整个工程施工能有条不紊地进行,优质完成全部任务。

经全体施工人员的共同努力,精密组织实施洛栾高速公路的施工管理,并与业主、设计、监理单位密切配合,我部所有工程质量得到很好控制。

施工中,我们始终以工程施工为重点,做到工期、质量、安全、文明施工等由领导亲自抓,各专业人员具体抓。精心组织、严格管理、科学施工,不仅按期优质高效地完成了任务,而且在施工中磨砺了筑路人的意志,提高了施工技术和管理水平,丰富了承包人的工程施工经验。

中铁十五局集团第五工程有限公司

洛栾高速公路嵩县至栾川段土建工程 No.7 合同段项目经理部

二〇一六年八月

8. 洛栾高速公路嵩县至栾川段土建工程 No.8 合同段施工总结报告

目 录

一、工程概况
二、机构组成
三、质量管理情况
四、施工进度控制
五、施工安全与文明施工情况
六、环境保护与节约用地措施
七、施工中新技术、新材料、新工艺的应用情况
八、工程款支付情况
九、施工体会

洛栾高速公路嵩县至栾川段土建工程 No.8 合同段施工总结报告

一、工程概况

洛栾高速公路嵩栾段第八合同段起讫点桩号 K110 + 690 ~ K116 + 100，起于庙子乡大清沟村，终于庙子乡漭沱村，全长 5.41km。路线沿线主要结构物为：台上隧道—台上中桥—台上大桥—磨湾大桥—王院隧道—王院大桥—王院中桥—对角沟大桥—大羊蹄沟隧道—山羊圈中桥—西沟 1 号隧道—山羊圈大桥—西沟 2 号隧道—羊圈隧道。其中路基挖方 68.47 万 m^3，填方 32.13万 m^3；桥梁 8 座，其中大桥 5 座，中桥 3 座；共有隧道 6 座。

SLTJ.8 合同段合同工期为 19 个月，于 2010 年 10 月 25 日开工，2012 年 11 月 25 日完成本合同段工程，实际工期 26 个月。

二、机构组成

我公司选派施工经验丰富、业务精湛的同志组建洛栾高速公路嵩栾段 SLTJ.8 标段项目经理部，全权代表本公司对本合同段工程实施全面管理。项目部下设五部二室一站。各部门职责如下。

(1)项目经理：作为第一责任人负责本标段全面工作，代表公司对本合同段工程实施全面管理。

(2)项目技术负责人：主管工程技术和质量管理，协助项目经理作好技术方案的选择等工作。

(3)项目副经理：协助项目经理和技术负责人做好各方面的管理、协调工作。

(4)质量检查部：具体负责日常工程质量检查、控制、内业资料的收集、管理等工作。

(5)工程技术部：负责施工技术指导、科技攻关及工程施工调度等相关工作。

(6)工地试验室：负责本工程项目的试验、检测工作。

(7)合同统计部：负责合同管理、计划统计、工程计量支付等工作。

(8)物资设备部：负责工程材料物资的采购、供应，机械设备的调度、管理，电力保障等相关工作。

(9)安全监察站：负责本合同段安全生产监察、安全管理的日常工作。

(10)财务部：负责本合同段现场财务管理、成本核算等工作。

(11)综合办公室：负责项目部的日常管理，主管项目部内部协调、文秘等，以及与外部有关部门的联络协调等工作。

劳力工正常施工时为 800 人，高峰期 1200 人。投入的主要机械设备有：装载机 10 台、挖掘机 12 台、推土机 5 台、平地机 5 台、振动压路机 15 台、起重机 8 台、混凝土拌和站 4 座、自卸汽车 100 辆、洒水车 5 辆、混凝土运输车 12 辆，预应力施工设备 6 套，龙门吊 4 台及架桥设备 2 套（用于预制箱梁施工）。

三、质量管理情况

我项目部根据合同要求，结合我标段的实际情况，项目部领导多次组织技术人员和各部门负责人，就如何搞好质量工作进行了讨论研究，确定“百年大计、质量第一”的指导思想，“争创行业一流，满足业主期盼”的质量方针，“确保优质、争创精品”的质量目标。

施工初始，首先从施工人员的思想和认识上抓起，统一思想、统一认识，实现“科学管理、高效创优”的管理目标和优良等级的质量目标。根据《建设工程质量管理条例》和《公路工程质量管理办法》，结合洛栾高速公路项目招标文件、技术规范的实际情况，进一步落实质量管理的责任，在领导重视狠抓落实的带动下，责任层层分解、各负其责、责任到人，使每一项工程、每道工序、每个环节都有明确的质量第一责任人及直接责任人，实行领导责任和直接责任相结合的责任制。

在项目经理的积极组织下，各部室领导与项目部主要领导组成了项目管理委员会，并签订了质量目标责任书。责任书中，明确责任人承担的任务项目和质量目标，责任书由项目部和责任人各存一份，如出现质量问题，对照责任书按有关规定对责任人进行严肃处理。责任书不但是对项目部的质量承诺，更重要的也是对本人的鞭策，能够充分的提高工作积极性，在施工中取得良好的效果。

有了明确的质量目标，建立严密的质量保证体系，从组织上确保质量目标的实现。建立完善的质量检测机构，项目部设工地试验室，成立测量组，工地试验、测量小组，按专业配齐专职人员，建立严格的质量保证制度、管理程序。施工过程中，我们主要从以下几点加以控制。

(1)建立开工前的技术交底制度：一项工程开工前，须由工程、质检部联合进行技术交底，讲清该项工程的设计要求、技术标准，定位方法、几何尺寸、功能作用及与其他工程的关系、施工方法和注意事项等，使施工人员彻底明确施工对象的情况下进行施工。

(2)建立“五不施工”：即未进行技术交底不施工；图纸及技术要求不清楚不施工；测量桩位和资料未经复核不施工；材料无合格证或试验不合格不施工；上道工序不经检查签证不施工。建立“三不交接”：即无自检记录不交接；未经专业人员验收合格不交接；施工记录不全不交接。

(3)对工序实行严格的“三检”：即自检、互检、交接检。上道工序不合格不准进入下道工序，确保各道工序的工程质量。

(4)建立严格的隐蔽工程检查签证制度：凡属隐蔽工程项目，先由质检工程师检验合格后，会同监理工程师复检，结果填入验收表格，双方签字认可。

(5)建立施工过程质量检测制度：施工过程的质量检测按三级进行，即跟踪检、复检、抽检。

(6)建立严格的原材料、成品、半成品现场验收制度：对采购进场的原材料及成品、半成品由质检工程师组织进行验收。

(7)建立健全原材料、成品、半成品管理制度：检查合格同意进场的原材料、成品、半成品要分类、分批堆放并设立标志，按用途保管、发放，不得混杂，对易受潮的物品要做好防雨、防潮工作。

(8)建立仪器设备的标定制度：测量仪器、试验设备、仪器仪表、计量器具，按照规定定期或不定期进行标定，取得合格证书后方能使用。

(9)建立严格的施工资料管理制度：施工原始资料的积累和保存设专人负责，确保资料与施工同步。

(10)建立质量保证奖罚制度：奖励先进，督促后进。积极开展劳动竞赛，适时掀起施工高潮，重奖重罚，调动职工生产积极性，必要时发挥政治动员作用，明确各生产单位的施工任务，制定阶段性目标和相应的奖罚条例。

施工过程中我单位自始至终坚持质量第一的原则，各分项工程完工后，首先进行自检。桥梁工程都做到内实外美、无重大缺陷，各项指标都在规范规定范围内。浆砌工程施工过程中做到了砂浆按工地试验室配合比施工，砂浆饱满、无空洞，石料强度符合设计要求，墙壁表面平整。路基填方施工，每层压实度检测都符合设计要求；特别是台背回填，从填料到层厚及压实度检测，每一道工序都严格控制;路基挖方主要是边坡坡度,经检测坡度都不陡于设计坡值。

对完工质量的评价:

经过两年的努力,工程终于完工。对于完工质量,通过分项、分部、单位工程质量评定汇总得分为95.6分,总体工程质量达到优良。但对于高填路基工后沉降较大,道路运营后易产生病害。

四、施工进度控制

根据我合同段正式开工日期为2010年10月25日。由于在施工过程中增加了大量的变更工程,我合同段原造价3.54亿元,实际完成造价3.82亿元。我合同段在工期紧、任务重的情况下为保证施工进度,加大大人员、机械设备的投入,组织精干力量,科学施工,一方面增加协调人员减少干扰,在多方努力下,最终完成业主2012年11月25日完工的要求。

为保证施工工期我标段主要措施工如下:

1. 早进场、早做准备工作

接到中标通知后,我单位立即进行了施工动员,调遣施工队伍及机械设备进入施工现场,修建临时工程,为早日开工做好准备。

2. 加强协调,搞好各方面的关系

(1)加强与各级政府、公检法部门、土地管理部门及村民间的协调关系。

(2)加强与材料供应商的协调。

(3)加强与相邻承包人的关系,互相支持与交流,加快施工进度。

五、施工安全与文明施工情况

施工安全方面,项目部成立安全领导小组,设安全部长,由项目经理担任组长,安全部长为副组长,组员由项目部各职能部门负责人组成。各施工队相应成立队安全检查小组,并在各工班设专职安全检查员,坚持经常性的施工安全检查及监督指导。

施工中,坚持正确处理安全与施工生产统一、与施工速度互保、与质量互补、与效益兼顾、与危险并存的关系。坚持预防为主、综合考虑的原则,坚持安全与生产同步进行的原则,坚持全员、全过程、全方位和全天候的“四全”动态管理原则,坚持安全管理具有明确目的性的原则。在各级明确安全管理范围,组织职工学习有关劳动保护的政策、条例、规程和制度,规范操作。采取得当安全管理措施,落实安全责任,实施责任管理,建立各级人员的安全责任制度,明确相应的安全责任,定期检查落实情况。

施工期间及时传达上级关于加强安全生产、防汛抢险、用电、冬季施工等的重要文件,提高全体施工人员对安全的高度重视,把安全生产放在第一位。在检查质量的同时检查安全生产,和现场施工人员一起对施工用电、施工机械、起吊设备、模板支撑认真检查,发现问题及时纠正。对保证不了安全的,坚决不许施工。

按照《洛阳高速公路安全生产、文明施工实施细则》和有关规定,我单位投入一定的资金,建设高标准、高质量的工地,施工现场设立了标志、标牌,张贴安全标语。工作人员穿统一工作服,戴安全帽。工程管理及施工、监理人员必须挂牌上岗。施工现场安排有序,机具摆放整齐。

我标段积极推广安全生产先进经验,以点带面,做好安全工作,保证施工顺利进行。确保该项目工程目标安全事故为零。

六、环境保护与节约用地措施

工程开工前,我们首先进行详细的工地探查,并结合工地实际情况制定了切合实际的环保方案;在施工过程中,我们注意了保护自然环境,防止水土流失,在大桥的施工中主动清理、疏通河流;此外,由于施工需要,征用了大量临时土地,在完工后都对其进行了复耕处理,不为当地留下任何后患。施工中我们采取了以下措施：

(1)为减少环境污染,施工用的粉状材料采用袋装或其他密封方法运输,不得散装散卸,现场存放时,严密覆盖,防止尘埃飞扬。施工产生的垃圾和废弃物质,清理出场。施工运输道路,经常洒水除尘。

(2)加强对施工区和生活区的环境卫生管理,清洗施工机械、设备及工具的废水、废油等有害物质以及生活垃圾集中储积处理,禁止乱堆、乱埋、乱流,影响环境卫生。

(3)工程全部完工后,拆除不再使用的临时设施,做到工完料尽、场地清洁。

节约用地方面,我们采取了以下两点措施：

(1)在保证路基填筑取土用地后,我们尽量做到不占用或少占用农耕地。我们的钢筋加工场、临时设施、队伍生活办公均设置在荒地内,施工便道尽可能设置在永久征地内,这些都极大地减少占用耕地。

(2)在改路、改河、改沟"三改"工程中,我们根据现场实际情况,积极提出合理建议,在满足通行、通洪条件下,尽量减少征地。

七、施工中新技术、新材料、新工艺的应用情况

合理利用当地砂卵石材料进行路基填筑,既疏通了河道,又加快了施工进度,降低了工程造价,增加了路基的稳定性。

加强冬季施工保证措施和相关设施建设,如预制场采取架设锅炉、搭设暖棚、施工用水加热、集料加热等措施。

对路基顶面进行强夯处理。在路基填至设计高程后,在进行路床砂砾石处理前对路基进行强夯,以此提高路基的整体强度。

混凝土拌和站建设,根据业主要求建造密闭储料仓,实施工厂化生产,高强度等级混凝土的集料全部进行筛分和水洗,中粗砂进行过筛后才允许使用,在混凝土配合比选用上,积极推使用高性能混凝土配合比,掺加粉煤灰等工业原料,这样即节约了水泥又提高了混凝土的使用性能,合理选择高效减水剂,使配出的混凝土既节约了水泥,又提高了混凝土的强度。

冷轧带肋钢筋网是采用热轧盘圆钢筋经过二次压轧减径而成的冷轧带肋钢筋在工厂按一定的间距纵横排列,然后采用电阻焊焊接成型的新型网片,其具有工厂化施工效率高,质量好,节约材料、节省人力等特点,加之其母材为冷轧带肋钢筋,同时还具有强度高,与混凝土黏结力好等特点。

八、工程款支付情况

工程款全部支付到位,一切劳务、机械、材料等债务纠纷与建设单位无关。

九、施工体会

通过两年多的施工,工程如期完成,我们觉得,一个工程要想干好,首先要有建设单位的正确领导,还要有设计单位、监理单位和地方政府的积极监督与配合。同时深深体会到了工程质量大于一切,只有始终坚持把工程质量摆在第一位,我们的其他目标才能够实现。从项目公司的"首件工程认可""样板工程认可"及"创优工程"制度,到施工现场规范化布置,我们在层层自我突破中提高自己,我们感受到不管工程任务有多重,施工进度要求有多快,施工条件有多难;只要能制定切实有效地实施计划,能坚定不移的贯彻执行就一定能够取得胜利。

陕西明泰工程建设有限责任公司
洛栾高速公路嵩县至栾川段土建工程 No.8 合同段项目经理部
二〇一六年八月

9. 洛栾高速公路嵩县至栾川段土建工程 No. 9 合同段施工总结报告

目　　录

一、工程概况
二、机构组成
三、质量管理情况
四、施工进度控制
五、施工安全与文明施工情况
六、环境保护与节约用地措施
七、施工中新技术、新材料、新工艺的应用情况
八、工程款支付情况
九、施工体会

洛栾高速公路嵩县至栾川段土建工程 No.9 合同段施工总结报告

一、工程概况

河南省洛阳至栾川高速公路嵩县至栾川段 SLTJ.9 合同段起点桩号 K116 +100,终点桩号 K123 +700,路线全长 7.6km。合同总价 35029 万元。合同工期从 2010 年 11 月至 2012 年 4 月 30 日,实际工期为 2010 年 11 月至 2012 年 11 月 25 日。

路线主要走向:路线总体呈北—南走向,北起龙王幢村,南至吕顺村。途经鸭池沟、查坡岭、金牛岭、草庙湾、英雄村、黄柏沟。全线共有大桥 9 座并五跨伊河、隧道 1 座,盖板涵洞、通道 5 道,钢波纹管涵 2 道。

主要工程量:路基挖方 34.6 万 m^3;路基填方 142.2 万 m^3;涵洞、通道 7 个。桥梁桩基 618 根;承台 72 个;桩系梁 89 个;柱系梁 81 个;立柱 180 根;方墩 46 个;箱型墩 43 个;肋板 12 个;盖梁、台帽 193 个;箱梁 280 片;T 梁 542 片;桥面铺装 74.875 千 m^2。路面底基层 89.6 千 m^2;路面基层 88.7 千 m^2。隧道单幅 1212m。

二、机构组成

项目经理部有经理 1 人,书记 1 人,总工程师 1 人,副经理 3 人,总会计师 1 人。项目部管理人员共计 83 人,其中技术人员 46 人,管理人员 37 人。项目部共设六部三室一队,六部即工程部、质检部、经营部、财务人事部、安保部、机材部,三室即综合办公室、征迁协调办公室、工地试验室,一队即测量队。

施工工区划分:根据项目施工结构特点,共设置七个工区,并由项目主要领导分管负责。即桥一工区(含隧道)、桥二工区、桥三工区、一梁场工区、二梁场工区、路基工区、路面工区。

本标段有 2 个预制梁场,1 个小件预制场,3 个混凝土拌和站,1 个水稳拌和站,6 个钢筋加工场。

本项目共有衬砌台车 2 台,架桥机 6 台、炮车 10 辆,龙门吊 8 个,塔吊 13 座,挖掘机 12 台,装载机 12 台,吊车 8 台,混凝土罐车 16 台,翻斗车 3 台,自卸车 36 辆,发电机 6 台等,施工队伍自有设备多台,满足了施工要求。

三、质量管理情况

项目各个工序点安排现场技术人员负责,质检工程师主抓施工质量,以定期、不定期的形式对现场施工的质量进行巡查,主要控制钢筋的焊接和成品构件混凝土的内在、外观质量,对现场存在的问题及时处理并派专人整改落实。每月进行由项目总工牵头,项目经理参与的质量安全环境大检查,对发现的问题及时落实到个人,限期进行整改、落实到位。同时对桥梁钻孔灌注桩进行检测,共检测 618 根桩基全部合格。对隧道工程及时进行了超前地质预报、质量监控量测周报等工作,确保工程质量和施工安全。河南省质检站对我标段进行的路基、桥梁、隧道三个关键阶段验收全部合格。

我标段申报的立柱、箱形墩、盖梁、箱梁、T 梁、涵洞、隧道衬砌、底基层、护栏等首件工程、样板工程全部通过验收，并获得了奖励。我标段梁板架设、桥面铺装施作的高程带，受到业主的高度赞扬。2012 年 8 月 9 日业主召集嵩栾段 10 个标段在我标草庙湾大桥召开现场观摩会，总结推广我标段梁板架设及桥面铺装中高程带施工的经验，并获得业主的奖励。

我们以优良工程为目标，争创国家优质工程，通过全体职工的不懈努力，实现了质量管理目标：

(1)施工过程零缺陷，分项工程一次性验收合格率达到 100%，分项工程质量等级评定得分 96 分以上。

(2)单位工程交、竣工验收合格证率 100%。

(3)重大质量责任事故为:0 次。

对完工工程质量评价：评定工作依据《公路工程质量检验评定标准　第一册　土建工程》(JTG　F80/1—2004)、《公路工程竣(交)工验收办法》进行，合同段划分为单位工程、分部工程和分项工程。合同段工程质量自检评定是在施工过程中，每完成一个分项工程，就及时地进行检查、评定，并经监理工程师签署意见，最终汇总到分部、单位、合同段工程质量得分。

通过对我合同段各分项、分部及单位工程的评定汇总，分项工程合格率达 100%，合同段工程质量等级自检评定得分 97.0 分，合同段工程质量等级为合格。

四、施工进度控制

对施工进度计划的管理：在年计划、月计划、周计划的基础上，按照业主制定的节点目标，实行"周计划、周考核"办法，两周进行一次奖罚兑现，确保工程施工进度计划的完成。

为了圆满完成我项目施工计划，在施工薄弱环节，项目部将加大投入力度，专项投入、专人负责，积极开展"劳动竞赛"等活动，明确目标，严格奖罚措施。严格按照业主要求，认真组织冬季施工，做到冬季不停工、节假日不放假，确保按节点目标，完成各项施工任务。项目实行每周例会制度，及时地将施工中存在的问题得到解决，同时也得到了施工队伍的认可，加快了工程进度。

五、施工安全与文明施工情况

(1)安全管理。

我项目在施工中认真贯彻落实业主、监理单位对平安工地建设和安全文明工地管理的有关规定，严格按照"安全第一，预防为主，综合治理"的原则，制定安全防护措施，确保了施工人员的安全。根据工地的实际，制定各项具体的安全防护措施，确保文明施工、施工用电、安全防护用品的发放落到实处，确保安全生产和文明施工的资金投入足额到位，使工地周边环境和现场施工人员的安全有可靠的保证。开展岗前安全教育，结合工程实际情况，辨识重大安全隐患。对已经识别的危险源制定有针对性的专项安全施工方案，并对有关人员进行安全教育和应急预案的演练。定期召开安全生产例会，研究和解决生产中存在的安全生产工作中存在的突出问题，杜绝重特大事故，防止和减少一般安全事故。

(2)文明施工。

为提高项目综合管理水平，确立品牌理念，树立企业良好形象，提高经济效益和社会效益，我项目在进场就严格按照局、公司规范要求实施，成立了现场文明施工管理领导小组，做到了驻地标识、标牌、标语、图表等规范、齐全、统一，现场各种警示牌醒目齐全；施工现场、便道平整，晴天洒水，雨天排水；在跨路施工的地方设专人指挥交通，并设有醒目标牌。围绕创建文明工地，教育职工以高标准、高质量、高效益为目标，确保工程创优，信誉第一，形象一流。

(3)安全文明措施执行情况。

①大力开展安全教育培训及安全文化宣传工作，认真落实安全技术交底，不定期进行安全专

项教育，提高施工队伍整体安全防范意识及技能水平。

②完善安全管理规章制度及管理模式，健全安全管理体系，以规章制度规范作业人员施工行为，建立良好的安全生产管理秩序，建立起明确的奖罚制度。

③认真落实危险源辨识及危险性评价工作，完善事故应急预案，对重要危险源进行专项安全方案评审。

④加强演练，尤其制定专项安全预案，对高墩和隧道进行专项安全施工方案评审。

⑤隐患部位一次性防护到位，由施工队进行日常维护，并建立奖罚台账和防护用品领用台账，有效控制安全经费的不当使用。

(4)每月我项目由安质部组织，项目领导及各部室参与进行的安全、质量、文明施工大检查。现场要求整改，责任落实到人，各工区工段长为第一责任人。加强现场管理和施工队质量意识。技术员应重视对现场施工的质量、安全、文明施工检查，加强管理提高报检一次合格率，加大保护层厚度和预应力施工控制，严格执行工程质量“三检”制度，真实填写检查记录，及时向监理工程师报检。通过对现场的质量安全检查可以及时发现隐患，及时督促整改落实，加强自检，制定项目经理部质量管理制度，不断强化工程创优意识，保证质量自检体系正常运转。

我标段在施工中认真积极贯彻落实业主对平安工地建设及隧道、桥梁施工安全“两项达标”标准的要求，确保文明施工、安全施工措施的落实。

六、环境保护与节约用地措施

在运输水稳料时用篷布覆盖严密，并装量适中。其混合料集中拌和，以减轻对空气、农田的污染。配备专用洒水车，对场区范围和运输道路经常进行洒水湿润，减少扬尘，防止扬尘、污染环境。对使用的工程机械和运输车辆安装消声器并加强维修保养，降低噪声。机械车辆途径居住场所时减速慢行，禁止鸣叫喇叭。合理安排施工作业时间，夜间施工不安排噪声很大的机械作业。

注意做好职工生活卫生、美化生活环境。运料车卸料后剩余的余料统一拉回到拌和站处理。对废油、废水、废料按指定地点存放，避免污染空气和水源。不任意破坏农田和水利建设及交通设施。

完工后，临时所占耕地及其他用地切实做到工完、料净、场清。

工程建设过程中，按照节约用地的原则，不占用或少占用耕地。两个预制梁场设置在路基上，节约用地60多亩。其他场地尽量少占用耕地，用完后及时复耕。另外，我标段利用弃土，新造耕地80多亩，新造宅基地60多亩。

七、施工中新技术、新材料、新工艺的应用情况

(1)前期施工图设计的K120+080混凝土盖板涵洞和K120+754混凝土拱涵，根据我公司的施工经验，我标建议优化为钢波纹管涵，这样采用了新技术和新材料，节省了投资、缩短了工期。

(2)水中桩基础施工：根据本地的地质情况，采用冲击钻孔的施工方法，但在施工中遇到坚硬地质层施工困难，遇斜岩易出现事故桩。考虑伊河汛期，用冲击钻孔，一个墩桩基全部完成需要六个月，无法满足度汛要求。经研究，结合本地实际，本项目水中桩基础处于浅水区，改用人工挖孔桩施工，做好围堰，保证护壁厚度，确保了施工的安全和进度。

(3)解决预制梁场纵坡设置技术难题：我项目部预制梁为822片，梁场选址困难，我们只有利用两段路基挖方段建场，但有一段纵坡为3.6%，一般龙门吊设计纵坡为1%，如此梁场按1%坡度设置，此段路基梁场施工完成后，需要二次倒运和碾压的土方多达1.5万m^3，而按纵坡

2.5%设计二次倒运的土方仅为8000m^3。我项目部与龙门吊厂家合作进行技术改进,增加行走电机和功率,在龙门吊支腿增加调整节、保证龙门主桁水平和提梁安全。最终按纵坡2.5%设置,保证了施工安全,节省了建设费用。

八、工程款支付情况

我标段工程款已全部支付到位,一切劳务、机械、材料等债务纠纷与建设单位河南省嵩阳高速公路有限公司无关。

九、施工体会

在洛栾高速公路建设过程中,施工单位与项目公司、监理单位一起,克服地质条件复杂、当地施工环境影响、前期资金短缺、雨季、冬季施工等困难,采取有效措施,严格质量控制,抢抓工程进度,确保洛栾高速公路按期通车。

在洛栾高速公路建设过程中,我标段全体人员,严格质量控制,强抓工程进度,舍小家顾大家,为洛栾高速公路建成通车做出了积极贡献。洛栾高速公路的建成,对加强河南省西部地区的经济发展,对振兴豫西经济、推动中原经济区建设也必将起到重要的推动作用。

中交一公局第六工程有限公司

洛栾高速公路嵩县至栾川段土建工程No.9合同段项目经理部

二〇一六年八月

10. 洛栾高速公路嵩县至栾川段土建工程 No. 10 合同段施工总结报告

目　　录

一、工程概况
二、机构组成
三、质量管理情况
四、施工进度控制
五、施工安全与文明施工情况
六、环境保护与节约用地措施
七、施工中新技术、新材料、新工艺的应用情况
八、工程款支付情况
九、施工体会

洛栾高速公路嵩县至栾川段土建工程 No. 10 合同段施工总结报告

一、工程概况

本合同段原计划开工时间为2010年10月28日,完工时间为2012年5月16日,工期19个月;实际开工时间为2010年10月28日,主要工程完工时间为2012年11月25日,工期26个月。

洛栾高速公路嵩栾段SLTJ. 10合同段位于洛阳市栾川县庙子镇、栾川乡境内,起讫里程为:K123+700~K125+800,路线全长2.1km,和栾川县洛栾快速通道交叉处设栾川互通立交,有A~I共9条匝道,互通立交匝道全长4.781km。主要工程量如下:路基工程:路基填方62.86万m^3,路基挖方97.36万m^3。桥梁工程:大中桥1653.97m/7座,桥梁桩基247根;系梁16个;立柱26根;承台43个;肋板34个;盖梁36片;空心墩289.6m;箱梁150片;箱梁安装150片;T梁预制24片;T梁架设24片;现浇箱梁9跨。涵洞:涵洞372.15m/9座,其中钢筋混凝土拱涵3座,钢筋混凝土盖板暗涵3道,钢筋混凝土盖板明涵1座,钢波纹管涵1座,圆管涵1座。路面工程:水泥稳定碎石粒料底基层81537m^2、水泥稳定碎石粒料基层97412m^2。

二、机构组成

1. 组织机构(图1)

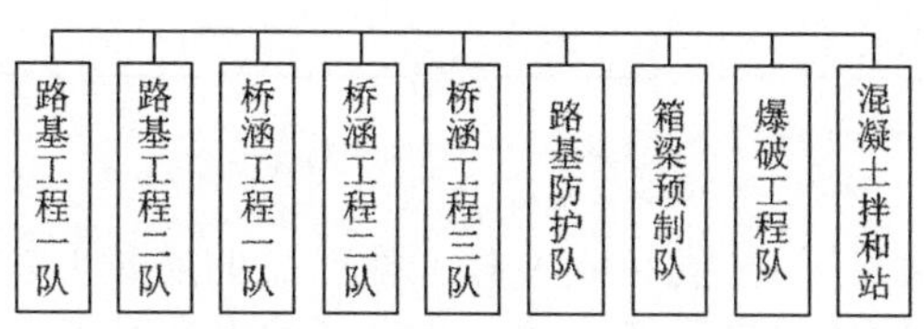

图1　组织机构图

2. 主要人员

本合同段实行项目经理负责制,项目经理全权负责本合同段的组织安排、生产经营、内外关系协调、材料供应、安全监督、质量验收等工作,全面认真履行合同,做到使业主满意,社会认可,体现"诚信、创新永恒,精品、人品同在"的企业精神。实行精细化项目管理制度,明确项目各职能部门、人员的职责,制定了切实可行的各项管理制度。

主要人员明细见表1。

主要人员明细表　　表1

序　号	职　　务	姓　　名	性　　别	技术职称	备　　注
1	项目经理	周叶飞	男	工程师	
2	项目书记	雷其福	男	工程师	
3	项目副经理	李刚	男	工程师	
4	总工程师	刘中欣	男	高级工程	

续上表

序号	职务	姓名	性别	技术职称	备注
5	合同计划工程师	张乐平	男	造价师	
		王智	男	造价员	
6	财务负责人	程丽敏	女	会计师	
7	质检工程师	李江华	男	高级工程师	
		李博	男	高级工程师	
8	路基工程师	王一峰	男	工程师	
		王生峰	男	工程师	
9	结构工程师	王根生	男	高级工程师	
		孙文明	男	高级工程师	
10	地质工程师	雷其福	男	工程师	
11	测量工程师	张瑞亮	男	工程师	
12	试验负责人	张耀晨	男	高级工程师	
13	机械工程师	赵向国	男	工程师	
14	专职安全员	周禹弛	男	工程师	
		蔡春平	男	工程师	
		陈圈	男	助理工程师	
		张磊	男	技术员	
		李渭阳	男	技术员	
		余昌隆	男	技术员	
15	专职环保监督员	柳缠平	男	工程师	
16	现场施工工人	200			

三、质量管理情况

我们的质量目标是创优良工程，满足业主对工程产品的质量要求和期望。施工质量控制是项目管理的重要内容，以先进的技术和经济的方法将各种生产要素有效的组合，按施工规范要求和设计意图，根据我公司质量控制文件对施工的全过程进行有效的控制。具体实施中有以下控制措施：

(1)本工程将严格按照质量管理体系模式标准建立的质量保证体系来运作。形成以全面质量管理为中心环节，以专业管理和计算机管理相结合的科学化管理体制。

(2)选用素质高的劳务队伍。

(3)建立健全质量保证体系，岗位责任制及各项管理制度，制定质量责任风险预防措施，树立全员质量意识。

(4)采用成熟的新工艺、新技术。

(5)抓好工程测量管理工作。落实测量组织，坚持测量考核制度，定期检测测量仪器，经常检测控制标准，并且测量准确，资料齐全，把好测量质量关。

(6)施工前严把材料检验关。按正规渠道购买有生产许可证的厂家产品，产品必须具备出厂检验合格证，需进行复试的原材料必须进行复试，合格后方可使用。

(7)施工过程严把操作、验收质量关。在整个施工过程中，贯彻施工前有交底、施工中有检查，施工后有验收的一条龙操作管理办法。做到施工操作程序化、标准化、规范化，确保工程质量。

(8)每道工序施工前必须进行书面技术交底,明确质量标准,要层层交底,层层落实、记录完整,做到“凡事有章可循,凡事有人负责,凡事有人监督,凡事有据可查”。

(9)施工中严格执行挂牌制,标明操作者的姓名、施工日期、质量状况,采用红、黄、白三种颜色分别标识合格、不合格、未经检验。以便对检查出的问题能追查到责任人。

(10)施工工序坚持检查验收制度,即自检、专检、交接检,使各工序质量处于受控状态。自检:班组完成施工工序后,组织自检,填写“工程质量自检表”交质检员。专检:质检员对班组完成的工序进行检查,检查合格后在“工程质量自检表”签字。交接检:生产负责人在专检完成后,对已完工序进行检查,检查合格后在“工程质量自检表”上签字。生产负责人签署交接检验结论性意见,作为下道工序施工的依据。自检、专检、交接检中只能通过优良品,达不到优良等级的工序均不得进入下道工序。经过三检制的工序最后由项目经理部质检员请监理工程师验收签认。

(11)抓好成品保护工作,实行前后工种间成品质量交接负责制度。防止出现随施工,随损坏,随修理的恶性循环。

(12)坚持每周的质量分析会。对质量问题找出原因追查到人并及时整改,使工程质量始终处于受控状态。

施工中工程质量自检情况及工程质量问题的处理情况:

我单位在施工中对工程质量严格按照自检制度进行操作,先由施工队操作工人自检和工班自检,队级质检员检验,经检合格后,上报项目部质检工程师,项目部质检工程师再进行检验,工程质量得到确认后报验监理工程师。上下工序之间还要进行交接检验,上道工序不合格下道工序不接收,上道工序的质量事故隐患决不留给下道工序。

同时,项目经理部每月组织一次质量大检查,并进行质量评定,作为当月验工计价的依据。质量大检查以检查工程质量为主,同时检查质量管理工作,查看各项规章制度落实情况。对检查中发现的质量问题,检查组根据实际情况及时提出改进措施,限期改正,并进行复查。质量大检查后,检查组汇总检查情况,在工程会上进行通报,奖优罚劣,以示激励。对施工中发现的工程质量问题,我单位坚决处理到底,质量问题原因未查清不放过、责任人员未受到处理不放过、质量问题责任人和周围群众没有受到教育不放过、质量事故采取的切实可行的整改措施未落实不放过。

对完工质量的评价:

经过项目部全体人员两年多时间里齐心协力的努力,项目胜利完工。对于完工质量,通过分项、分部、单位工程质量评定汇总,总体工程质量评定为合格,合同段工程质量等级自检评定得分97.3分。

四、施工进度控制

根据项目公司下发的施工进度计划安排,我标段与项目公司签订了施工节点目标责任书。根据计划和节点目标要求,开工前,项目经理部成立工期领导小组,在施工现场建立工程施工调度室,主要负责工程进度的管理。建立健全目标责任制度、进度检查制度、工期奖惩制度等规章制度,同时与各施工队签订目标责任状。经过我标段全体施工人员的共同努力,通过合理安排工期,我标段于2012年11月25日完成了全部施工计划,为通车奠定的坚实了基础。具体进度控制措施有:

(1)重视施工前各项准备工作:开工前及时完成导线复测及大中桥控制测量工作,并及时上报了复测成果,试验室建成并完成了桩基混凝土配合比试验,进行了标准击实试验;料场完成拌和场“三通一平”工作台,拌和站、料场完成后进行场地硬化工作和拌和站设备安装工作,机械设备进场完成开工前的各项准备工作。

(2)开展劳动竞赛活动:为确保完成施工任务,加大人力、机械设备的投入,明确工程完成与否的奖惩办法,严密组织管理,调动各方积极性,加快施工进度。

(3)统计工程、制定计划、落实队伍、倒排工期;在工程开工后,项目部组织专人认真统计工程量。细致划分,落实施工队伍,明确质量要求和工程进度。根据总工期要求,项目部倒排工期,认真划分每一道工序,使工作能落实到实处。

(4)建立高效指挥系统我标段建立从经理部到各施工单位的高效指挥系统,全面、及时掌握并迅速、准确地处理影响施工进度的各种问题,对工程交叉和施工干扰应加强指挥与协调,对重大关键问题要超前研究,制订措施,及时调整工序和调动人、财、物、机,保证工程的连续性和均衡性。

项目经理部随时掌握施工反馈信息,根据已完工程的进度快慢、施工人员的增减、业主要求的计划变更等诸多因素,不断调整进度计划,动态监控关键线路的变化,以适时调整人员分配和施工顺序,使施工生产持续有效地按计划正常进行。施工中尽可能采用先进、高效的施工机械和新工艺,提高劳动效率,加快施工进度,保证阶段性工期目标的实现。一旦发现有延误工期的现象,及时平衡调动施工力量和所需材料,制定措施确保施工计划的完成。

五、施工安全与文明施工情况

安全施工方面,"安全就是责任,责任重于泰山",在工程建设中我部自始至终都把安全问题列入重要的日常议程。施工中,坚持正确处理安全与施工生产统一、与施工速度互保、与质量互补、与效益兼顾、与危险并存的关系。坚持预防为主、综合考虑的原则,坚持安全与生产同步进行的原则,坚持全员、全过程、全方位和全天候的"四全"动态管理原则,坚持安全管理具有明确目的性的原则。在各级明确安全管理范围,组织职工学习有关劳动保护的政策、条例、规程和制度,规范操作。采取得当安全管理措施,落实安全责任,实施责任管理,建立各级人员的安全责任制度,明确相应的安全责任,定期检查落实情况。我部始终做到:

(1)建立、健全安全保证体系,强化安全领导,充实安监人员,严格执行各项"安全操作规程"。

(2)各项施工安全管理制度齐全,管理机构健全,人员到位,责任到人。

(3)认真贯彻执行了"安全第一、预防为主"的方针,坚持和加强了全员的安全教育。每位员工上岗前都进行安全规范、安全操作的培训,提高了全员的安全防范能力。

(4)严格执行安全监督、奖罚制度,实行逐级承包,签订安全责任书,对事故坚持"四不放过"原则,即"事故责任分不清不放过;事故原因查不清不放过;事故责任者及群众没受教育不放过"。

(5)我标段栾川互通立交桥梁跨越洛栾快速通道,沿线过往车辆较多,经过我们严密组织、多方协调,在保证正常施工的情况下,也保证了车辆的安全和原有公路的正常运营。

文明施工方面,我单位采取了以下几点措施:

(1)建立健全各项规章制度,工地现场悬挂文明施工标牌条幅、张贴宣传标语,采用多种形式向项目全员进行文明施工教育,提高全员文明施工意识。

(2)现场布置统一建临时房屋,统一室内配备、布置,统一现场标识。生活区、加工场,要符合防水要求,切实做好防洪、防火、防中毒、防淹等工作,杜绝重大伤亡事故,减少一般性事故。

(3)抓好现场管理,搞好文明施工,经常保持现场管线整齐,灯明、路平、无积水。易燃物品仓库要设专人防守,危险区要设有栏杆和标志,备齐消防器材,并能防盗。施工场地、便道、各种材料、机具等布置、堆放、停置有序,并进行标识,做好文明施工。

(4)教育全体员工遵纪守法、行为规范、文明施工,争创文明工地。

(5)遵守当地居民的生活习惯和民族风俗,常与当地政府联系,密切同当地群众的关系,征求意见，改进工作，严肃群众纪律，搞好路地联防，共同做好施工期间的安全工作。

(6)定期开展安全竞赛活动，运用安全系统工程技术，开展安全预防，安全预测活动，实施生产全过程的安全管理。

安全与文明密不可分，安全条款中有文明要求，而文明条款中又有安全要求。它们共处于一体之中，组成了安全文明的共同体。

六、环境保护与节约用地措施

洛阳市是全国文明城市、旅游城市、历史古都，有着丰富的人文地理资源，同时栾川县老君山和鸡冠洞属于国家5A级景区，周边旅游资源丰富，所以环境保护和节约用地尤为重要。施工中严格按照《中华人民共和国环境保护法》、交通运输部《公路建设监督管理办法》和《河南嵩阳高速公路有限公司环境保护管理办法》等法律、法规、规章等有关规定，认真做好环境保护工作和节约用地。

环境保护方面，施工中我们采取了以下措施：

(1)在全体职工中认真开展组织学习和贯彻《中华人民共和国环境保护法》，结合洛阳市的环境特点，制订规章制度，认真落实环保法规，加强环境保护宣传教育，学习环境管理体系文件、地方政府环保法规及有关规定，使广大干部职工认识到环境保护的重要性和必要性，增强环境保护的自觉性，提高全员环保意识。

(2)对施工场地进行详细测量，编制出详细的场地布置图，合理布置施工场地生产、办公设施布置在征地红线以内，尽量不破坏原有的植被，保护自然环境，并且按图布置的施工场地围挡及临时设施要考虑到同周围环境协调。

(3)施工场地采用硬式围挡，施工区的材料堆放、材料加工、出渣及出料口等场地均设置围挡封闭。施工现场以外的公用场地禁止堆放材料、工具、建筑垃圾等。建筑垃圾应及时清理，运至指定地点。为减少环境污染，施工用的粉状材料采用袋装或其他密封方法运输，不得散装散卸，现场存放时，严密覆盖，防止尘埃飞扬。施工运输道路，经常洒水除尘。

(4)加强对施工区和生活区的环境卫生管理，清洗施工机械、设备及工具的废水、废油等有害物质以及生活垃圾集中储积处理，禁止乱堆、乱埋、乱流，影响环境卫生。

(5)工程全部完工后，拆除不再使用的临时设施，做到工完料尽、场地清洁。

节约用地方面，我们采取了以下三点措施：

(1)我们的钢筋加工场、临时设施、队伍生活办公均设置在荒地内，施工便道尽可能设置在永久征地内，这些都极大地减少占用耕地。在保证路基填筑取土用地后，我们尽量做到不占用或少占用农耕地。

(2)在改路、改河、改沟“三改”工程中，我们根据现场实际情况，积极提出合理建议，在满足通行、通洪条件下，尽量减少征地。

(3)每一项用地都提高投入产出的强度，提高土地利用的集约化程度。

七、施工中新技术、新材料、新工艺的应用情况

由于设计原因，我项目K124+485混凝土拱涵2011年6月尚未开工，严重影响后续的路基填筑施工。项目部组织技术骨干进行多次实地调查研究，通过与业主和设计院多方沟通，最终将K124+485混凝土拱涵变更为钢波纹管涵施工，工期由原来的拱涵120d缩短到20d，大大缩短了施工工期，降低了施工成本，同时获得业主50万元奖励。

K124+485钢波纹管涵洞长83.83m，中径为400cm，壁厚为4.5mm，波高55mm，波距200mm，波纹管管枕用Q235-A热轧钢板加工成型，表面为热浸镀锌处理，波纹管采用分块波纹

板搭接而成,波纹板采用高强螺栓紧固,密封胶密封,波纹管拼接成型后内外涂刷乳化沥青两遍。结合施工工期、工程造价、施工工艺及施工投入情况等综合对比分析,钢波纹管涵施工具有工期短、造价低、工艺投入简单、效益高的优点,值得推广。

我标段借鉴了高性能混凝土的施工工艺,通过对 C25 水下混凝土、高强度等级 C50 混凝土配合比进行了优化,通过掺加活性材料等措施,既节约了水泥,又提高了混凝土的强度。

八、工程款支付情况

工程款全部支付到位,一切劳务、机械、材料等债务纠纷与建设单位无关。

九、施工体会

洛阳至栾川高速公路嵩栾段 SLTJ. 10 标在整个建设过程中,得到了河南省交通运输厅及嵩阳高速公路有限公司高度重视和关怀,同时还得到了全体监理人员积极主动、热情周到的监理服务,以及设计单位和当地政府的大力支持,使项目部具体施工能顺利实施,整个工程施工能有条不紊地进行,优质完成全部任务。经全体施工人员的共同努力,精密组织实施洛栾高速公路的施工管理,并与业主、设计、监理单位密切配合,我部所有工程质量得到很好控制。施工中,我们始终以工程施工为重点,做到工期、质量、安全、文明施工等由领导亲自抓,各专业人员具体抓。精心组织、严格管理、科学施工,不仅按期优质高效地完成了任务,而且在施工中磨砺了筑路人的意志,提高了施工技术和管理水平,丰富了工程施工经验。包括:

(1)加强对合同条款的学习和应用,对施工中发生的各种事宜必须进行详细记录,合理进行工程变更、索赔和追加。

(2)与建设单位、设计单位和监理单位要密切配合、及时沟通。

(3)在施工过程中要根据实际情况及时调整进度指标,避免盲目赶工期埋下质量隐患。

(4)要积极进行新技术、新材料、新工艺的推广应用。

通过本项目施工,我们深切地感到工程项目管理是一项科学而又宏大的工程,进度、质量、成本三者之间相互联系而又相互影响。如何在三者之间找到最佳平衡点,如何用最低的成本、用最短的时间把项目高标准、高质量地完成将始终是我们需要研究的课题和追求的目标。

中铁十五局集团第七工程有限公司

洛栾高速公路嵩栾段土建工程 No. 10 合同段项目经理部

二〇一六年八月

第三部分

路　　面

洛栾高速公路嵩县至栾川段路面工程BT合同段施工总结报告

目　　录

一、工程概况
二、机构组成
三、质量管理情况
四、施工进度控制
五、施工安全与文明施工情况
（一）安全方面
（二）文明施工方面
六、环境保护与节约用地措施
七、施工中新技术、新材料、新工艺的应用情况
（一）高渗透乳化沥青透层应用
（二）沥青温拌技术应用
八、工程款支付情况
九、施工体会

洛栾高速公路嵩县至栾川段路面工程 BT 合同段施工总结报告

一、工程概况

洛栾高速公路嵩栾段 SLLM 合同段路线全长 64km,起讫桩号为 K61 +800 ~ K125 +800。施工时间自 2012 年 5 月份进场筹建,至 2012 年 12 月 12 日主体工程完工,实际工期共 7 个月。

主线工程量为:高渗透乳化沥青透层 1061583m^2,改性沥青下封层 1061583m^2,8cm 厚密级配沥青稳定碎石(ATB-25)下面层 829418m^2,6cm 厚中粒式 SBS 改性沥青混凝土(AC-20C)中面层 1366007m^2,6cm 厚中粒式沥青混凝土(AC-20C)中面层 165721m^2,4cm 厚细粒式 SBS 改性沥青(AC-13C)上面层 1497344m^2,沥青面层之间施工改性乳化沥青黏层 2400395m^2。

二、机构组成

我公司在本项目组织精干力量组建了洛栾高速公路嵩栾段 SLLM 合同段项目经理部。项目经理 1 名,党支部书记 1 名、总工程师 1 名,副经理 4 名,经理部下设工程部、合同部、质检部、设备部、材料部、财务部、安全部、试验室、综合办公室、测量队共 10 个管理部门;生产单元设 10 个面层作业队、7 个沥青拌和厂。

根据洛栾高速公路嵩栾段 SLLM 合同段的工程内容,我单位先后建设了 4 个沥青拌和站。第一沥青拌和站位于 K62 +000 右侧,第二、四沥青拌和站位于 K98 +500 右侧,第三沥青拌和站位于 K112 +200 左侧,第一沥青拌和站安装 3000 型间歇式沥青拌和楼 1 套,第二、三、四沥青拌和站各安装 4000 型间歇式沥青拌和楼 1 套。另租用洛嵩段 3 个沥青拌和站。

10 个面层作业队分为 4 个中下面层作业队、4 个上面层作业队、2 个隧道面层作业队,中下面层作业队均配备 2 台 ABG423 摊铺机,上面层作业队配备 1 台中大 DT1600 摊铺机,隧道面层作业队配备 1 台伸缩摊铺机,每个面层作业队配备压路机德纳派克双钢轮压路机 3 台、胶轮压路机四台,运输汽车 20 台。

另外全线共配备了装载机 32 台,负责上料堆料;洒水车 10 台,负责便道养护、设备加水;大型铣刨机 2 台,负责局部缺陷处理;智能型沥青洒布车 4 台,负责全线透层沥青及黏层沥青洒布;同步碎石封层车 4 台,负责热沥青同步碎石下封层施工。

三、质量管理情况

我标段建立了完善的质量管理体系和质量保证体系,质量管理上坚持技术交底到位、技术指导到位、旁站监督到位、检测签认到位的"四到位"原则,使施工质量一直处于平稳可控之中。主要从以下几个方面加以控制:

(1)制定严格的质量管理制度。质量是在施工过程中形成的,加强工序质量控制和班组自检制度;经理部组织相关部门对质量进行月检、季检和年检,表扬先进,鞭策落后;项目总工对质量具有"一票否决"权,不合格的工程坚决返工处理;生产主管人员对质量负主要责任。同时加强质量管理制度的宣传,切实保障了各项质量管理措施得到有效落实。

(2)实行全过程质量控制,事前预防、事中控制、事后分析总结提高。以工序质量保分项工程质量，以分项工程质量保分部工程质量，以分部工程质量保单位工程质量，最终实现全部单位工程合格。

（3）采取多种形式对项目全员进行质量教育，强化全员的质量意识，有针对性地对各工种进行的技术培训和技术交底，提高施工人员的操作技能。做好施工技术交底，使每一个施工人员都能做到心中有数，严格按照设计及规范要求施工。

（4）加强试验检测工作，对各种材料严格检验，确保原材料质量合格。加强沥青的出厂、出库、运输、接收、质量检验等环节的管理，保证路面施工质量，采取驻厂监督、驻库监督、运输环节核验、沥青接收试验室检验等控制措施。

（5）实行路面平整度指标直接与施工人员经济挂钩，奖优罚劣、重奖重罚。为保证桥面的行车舒适性，对全线桥面铺装混凝土进行铣刨，消除表面浮浆，经检查平整度得到了较好的控制，然后施作改性乳化沥青透层和热喷沥青同步碎石下封层提高防水性和层间黏结性。

（6）面对沥青路面冬季施工的不利条件，认真研究制定冬季施工方案，并聘请长沙理工大学的专家进行指导，积极探索温拌技术，采取各个环节的保温措施，从拌和、运输、摊铺、碾压等各个环节制定具体的可操作的措施，确保工程质量。

（7）对于质量通病提前制定预防措施：公路工程质量通病的种类很多，由于面广量大，因此对工程危害较大。针对洛栾高速公路嵩栾段路面的施工特点，针对桥头跳车、沥青路面早期破坏、沥青混凝土局部离析、沥青路面反射裂缝、桥面铺装层破坏等常见质量问题，施工过程中有针对性的加强控制。

（8）测量控制：项目测量人员负责导线复测及恢复定线、测量放样工作，并对各部位的几何尺寸进行跟踪检测，在指导施工的同时，对成品工程进行检查和验收，确保了全线路线线形通畅，位置准确，结构尺寸符合设计要求。

（9）配备先进的施工机械和设备。中下面层采用双机联铺的作业方式、上面层采用国内先进的中大 DT1600 沥青摊铺机单机半幅整铺，有效地减少了纵向接缝，提高了平整度。

（10）原材料检验：试验检测人员依据相应的检测规程对进场的每批次原材料各项技术指标进行检测，如经自检发现质量不合格，坚决拒绝该批原材料进入场地，有效地保证了原材料质量优良。

（11）在施工中，现场技术人员对每道工序进行严格自检，除按要求检验频率进行自检外，还加强温度检测，每车混合料温度符合要求，如温度过高或过低均按废料进行处理；摊铺后安排专人进行温度检测，及时指挥压路机进行碾压成型。

（12）在施工过程中出现的质量问题，项目部坚决按照“三不放过”原则进行处理，即原因不查清不放过，责任人未受到教育不放过，整改措施未落实不放过。同时质量检测部门做好跟踪验证，确保其质量达到规定要求。

（13）对完工质量评价

我合同段已完工分项工程一次验收合格率 100%；单位工程交工验收合格率 100%；重大工程质量责任事故 0 次；沥青路面的平整度经检测 σ 在 0.8mm 以下；合同段自检评定得分 97.8 分，为合格工程。

四、施工进度控制

洛栾高速公路嵩栾段位于地形复杂的豫西山区，桥梁隧道所占比重大，达到 57%，坡陡沟深，材料、设备进场困难，桥梁、隧道不能贯通，设备转场频繁，沥青混合料经常要绕行三四十公里才能运至施工现场，施工难度大。嵩栾路面能否按时完工直接影响到洛栾高速公路能否实现年底通车目标，我合同段上级单位高度重视，在全公司范围内调派路面施工专家、技术骨干到施工一线支援,提供了强有力的技术支持,我合同段也根据实际情况进行了周密部署,多方面、多角度反复论证进度计划的可行性。主要采取了如下措施:

(1)做好筹备工作,主要是做好备料工作,认真研究施工技术方案的可行性并做好技术交底,提前做好水准、导线点复测,根据全线的地形地貌和对路基桥梁工程进展情况,做好沥青拌和站的选址和建设工作,针对工程进度的不均衡,完成了施工平面图设计。在合适的位置设置了沥青拌和站及经理部驻地,为大规模施工做好充分准备。在较短的时间内完成了项目筹建工作。我项目从 2012 年 5 月初进驻工地,至 7 月底基本完成了项目经理部驻地、第一、二、三沥青拌和厂的筹建工作;同时项目中心试验室完成了各种试验仪器的安装调试,并通过了省质量监督部门检测认证;项目前期技术准备工作也顺利完成,为下一步工作顺利开展奠定了基础。10 月底完成了第四沥青拌和厂的筹建工作;11 月份完成了对洛嵩段三个沥青拌和站的租用。

(2)先易后难、逐个击破:我合同段先从难度相对较小的工作面开始,一步一个脚印,做好当前的工作,打算好今后的工作,提前安排,周密部署,集中优势人力、物力各个突破。

(3)施工方案的确定和施工机具的选择。根据工程的总体任务和施工方案,配备了相应的施工机械设备,遵循先进性、适用性、经济性的原则,特殊路段施工选用合适的设备。

(4)提前做好碎石原材料的储备工作和沥青的招标采购工作。经我项目材料人员对周边碎石材料生产厂家进行调查,生产能力具备一定规模、质量优质、价格合适的并不多。经过项目招标,最终确定了碎石供应厂家。为保证正常生产需要,项目提前储备了碎石原材料,并且在施工过程中随时跟进储备。沥青供应厂家通过招标选择了实力雄厚的企业,保证了原材料保质保量地供应。

(5)做好施工平面现场管理,提高工作效率,加强各工序之间的相互协调和配合。科学组织隧道、互通区关键部位的施工,确保在施工中不发生相互干扰,为工程顺利进展创造良好的氛围。

(6)加强进度计划管理,发现问题及时调整解决。根据总工期,对计划进行分解,制定月计划、旬计划、日计划,并对阶段性进度计划进行定期检查,分析查找原因,找出问题所在,并制定相应措施。

(7)施工过程中针对重点和难点工程组织攻关活动。加大技术、设备及人员投入,集中优势力量打攻坚战、突击战,加快施工进度,缩短工期。如先集中力量进行隧道外施工、上面层尽可能安排在白天施工,气温较低时采用温拌技术,我项目打破常规施工方法,最终全面完成了工程施工任务。

(8)提高机械设备利用率。在施工中努力提高设备的使用效率,加强机械设备的维修、检修和保养工作,保证设备的完好率。

(9)加强不利季节的施工管控措施。做好冬季保温工作,从拌和、运输、摊铺、碾压等各个环节制定具体的可操作的措施,确保工程进度。

五、施工安全与文明施工情况

(一)安全方面

在安全管理上坚持教育培训落实、制度执行落实、责任划分落实、检查奖罚落实的“四落实”原则,实现了安全生产零事故的目标。

(1)坚持管生产必须管安全,项目部成立安全领导小组,由项目经理担任组长,项目书记担任副组长,下设安全部,组员由各职能部门负责人、施工班组长组成,各施工班组设置专职安全检查员,坚持经常性的施工安全检查及监督指导。

(2)正确处理安全与施工生产的关系。坚持预防为主、综合考虑的原则,坚持安全与生产同步进行的原则,坚持全员、全过程、全方位和全天候的动态管理原则。

(3)实施责任管理,落实安全责任,建立安全责任制度,明确安全责任,定期检查落实。

(4)明确安全管理范围,组织职工学习有关劳动保护的政策、条例、规程和制度,规范操作。

机械设备做到定人定机,持证上岗,严格执行安全操作规程,严禁酒后驾驶;及时对新上岗人员进行培训;拌和站在开机前和修理之前,长鸣汽笛30s,确保所有人员撤离。加强驾驶员、操作手安全意识教育,严禁车辆带病作业,严禁驾驶员疲劳驾驶,保证运输安全。施工人员按照规定配备劳动保护用品,尤其是隧道内施工时所需的防毒面具等,注意换班、通风与照明。夜间施工时,要配备足够的照明设备,施工人员全部穿戴反光背心。各种标牌与条幅注意日常检查与维护,确保处于正常状态。

(5)严格控制生产用电安全。没有电工证,不准从事临电作业。从事电气设备和线路检修时,需有专人监护。不得超负荷使用电气设备,线路维修时必须切断电源,并由专人监护,严防他人误合闸。

(6)严格执行逐级安全技术交底制度,施工前由项目总工程师组织有关人员进行详细的安全技术交底,并履行签字手续备案待查,各工区、各施工队安全员组织对施工班组及具体操作人员进行安全技术交底。各级专职安全员对安全措施的执行情况进行督察,并做好记录。

(7)加强安全宣传工作,通过广播、黑板报、标语牌、安全知识竞赛等灵活多样的形式,时时刻刻提醒全体员工做到安全生产。实行安全施工一票否决制,确保万无一失,把事故隐患消灭在萌芽状态,真正做到预防为主。

(二)文明施工方面

(1)采用多种形式进行全员文明施工教育,提高全员文明施工意识。建立健全各项规章制度,施工现场悬挂文明施工标牌条幅、张贴宣传标语。

(2)施工场地、便道、各种材料、机具等分类布置、堆放、停置有序,并设立标志标牌。碎石等各种材料分区标牌标识,整齐堆放在硬化后的场地内,对细集料搭建防雨大棚;并对原材料堆放场地设置排水沟。各类机械设备、车辆分类划区安放停置。

(3)遵守当地居民的生活习惯和民族风俗,搞好施工队伍与当地政府、人民群众的关系。

(4)施工现场管理人员一律佩证上岗,办公室、仓库、工作室悬挂统一标牌进行标识;做好办公区、生产区内“三防”、绿化、医疗、卫生、保险工作和租用房屋的管理工作。

六、环境保护与节约用地措施

洛阳市嵩县、栾川是著名的旅游景区,所以环境保护和节约用地尤为重要。加强环保意识,确保工程完工后不为当地留下任何后患至关重要。我合同段主要采取以下措施:

(1)项目经理部成立了环保机构,建立了相应的规章制度,专人专项随时检查和定期组织环保检查,项目经理部及各作业层共同维护工区内的环境保护工作。组织学习环保法规,增强职工环保意识。

(2)为减少环境污染,施工期间采取必要措施防止施工中的燃油、污水、沥青、废料和垃圾等有害物质对河流、农田、池塘和林区的污染,并防止扬尘、汽油等物质对环境空气的污染,减小噪声污染,把对居民生活的影响减少到最低限度。施工便道经常洒水除尘,为减少施工作业产生的灰尘,随时进行洒水或其他抑尘措施,使不出现明显的降尘。易于引起粉尘的细料或松散料应予以覆盖或适当洒水润湿,运输时用帆布、篷布及类似遮盖物覆盖。

(3)施工区和生活区的环境卫生加强管理,废水、废油等有害物质以及生产、生活垃圾集中处理。妥善处理废料,尽量避免破坏或掩埋路基下侧的林木、农田及其他工程设施。沿河弃土避免壅塞河道、改变水流方向和抬高水位而淹没或冲毁农田、房屋。工程完工后做到工完料清、场地清洁。

(4)尽量做到不占用或少占用农耕地。沥青拌合站设置在废旧的工业园区内,项目经理部租用工业厂房和民房,最大限度地减少占用耕地。尽量少占或不占施工红线外的耕地,若因施工需要占用或租用耕地,施工完成后及时进行复耕,使不影响农业生产。

(5)避免对路线附近的旅游景区进行干扰破坏，严禁破坏林区的树木、野生动物及鸟类，确保了旅游区的生态环境不被破坏。

七、施工中新技术、新材料、新工艺的应用情况

(一)高渗透乳化沥青透层应用

在沥青透层施工中，采用了高渗透乳化沥青。高渗透乳化沥青的优点在于：一是煤油掺配量比煤油稀释沥青的少，环保性增强；二是通过分散剂及煤油的掺配，使乳化沥青的渗透性大大提高，在半刚性基层与沥青面层之间形成良好的黏结过渡层；三是对基层顶面起到固结和保护，提高基层表面的强度和整体性。通过实践表明，渗透深度能满足设计要求，经现场取芯检查，深度均大于5mm，完全能满足设计及规范要求，使沥青面层与基层结合良好。

(二)沥青温拌技术应用

由于该项目施工沥青路面的时间是2016年10月以后，气温渐渐降低，为了确保沥青路面的压实质量，我合同段部分路段使用了温拌剂，经过试验检测，使用温拌剂路段低温条件下各项技术指标均能满足设计及规范要求，特别是在施工温度较低的情况下施工和易性较好，提高压实度，显著改善沥青粘接性能，提高沥青混合料抗水损害性能，降低燃油消耗，减少沥青烟雾排放，低温性能得到明显改善，提高了沥青路面的强度和稳定性。

八、工程款支付情况

(1)根据工程进度和完成的产值，按照嵩阳公司要求，我合同段及时上报计量申请资料，工程款没有出现拖欠情况。工程款支付及时，一切劳务、机械、材料等债务纠纷与建设单位无关。

(2)我合同段按月足额支付劳务人员工资，急农民工之所急，想农民工之所想，没有出现过拖欠、克扣劳务人员工资现象。

(3)我合同段材料采购、设备租用，均按照国家规定签订合同，按月结算支付费用，无债务纠纷。

(4)我合同段工程款项做到专款专用，无挪作他用现象，有效投入施工生产中，为工程进展提供了坚实的经济保障。

九、施工体会

缺点与不足：

(1)对路面污染的控制不能令人完全满意。全线交叉路口较多，在通道、天桥设施未完善的情况下，各种农用车横穿道路，造成路口处的路面污染较为严重；由于存在着各施工单位交叉施工，路基挖方段边部防护及排水工程在路面上堆放石头、堆土、停放机械，也造成了不同程度的污染。项目部安排水车、配备专人进行多次清洗。

(2)由于全线桥隧较多，桥隧比达到57%，全线桥梁、隧道工程进度相对滞后，工作面不连续，造成路面各结构层无法连续施工，施工接缝相对较多，对路面的平整性有一定程度的影响。

历经半年多的日夜奋战，我们有了很大收获，作为施工单位，必须严格履行合同约定，这是我们的权利和义务。在进度上，只有敢于面对困难，勇于克服困难，始终如一，才能取得最后的胜利。在质量和安全上，只有高标准、严要求，才能少出问题、不出问题，才能取得预期的效益。

河南省公路工程局集团有限公司

洛栾高速公路嵩县至栾川段BT合同段项目经理部

二〇一六年八月

第四部分

交通安全设施

1. 洛栾高速公路嵩县至栾川段交通安全设施工程 No.1 合同段施工总结报告

目　　录

一、工程概况
二、机构组成
三、质量管理情况
（一）质量控制措施
（二）施工中质量自检情况及工程质量问题的处理情况
（三）对完工质量的评价
四、施工进度控制
五、施工安全与文明施工情况
六、环境保护与节约用地措施
（一）环境保护
（二）节约用地的措施
七、施工中新技术、新材料、新工艺的应用情况
八、工程款支付情况
九、施工体会

洛栾高速公路嵩县至栾川段交通安全设施工程 No.1合同段施工总结报告

一、工程概况

本合同段于2012年7月1日开工,2012年11月30日竣工,合计约160日历天。于2012年12月13日主体完工。

本标段起点位于K61+800处,至K97+850,本标段全长36.05Km,其中K61+800~K62+220处为嵩县互通区,K82+300~K83+070处为嵩县停车区,K90+280~K92+050处为旧县互通区,K95+460~K96+910处为九龙山互通区。主要工程数量:标志214个、标线42758m^2等。

二、机构组成

1. 主要人员投入情况(表1)

主要人员投入情况表 表1

序号	姓　名	职　务	职　称	年龄	备注
1	崔耀鹏	项目经理	工程师	34	
2	马海龙	项目总工	高级工程师	42	
3	杨庆民	项目副经理	工程师	41	
4	王晓军	合同、计划工程师	高级工程师	47	
5	樊晓莉	合同、计划工程师	工程师	40	
6	刘静	财务负责人	会计师	48	
7	张建华	交通安全设施工程师	工程师	59	
8	王洪涛	交通安全设施工程师	工程师	38	
9	王杏红	交通安全设施工程师	工程师	42	
10	武国栋	质检工程师	工程师	40	
11	李卫革	质检工程师	高级工程师	41	
12	刘秀军	质检工程师	工程师	34	
13	李兴川	质检工程师	高级工程师	52	
14	李勇春	安装工程师	工程师	41	
15	武伟桥	安装工程师	工程师	32	
16	胡红伟	安装工程师	高级工程师	41	
17	葛黎明	安装工程师	高级工程师	45	
18	吴建民	测量工程师	高级工程师	47	
19	黄兆杰	测量工程师	工程师	44	
20	王晓燕	测量工程师	工程师	37	
21	周占龙	测量工程师	工程师	52	
22	胡文秀	试验负责人	工程师	64	

续上表

序号	姓　名	职　务	职　称	年龄	备注
23	刘继斌	机械工程师	工程师	50	
24	郭建军	机械工程师	工程师	46	
25	刘颖	机械工程师	工程师	32	
26	杜金兴	机械工程师	工程师	42	
27	刘冰	专职安全员	工程师	38	
28	孙秀聚	专职安全员	工程师	42	

2. 主要设备投入情况(表2)

主要设备投入情况表 表2

设备名称	单位	承诺数量	进场时间安排
喷漆设备	台	4	2012年7月
热溶釜	台	4	2012年7月
经纬仪	台	3	2012年7月
水准仪	台	3	2012年7月
热溶划线机	台	4	2012年7月
空气压缩机	台	10	2012年7月
移动式吊车设备	台	4	2012年7月
调平直机具	套	1	2012年7月
钢板裁、弯设备	套	4	2012年7月
打桩机	台	10	2012年7月
拔桩机	台	10	2012年7月
逆反射系数测量仪	台	2	2012年7月
柴油发电机	台	5	2012年7月
砂轮切割机	台	5	2012年7月
色彩色差仪	台	1	2012年7月
升降机	台	2	2012年7月
底漆高压喷涂机	台	2	2012年7月
放线设备	台	2	2012年7月
涂层测厚仪	台	1	2012年7月
8t汽车起重机	台	2	2012年7月
载重汽车	台	10	2012年7月
混凝土搅拌机	台	2	2012年7月

3. 组织机构(图1)

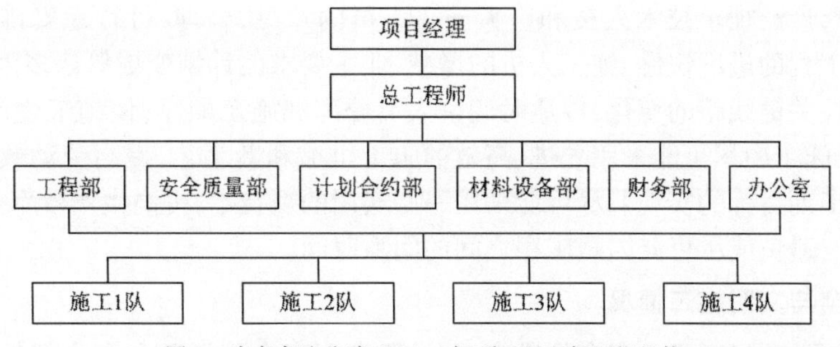

图1 洛栾高速公路SLJA.1标项目经理部组织机构

三、质量管理情况

(一)质量控制措施

制定分项工程一次验收标准,各分项工程均按合同条款和施工规范进行控制施工,在施工中做到认真严格执行三级质检体系。“三检体系”是在施工前检查,施工中检查,工作结束时检查。检查以自检、互检及交接班检的方式进行。同时把好施工技术图纸复核关,测量定位复核关,技术交底关,过程控制关,工程检验签认关。

(1)建立了一个完整的以自检为主的质量控制体系。认真履行了作为承包人应尽的自检职责,配备了高强的自检设备和质量检测人员。对各分项工程的开工条件自检;对每道工序或工艺进行现场质量自检;按照合同指定、施工规范规定的抽样频率、时间和方法进行质量自检。

(2)对进入施工现场的原材料和施工设备进行严格检测,特别是对标准钢结构、混凝土、标志板、标线用热熔涂料、划线机械等大宗材料机械指标进行严加控制。各种原材料进场前必须通过监理工程师认可,质检人员对自行采购、加工的材料随时取样检查,对进场的不合格材料实行废弃制度。在开工前做好各种原材料的相关试验工作。

(3)严格执行招标文件、技术规范,按操作规程施工。在施工中尽量采用通过监理同意的新技术、新工艺,为工程质量的提高创造有利条件。

(4)推行全面质量管理,对工程质量进行全过程的动态管理。开展难点工序技术攻关活动,及时解决施工中的难重点和质量问题。开展创全优工程的活动,把工程质量管理引向深入。

(二)施工中质量自检情况及工程质量问题的处理情况

加强施工中各种质量指标的自检和抽查。自检贯穿于施工的全过程,主要包括标志杆件的外观平整度、安装的水平度、安装高度、标线的外观尺寸、标线与路边的黏结性度等的检测。

工程质量通过自检和监理抽检情况及质量评定情况看:各分部、分项工程质量均为合格工程,分项工程合格率达到100%,得到了业主和监理人员的高度评价。

工程实体内实外美,结构尺寸准确无误,满足设计及规范要求,达到了合同规定的标准。

(三)对完工质量的评价

洛栾高速公路自施工开始到现在,整个过程质量完全处于受控状态,未出现任何质量事故。工程总体质量优良,满足设计及施工规范的标准,达到了招标文件和合同条款的要求。

交工验收检验评定的主要依据是《公路工程竣(交)工验收办法》、《公路工程质量检验评定标准》(JTG F80—2004)、设计文件、现行国家及(部)颁有关技术规范、施工过程的试验检验评定资料等。参加评定的按合同段标志、标线加权平均计算我标段工程质量评分98.0分。

四、施工进度控制

开工前,项目经理部成立工期领导小组,在施工现场建立工程施工调度室,主要负责工程进度的管理。建立健全目标责任制度、进度检查制度、工期奖惩制度等规章制度,同时与各施工队签订目标责任状。在施工过程中,领导小组根据资源配备的情况,结合公路工程的常规做法和材料机具供应实际,广泛征求技术人员和广大施工人员的意见,合理、可行地安排总体进度计划。另外,根据已完工程的进度快慢、施工人员的增减、业主要求的计划变更等诸多因素,不断调整进度计划,动态监控关键线路的变化,以适时调整人员分配和施工顺序,使施工生产持续有效地按计划正常进行。施工中尽可能采用先进、高效的施工机械和新工艺,提高劳动效率,加快施工进度,保证阶段性工期目标的实现。尽可能采用一些实用的新技术,提高生产效率。周密计划和不断调整工序搭配,避免或尽可能缩短工序之间的间隙时间。

五、施工安全与文明施工情况

施工安全方面,项目部成立安全领导小组,设置专职安全副经理和安全部长,下设4个专职安全员,由项目经理担任组长,专职安全副经理和安全部长为副组长,组员由专职安全员和项目部各职能部门负责人组成。各施工队相应成立队安全检查小组,并在各工班设专职安全检查员,坚持经常性的施工安全检查及监督指导。

施工中,坚持正确处理安全与施工生产统一、与施工速度互保、与质量互补、与效益兼顾、与危险并存的关系。坚持预防为主、综合考虑的原则,坚持安全与生产同步进行的原则,坚持全员、全过程、全方位和全天候的"四全"动态管理原则,坚持安全管理具有明确目的性的原则。在各级明确安全管理范围,组织职工学习有关劳动保护的政策、条例、规程和制度,规范操作。采取正确的安全管理措施,落实安全责任,实施责任管理,建立各级人员的安全责任制度,明确相应的安全责任,定期检查落实情况。

为使管理组织运转并发挥作用,项目实施前将制定如图2所示的管理制度。

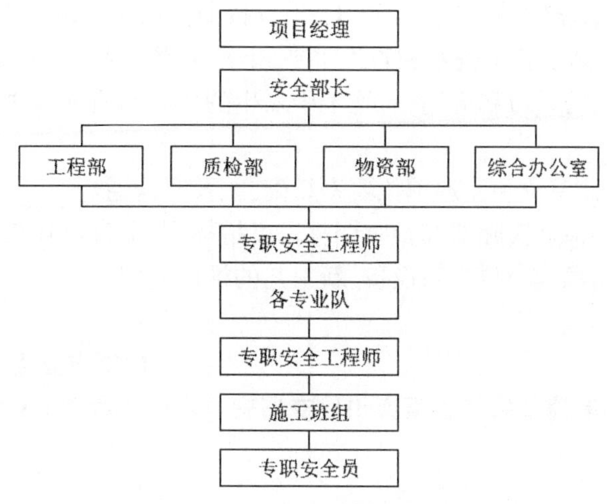

图2 安全管理组织机构框图

六、环境保护与节约用地措施

(一)环境保护

保护环境是为当地人民,为子孙后代造福的大事。施工中,我们加强环保意识,工程完工后不为当地留下任何后患。施工中我们采取了以下措施:

(1)在全体职工中认真开展组织学习和贯彻《中华人民共和国环境保护法》,结合当地的环境特点,制订规章制度,认真落实环保法规,增强职工环保意识。

(2)加强对施工区和生活区的环境卫生管理,清洗施工机械、设备及工具的废水、废油等有害物质以及生活垃圾集中储积处理,禁止乱堆、乱埋、乱流,影响环境卫生。

(3)工程全部完工后,拆除不再使用的临时设施,做到工完料尽、场地清洁。

(二)节约用地的措施

总体规划,合理用地。按照总体的工作思路,结合现场实际情况,做到用临结合,尽量少占农用耕地。

七、施工中新技术、新材料、新工艺的应用情况

在标志的施工过程中采用先整体施工标志的立柱和主体骨架,后对标志板面整体进行安装,杜绝了在安装标志板面时租用的吊车闲置现象的出现。

八、工程款支付情况

本项目工程款全部支付到位,一切劳务、机械、材料等债务纠纷与建设方无关。

九、施工体会

洛栾高速公路在整个建设过程中,得到了河南省交通运输厅、河南高速公路发展有限公司及豫西指挥部领导高度重视和关怀,同时还得到了全体监理人员积极主动、热情周到的监理服务,以及设计单位和当地政府的大力支持。使承包人具体施工能顺利实施,整个工程施工能有条不紊地进行,优质完成全部任务。

经全体施工人员的共同努力,精密组织实施洛栾高速公路的施工管理,并与业主、设计、监理单位密切配合,我部所有工程质量得到很好控制。

施工中,我们始终以工程施工为重点,做到工期、质量、安全、文明施工等由领导亲自抓,各专业人员具体抓。精心组织、严格管理、科学施工,不仅按期优质高效地完成了任务,而且在施工中磨砺了筑路人的意志,提高了施工技术和管理水平,丰富了承包人的工程施工经验。包括:

(1)加强对合同条款的学习和应用,对施工中发生的各种事宜必须进行详细记录,合理进行工程变更、索赔和追加。

(2)与建设单位、设计单位和监理单位要密切配合、及时沟通。

(3)在施工过程重要根据实际情况及时调整进度指标,避免盲目赶工期埋下质量隐患。

(4)要积极进行新技术、新材料、新设备、新工艺的推广应用。

邯郸市立通道路设施有限公司

洛栾高速公路嵩县至栾川段交通安全设施工程 No.1 合同段项目经理部

二〇一六年八月

2. 洛栾高速公路嵩县至栾川段交通安全设施工程 No. 2 合同段施工总结报告

目　　录

一、工程概况
二、机构组成
三、质量管理情况
四、施工进度控制
五、安全生产与文明施工情况
（一）安全施工管理情况
（二）文明施工管理情况
六、环境保护与节约用地措施
七、施工中新技术、新材料、新工艺的应用情况
八、工程款支付情况
九、施工体会

洛栾高速公路嵩县至栾川段交通安全设施工程 No.2合同段施工总结报告

一、工程概况

洛栾高速公路嵩县至栾川段SLJA.2标段位于洛阳市栾川县内，桩号为K97+850～K129+535，全长31.685km。本工程采用双向四车道高速公路标准，设计速度80km/h，路基宽度24.5m。本本标段负责标志标线工程施工。合同段主要工程量为：①标志：单柱式标志38个、双柱式标志8个、单悬式标志38个、双悬式标志3个、门架式标志9个、附着式标志88个；②标线：热熔型涂料路面标线9551m^2、热熔型震荡标线18742m^2、预成型反光标线带8097m^2。SLJA.2合同段从2012年7月筹备开工，在嵩阳公司的领导和监理工程师的监督及大力支持、指导下，于2012年12月13日圆满地完成了本合同段的所有施工任务。

二、机构组成

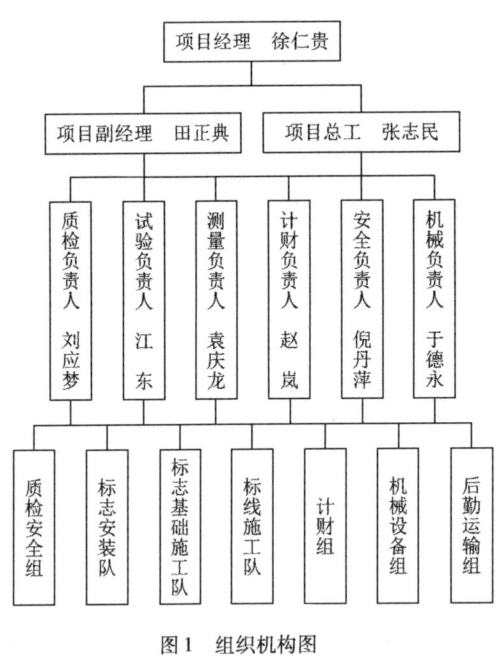

图1 组织机构图

交通工程作为公路形象工程之一，对美化整个工程具有画龙点睛的作用，而其施工方法的合理性、科学性、先进性对标志标线工程尤为重要。为确保本合同段工程按期竣工，我们抽调精干力量成立了项目经理部，形成了整套的组织、质量及安全施工管理网络，对网络成员实行纵向到底、横向到边的组织管理体系。从人员、机械设备及材料等方面优化组合，组建高素质的施工管理队伍，确保了安全、优质、高效、按期完成工程施工。

1.管理机构设置(图1)

项目经理、项目技术负责人分别由具有多年公路交通安全设施施工及组织经验的徐仁贵及张志民担任，其主要工作是安排施工进度工作，做好施工物资的调度，并及时与业主、监理联系，做好技术确认工作，全面地对整个工程的进度、质量及安全负责。

标志基础施工队由刘应广施工队长负责，配有施工人员15人，驾驶员2人；质量、安全巡视员各1人，共19人。标志钢构件安装由汪军发负责，配施工人员12人，驾驶员3人，质量、安全巡视员各1人，共17人。标线施工队由王明施工队长负责，配有施工人员9人，驾驶员2人；质量、安全巡视员各1人，共13人。同时安排质检员及时做好工程自检工作，保质保量地完成施工任务。

2. 主要设备投入情况(表1)

主要设备投入情况表 表1

序号	机械名称	型号	功率(吨位)	单位	数量
1	喷漆设备			台	4
2	热熔釜	韩国	双缸	辆	4
3	经纬仪			台	3
4	水准仪			台	3
5	大货车	江西	10t	辆	4
6	热熔划线机	日本阿童木		辆	4
7	划线设备	BX3-300-3 临海	5.5kW	辆	2
8	空气压缩机	VF-6/8	$6m^3$	辆	10
9	底漆高压喷涂机	C620 杭州	7.5kW	辆	2
10	150L 混凝土搅拌机	JZC-350		台	2
11	移动式吊机设备			台	4
12	调平直机具			套	1
13	钢板裁、弯设备			套	4
14	圆形滚边机	ST-120		台	2
15	逆反射系数测量仪			台	2
16	柴油发电机			台	5
17	砂轮切割机			台	5
18	色彩色差仪			台	1
19	底漆高压喷涂机			台	2
20	放线设备			台	2
21	涂层测厚仪			台	1
22	12t 汽车起吊机	12t		辆	2
23	载重汽车			台	10

三、质量管理情况

1. 质量控制措施

根据《公路工程质量检验评定标准 第一册 土建工程》(JTG F80/1—2004)、《公路工程技术标准》(JTG B01—2003)等国家及有关部委颁布的相关技术规范,我公司在洛栾高速公路 SL-JA02 标交通标志、标线工程施工中,项目经理部将一如既往地贯彻落实本公司质量第一的优良作风,狠抓施工质量,做到质量第一。项目经理部将建立"横向到边,纵向到底,控制有效"的质量自检体系,严格执行"三检"(自检、互检、交接检)制度。为确保工程质量满足要求,我们将具体采取如下保证措施:

(1)加强队伍建设,开展全面质量管理

要创优良工程、精品工程,必须有一套完善的管理制度和一支经验丰富质量过硬的施工队伍。本公司自成立以来,一直坚持以人为本的经营理念,重视对人才的培养和使用,形成了一批有着扎实的理论知识和丰富的实际操作经验队伍,并屡创优良工程,给业主和监理留下了良好的印象,逐步树立起良好的公司形象。

为了使公司在本合同中再创佳绩,委任具有丰富高等级公路施工经验的工程师担任项目经理和技术负责人,全面负责本合同工程的实施,保证施工计划编制切合实际,施工技术合理、有效。并为项目经理部配备了具有中级职称的专职质检、计财负责人。

(2)严把材料质量关,强化质量监控

符合招标文件和设计图纸要求的原材料,是确保工程质量优良的基础。所以我们定向选择质量上乘的原材料生产、经营厂家,要求每批原材料都有相应的产品合格证和质保单,并对原材料进行性能指标检验,不符合质量要求的原材料一律不允许使用。

在施工过程中,使用工况良好的设备,确保施工硬件可靠。并在技术、质检负责人的指导下严格执行操作规程。技术指标层层把关,始终做到每一位施工员都是质量检查员,每位施工员都将以我公司的质量保证制度严格要求自己,首先把好各自岗位质量关,做到边施工边检查边整改。检查结果达不到优良的项次决不转入下道工序。

(3)科学施工,建立质量奖罚制度

施工前,仔细研究业主提供的施工图纸,结合现场考察,准备施工方案。施工中与业主、监理工程师保持密切联系合作。

工程施工管理人员和质量工程师要随时与业主和监理工程师保持密切的联系,及时汇报施工情况,做到严格按照业主提供的施工图纸施工,对临时修改的内容也要坚持按临时修改通知书执行,做到每项施工内容均有业主提供的书面设计依据,杜绝无图纸施工的现象。工程进展的每个阶段,我公司还指定专人做好阶段性质量检查,及时向业主、监理工程师、公司汇报。

2. 施工中工程质量自检情况及工程质量问题的处理情况

我单位在施工中对工程质量严格按照自检制度进行操作,先由施工队操作工人自检和工班自检,队级质检员检验,经检合格后,上报项目部质检工程师,项目部质检工程师再进行检验,工程质量得到确认后报验监理工程师。上下工序之间还要进行交接检验,上道工序不合格下道工序不接收,上道工序的质量事故隐患决不留给下道工序。

同时,项目经理部每月组织一次质量大检查,并进行质量评定,作为当月验工计价的依据。质量大检查以检查工程质量为主,同时检查质量管理工作,查看各项规章制度落实情况。对检查中发现的质量问题,检查组根据实际情况及时提出改进措施,限期改正,并进行复查。质量大检查后,检查组汇总检查情况,在工程会上进行通报,奖优罚劣,以示激励。

对施工中发现的工程质量问题,我单位坚决处理到底,决不留质量隐患,在哪发现问题,就从哪进行处理,保证工程质量。

3. 对完工质量的评价

经过不懈的努力,项目圆满完成。对于完工质量,通过对我合同段各分项、分部及单位工程的评定汇总,分项工程的合格率达 100%,合同段工程质量等级自检评定得分为 96.6 分,合同段工程质量等级为合格。

四、施工进度控制

公司在加强项目部驻地建设及项目部领导班子的同时选派优良的施工人员充当施工队中的技术骨干,及时协商解决施工中存在的问题,根据工程进度的实际需要,项目部加大了人力、物力、财力的投入,力争提前完成施工任务,尽快交付使用。为了加快施工进度按期完成施工任务,在确保工程质量和安全生产的前提下,特制定如下措施:

(1)由于本工程施工范围较广,有一定的施工难度,我们将根据工程的实际情况,精心编制了分部分项施工进度计划,组织流水施工,确保工程如期优质完工。

(2)在施工过程中,加强各种统一协调和密切配合地工作,并适当调整延长工作时间。

(3)根据工程进度需要,有计划地安排各种原材料,半成品及机械设备的进场时间,避免因材料脱节而延续工期。

(4)以计划工期为依据,及时检查工程进度情况,一旦发生未达到计划要求的立即分析滞后原因,查出问题,并制定可靠的追赶措施,确保按计划按时完成节点任务。

(5)完善成品保护措施,各种工种之间做好成品保护工作,不得将以安装好的工程随意破坏,安装人员在配件搬运、安装过程中相互之间做好成品保护,减少修理与重复劳动,保证工作顺利进行,达到缩短工期与提前竣工的目的。

(6)落实内部责任制,根据各工种操作的特点及计划工期目标,落实岗位责任制,制定奖惩制度,做到奖罚分明,月月兑现。

(7)做好工程收尾工作,平时自己做好施工现场清洁工作,在施工过程中,及时清理机械设备和各种周转材料,做到工完场清。

五、安全生产与文明施工情况

安全工作是搞好生产的重要因素,关系到国家、企业和职工的切身利益,因此"安全责任,重于泰山"项目部自进场以来一直把安全工作放在首位,为杜绝安全生产事故的发生,项目部成立安全组织机构小组,由项目经理充当安全生产的第一责任人,同时加大安全专项资金的投入,做到专款专用,健全完善安全生产的各类台账,并逐级签订安全生产合同,把安全责任落实到人,项目部一手抓施工管理,一手抓安全、文明生产管理,进一步贯彻"安全第一、预防为主"的方针政策,健全安全组织机构,经常开展安全教育活动购买相关书籍,定期召开安全会议,认真组织安全学习,贯彻落实指挥部关于安全生产和各类文件,从而逐步提高专职安全员的业务管理水平,做到安全职责明确、活动经常有效,记录齐全、各种安全管理制度完善、规范。通过了一系列安全保障措施和安全管理的培训,逐步形成"人人管安全、人人要安全"达到全体员工的安全生产防范意识,确保本工程顺利、圆满、安全完工。具体安全防范措施如下。

(一)安全施工管理情况

(1)加强领导,健全组织,项目部、施工队成立安全领导小组,设专职安全员制定严格的安全措施,定期分析解决工作中存在的问题,及时发现和排除安全隐患。

(2)安全教育要经常化、制度化,新工人进场时要进行三级安全教育,对于转岗、复岗仍要进行培训,加大安全教育宣传工作。

(3)落实安全生产责任制实施责任管理,根据"全员管理、安全第一"的原则,建立各级人员安全责任制,明确规定各级领导、职能部门、工程技术人员和生产工人在生产中的安全责任,各级安全生产领导小组要定期组织检查。各级安全监督人员要经常检查,发现问题及时纠正,真正把事故消灭的萌芽状态。

(4)严格爆破器材的管理,建立发放、领料、运输和保管制度,严格遵守国家和地方政府关于爆破器材装卸、运输、储存以及人身和财产安全的法规。

(5)按施工组织设计和工艺流程科学组织施工。各工序衔接,严格操作规程,严禁各种违章指挥和违章作业行为的发生。

(6)所有施工设备和机具在使用前均必须由专职人员负责进行检查、维修、保养,确保状况良好。爆破工、电工、电焊工等主要工种必须经过培训并经考核取得合格证,方可持证上岗操作,杜绝违章作业。

(7)夜间施工要有良好的设备,危险地段设危险标志和缓行标志,施工时我们将配备足够的交通值勤人员,组织好过往行人及车辆,确保人员车辆的安全。

(8)加强安全防护。设置安全防护标志。爆破作业要设立安全标志、安全网,个人要戴安全帽系好安全带,脚手架、脚手板要搭设牢固。

(9)抓好现场管理,坚持文明施工,保障人身、机械和器材的安全。尤其是上公路的机动车辆限速行驶,不侵占道不抢行,做到文明礼让,弯道鸣笛,严防交通事故的发生。

(10)要安全用电,严格按有关规定安装线路及设备,用电设备都要安装地线,不合格的电工器材严禁使用。库房、油库严禁烟火,油库要安装避雷装置。

(11)认真做好防火、防盗工作,重点设备要重点防护,严防各类事故的发生。

(12)认真做好食堂管理工作,防止食物中毒事故的发生。

(二)文明施工管理情况

文明施工是企业管理水平的标志,为切实搞好标准化工地建设,文明施工,使场地布置整洁化、施工操作规范化、工艺流程程序化。本项目部采取以下文明施工措施:

(1)建立以项目经理为组长,各部门负责人参加文明管理组织,项目经理是文明施工的第一责任人,全面负责整个施工现场的文明管理工作。

(2)建立检查考核制度,考核结果与经济分配挂钩,奖优罚劣。

(3)加强职工素质教育,丰富多彩文化娱乐活动,陶冶职工情操,都是文明施工的有效措施。

(4)加强高空作业、运输起吊作业、用电作业等特殊工种的培训,特殊工种持证上岗,积极推广新技术、新工艺、新设备和现代化的管理方法,提高机械化作业程度。

(5)项目部周围要设置五牌一图,办公室墙上悬挂施工平面布置图,施工管理组织体系,质量、安全保证体系和项目经理岗位职责及相关组织机构框图等。

(6)施工现场设置施工牌、安全反光锥,主要出入口设置"工程施工告示牌",其他主要施工点,道路交叉口,设置必要的安全警告宣传标志。

(7)施工管理人员在现场佩戴识别证明其身份的证件,着装规范,头戴安全帽,施工人员应将劳保防护用品穿戴整齐,凡着装不符合安全规定的,不准进入施工现场。

六、环境保护与节约用地措施

保护环境是为当地人民,为子孙后代造福的大事。施工中,我们加强环保意识,工程完工后不为当地留下任何后患。施工中我们采取了以下措施:

(1)必须根据本工程场地的实际情况,并根据指挥部要求建设标准化工地、标准化项目部要求合理布置,节约用地。

(2)施工道路畅通、平坦、整洁、不积水、施工场地硬化、不乱堆乱放,建筑工地周围砌挡墙、设置排水沟,建筑垃圾必须集中堆放、及时清理。

(3)落实卫生专职人员和清洁人员,落实门前责任,把生活卫生纳入到工地总体规划。

(4)建立食堂卫生制度,食堂要有密封措施,食堂卫生要符合《中华人民共和国食品卫生法》要求,食堂四周要保持排水通畅、清洁、整齐、有消毒、灭蝇、防尘措施,严禁交叉污染。

(5)工地应保证茶水供应,严禁食用生水,现场落实消灭蚊蝇滋生承包措施,搞好工地卫生工作。

(6)不在施工现场遗留废弃物,不在施工现场乱涂乱划,设备在临时维修时使用材料布,保护路面不造成施工垃圾的污染。

(7)加强工地的卫生管理工作,保障职工身心健康,维护施工现场整洁卫生,我们将严格按照《施工环境保护管理办法》施工。

七、施工中新技术、新材料、新工艺的应用情况

大型板面铝合金板间的连接,与以往的铆接方式不同,而是采用更为先进的焊接方式。方法

是用奥地利进口标志牌专用焊机及拼板机将铝板与铝槽或铝板与铝板焊接，使生产效率大为提高，且连接牢固度，平整度均较以往的铆接方式要更好。

八、工程款支付情况

工程款全部支付到位，一切劳务、机械、材料等债务纠纷与建设单位无关。

九、施工体会

认真总结此次工程，我们有如下体会：

(1)百年大计、质量第一。在施工中我们牢牢抓住工程质量这根主线，始终把工程质量放在第一位。通过集中学习、开会、参观等各种形式教育参建职工，使其树立起强烈的质量责任意识，使大家认识到高速公路无小事，无易事，形成时时讲质量、处处讲质量的良好氛围。

(2)特别注重原材料的采购工作。交安设施工程中，原材料费用占总合同价的80%，可以说，材料采购完成了，整个工程也就完成了80%。原材料质量的好坏直接关系到整个工程质量，比如反光膜、标线涂料将直接影响到标志的视认及标线的反光效果。为此，我们通过市场调查，比选择优，选择那些实力强、信誉高、服务好的企业作为供货商。

(3)加强与指挥部、监理组的沟通，及时反映工程中需解决的问题。此次工程标志标线点多面广，施工交插进行，难度较大。进行作业涉及与路基、路面单位施工的配合及协调，这些问题如不能顺利解决，将直接影响施工质量，严重影响施工进度。为此加强与指挥部、监理组和其他施工单位的沟通至关重要，在施工中我们积极主动联系，及时反映施工中问题，促成各种问题的解决，保证了工期、保证了质量。

杭州红萌交通设施有限公司

洛栾高速公路嵩县至栾川段交通安全设施工程 No.2 合同段项目经理部

二〇一六年八月

3. 洛栾高速公路嵩县至栾川段交通安全设施工程 No. 3 合同段施工总结报告

目　　录

一、工程概况
二、机构组成
三、质量管理情况
（一）质量控制措施
（二）施工中质量自检情况及工程质量问题的处理情况
（三）对完工质量的评价
四、施工进度控制
五、施工安全与文明施工情况
六、环境保护与节约用地措施
（一）环境保护
（二）节约用地的措施
七、施工中新技术、新材料、新工艺的应用情况
八、工程款支付情况
九、施工体会

洛栾高速公路嵩县至栾川段交通安全设施工程 No.3 合同段施工总结报告

一、工程概况

本合同段于2012年08月10日开工,2012年11月30日竣工,合计112日历天。于2012年12月20日全部完工。

本标段起点位于K61+800处,至K97+850,本标段全长36.05km,其中K90+280处为旧县互通区,K95+458处为九龙山互通区,L1K82+190~L1K83+020处为嵩县停车区。主要工程数量:波形梁护栏48756m,隔离栅56519m,防眩板23643m,声屏障2615m等。

二、机构组成

1.主要人员投入情况(表1)

主要人员投入情况表 表1

序号	姓名	年龄	职务	技术职称	备注
1	陆晓东	49	项目经理工程师	高级工程师	
2	万嘉	40	项目总工	高级工程师	
3	赵立新	42	合约、计划工程师	高级工程师	
4	王圆	57	财务负责人	会计师	
5	胡小端	40	交通安全设施工程师	高级工程师	
6	史林初	41	交通安全设施工程师	高级工程师	
7	肖万斌	34	质检工程师	工程师	
8	刘国强	41	质检工程师	高级工程师	
9	陈锋	47	质检工程师	高级工程师	
10	黄轼琼	34	安装工程师	工程师	
11	兰戟	33	安装工程师	工程师	
12	郭骁伟	32	安装工程师	工程师	
13	李光磊	33	安装工程师	工程师	
14	梁力干	34	测量工程师	工程师	
15	白雪峰	41	测量工程师	工程师	
16	李民	41	试验负责人	高级工程师	
17	侯远明	34	机械工程师	工程师	
18	胡毅中	50	机械工程师	工程师	
19	沈明辉	42	机械工程师	工程师	
20	刘龙	27	专职安全员	助理工程师	
21	程向国	37	专职安全员	工程师	

2. 主要设备投入情况(表2)

主要设备投入情况表 表2

序号	设备名称	单位	承诺数量	进场时间安排
1	喷漆设备	台	4	2012年8月
2	经纬仪	台	3	2012年8月
3	水准仪	台	3	2012年8月
4	空气压缩机	台	10	2012年8月
5	移动式吊车设备	台	4	2012年8月
6	调平直机具	套	1	2012年8月
7	钢板裁、弯设备	套	4	2012年8月
8	打桩机	台	10	2012年8月
9	拔桩机	台	10	2012年8月
10	逆反射系数测量仪	台	2	2012年8月
11	柴油发电机	台	5	2012年8月
12	砂轮切割机	台	5	2012年8月
13	色彩色差仪	台	1	2012年8月
14	升降机	台	2	2012年8月
15	底漆高压喷涂机	台	2	2012年8月
16	涂层测厚仪	台	1	2012年8月
17	8t汽车起重机	台	2	2012年8月
18	载重汽车	台	10	2012年8月
19	混凝土搅拌机	台	2	2012年8月

3. 项目组织机构

组织机构如图1所示。

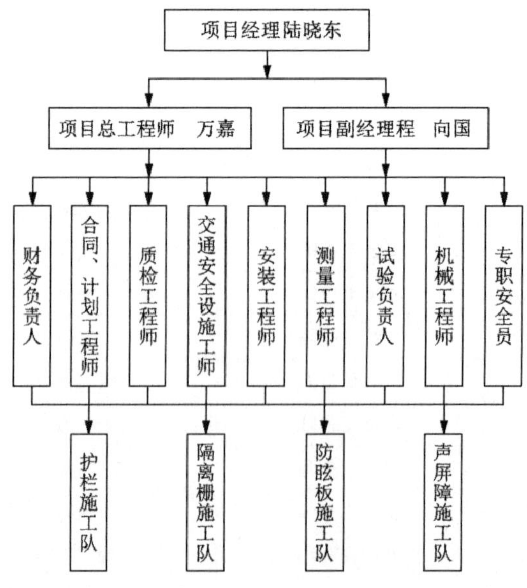

图1 组织机构图

三、质量管理情况

(一)质量控制措施

制定分项工程一次验收标准,各分项工程均按合同条款和施工规范进行控制施工,在施工中做到认真严格执行三级质检体系。"三检体系"是在施工前检查,施工中检查,工作结束时检查。检查以自检、互检及交接班检的方式进行。同时把好施工技术图纸复核关,测量定位复核关,技术交底关,过程控制关,工程检验签认关。

(1)建立了一个完整的以自检为主的质量控制体系。认真履行了作为承包人应尽的自检职责,配备了高强的自检设备和质量检测人员。对各分项工程的开工条件自检;对每道工序或工艺进行现场质量自检;按照合同指定、施工规范规定的抽样频率、时间和方法进行质量自检。

(2)组织施工人员进行全面技术交底,从全线的工程情况、设计意图、主要技术标准、质量要求、技术安全措施以及重点工程施工的注意事项等均要一一交代清楚,使全体参工人员做到胸中有数。

(3)组织施工人员结合各自所承担的施工任务,进行监理程序、合同条款、施工工艺及规范的培训、学习。加强岗位技能培训,进行全员质量意识教育。

(4)建立健全质量管理机构,制定工程质量岗位责任制和分项工程质量保证措施、规章制度,将其落实到每个人及每一个施工环节和每一道工序,并严格把关。把工程质量与经济效益挂钩,实行奖罚分明。

(5)认真做好试验路段的施工,收集各种数据和满足要求的各项技术指标,总结分析施工步骤、施工工艺、人员及设备配套的实施性,修正各种施工技术参数,为工程的全面施工提供最佳指导方案,保证了洛栾高速公路交安施工质量达到优良。

(6)对进入施工现场的原材料和施工设备进行严格检测,特别是对标准钢结构、混凝土、标志板、标线用热熔涂料、划线机械等大宗材料机械指标进行严加控制。各种原材料进场前必须通过监理工程师认可,质检人员对自行采购、加工的材料随时取样检查,对进场的不合格材料实行废弃制度。在开工前做好各种原材料的相关试验工作。

(7)严格执行招标文件、技术规范,按操作规程施工。在施工中尽量采用通过监理同意的新技术、新工艺,为工程质量的提高创造有利条件。

(8)推行全面质量管理,对工程质量进行全过程的动态管理。开展难点工序技术攻关活动,及时解决施工中的难重点和质量问题。开展创全优工程的活动,把工程质量管理引向深入。

(9)认真对待质量通病

针对公路施工特点,对于常见的质量通病如混凝土外观质量较差、混凝土表面的细微裂缝、混凝土的养生不及时等在施工中针对性的采取相应预防措施,并且严格实施,取得了著成效。

(二)施工中质量自检情况及工程质量问题的处理情况

加强施工中各种质量指标的自检和抽查。自检贯穿于施工的全过程,主要包括波形梁护栏外观竖直度、安装的顺直度、安装高度、外观的线性以及声屏障、隔离栅、防眩板等材料的检测。

工程质量通过自检和监理抽检情况及质量评定情况看:各分部、分项工程质量均为合格工程,分项工程合格率达到100%,得到了业主和监理人员的高度评价。

工程实体内实外美,结构尺寸准确无误,满足设计及规范要求,达到了合同规定的标准。

(三)对完工质量的评价

洛栾高速公路自施工开始到现在,整个过程质量完全处于受控状态,未出现任何质量事故。工程总体质量优良,满足设计及施工规范的标准,达到了招标文件和合同条款的要求。

交工验收检验评定的主要依据是《公路工程竣(交)工验收办法》、《公路工程质量检验评定标准》(JTG F80—2004)、设计文件、现行国家及(部)颁有关技术规范、施工过程的试验检验评定资料等。参加评定的按合同段波形梁护栏、声屏障、隔离栅、防眩板加权平均计算我标段工程质量评分96分。

四、施工进度控制

按照总体的进度计划安排,积极落实各项措施,确保工程进度按计划要求进行。

1. 组织保障

(1)成立精干的项目部,实行项目长负责制,项目部内设置强有力的工程管理系统,实施工程的全面宏观管理。

(2)各个工程队建立健全队长负责制,强化一线组织领导和指挥,确保实施性施工组织设计的实现,群策群力开展好目标管理,制定详细又科学合理的施工作业计划,保持均衡生产,实现计划的最终时间目标。

(3)加强工程调度指挥,做到一切行动听指挥,步调一致,齐抓共管。

2. 人员保障措施

(1)加强用工的计划性,实行定额用工。

(2)加强劳动定额管理,确保定额水平的完成。

(3)组织好昼夜"三班倒"工作制度的正常落实,做到各工序的连续施工。

(4)领导跟班作业,及时发现并解决问题。

(5)发扬艰苦奋斗的作风,节假日照常施工。

3. 技术保证措施

(1)优化施工组织设计,做到科学施工,信息反馈及时,适时调整和改进施工方案。

(2)组织采用平行流水作业方式,保证一环扣一环的施工程序。

(3)发挥技术管理的保障作用,细审核、严交底、勤检查、抓落实。

(4)专业技术工作者,要深入一线跟班作业了解情况,及时搞好技术交底,并做到发现问题及时解决。

(5)实行项目总工程师技术岗位负责制,对技术负总责,并行使技术否决权。

4. 物资保障措施

(1)加强物资采购人员的选配。

(2)按施工计划安排,确保材料按时到位。

(3)把握建筑的旺淡季特点,超前调查和预测市场供应情况,特别是季节性施工要做好材料的适量储备。

(4)严把材料质量关,杜绝劣质材料进入施工现场。

5. 设备保障措施

(1)设备管理人员,要选配有较高的技术素质、较强的事业心和责任感的同志担任。

(2)加强设备的维修与保管,确保完好率和出勤率。

(3)加强现场设备的协调使用。

(4)根据工程进度,应超前考虑,专人落实各种设备的进场,做到随用随上,不误时间。

6. 资金保障

(1)选配财务经验丰富的会计师,主持工程资金的筹集和合理使用。

(2)压缩非生产性开支,全力保障有限的资金用于工程和职工的工资发放上。

(3)积极与甲方联系,确保工程进度拨款不滞后,力争早到位,以便资金用于工程上周转。

(4)若资金紧张时,积极向上级主管单位反映,确保工程施工用资金。

7. 处理好各种外部关系，争取良好的施工环境

（1）搞好与甲方、设计、监理的关系，紧紧依靠地方政府，加强合作，密切配合，确保工程的顺利进行。

（2）服从甲方协调，密切与本工程相关单位的合作与配合。

五、施工安全与文明施工情况

1. 建立健全安全保障体系

施工项目设立安全管理小组，由主管生产的项目经理任组长，工地设立专职安全员，班组设兼职安全员，从而形成一个健全的安全保证体系。

安全管理小组主要负责贯彻执行国家有关安全施工的方针政策、法令、规章制度和上级有关规定，协助领导在“安全第一，预防为主”的方针指导下组织和推动施工中的安全工作。

工地专职安全员的职责是认真贯彻执行上级有关安全施工的规定，推动和组织施工中的安全工作，在业务上接受上一级安全管理部门的领导。

班组兼职安全员协助班组长组织安全活动，进行现场安全检查，组织学习安全规程、制度及上级颁发的有关文件，模范遵章守纪，对违章作业者进行批评教育，指导班组人员正确使用个人防护用品等。

2. 安全管理组织机构

项目部将成立以项目经理为首的安全领导小组，对本工程项目安全全面负责。项目部设安全部长、专职安全工程师，各专业队设专职安全员，贯彻“安全第一、预防为主”的方针和“管生产的必须抓安全”的原则，根据工程施工特点，制定各项安全措施，确保施工生产的安全。安全管理组织机构见安全管理组织机构图。

3. 安全管理制度（图 2）

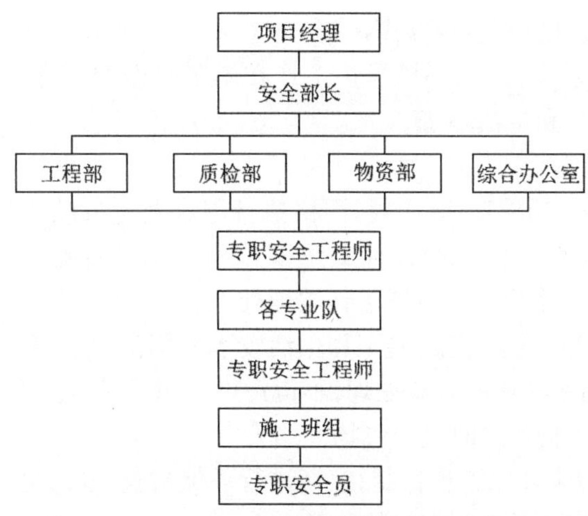

图 2　安全管理组织机构框图

为使管理组织运转并发挥作用，项目实施前将制定如下管理制度。

安全检查制度：分日常检查和每月例行检查。

安全责任制度：对所有人员进行安全责任分解，定岗定位定责任。

安全教育制度：定期进行安全知识教育和思想教育。

安全审查制度：对重要施工项目的施工方案进行安全审查，组织相关专业技术人员进行评审。

4. 安全保障措施

(1)建立安全岗位责任制,逐级签订安全生产承包责任状,明确分工,责任到人。

(2)工序开工前,及时做好施工技术交底的安全注意事项。

(3)操作人员必须佩戴安全帽,高空作业系安全带。

(4)抓好现场管理,搞好文明施工,经常保持现场管线整齐,灯明、路平、无积水。易燃物品仓库要设专人防守,危险区要设有栏杆和标志,备齐消防器材,并能防盗。

(5)生活区、加工场,要符合防水要求,切实做好防洪、防火、防中毒、防淹等工作,杜绝重大伤亡事故,减少一般性事故。

(6)加强施工用电管理,施工中加强对机具、电器设备的检查和维修,线路架设高度和照明度必须符合标准。

(7)车辆要经常检修,动力机械司机持证上岗。严禁非司机开车,严禁酒后开车。

(8)联系就近的医务所,出现紧急情况,应做好现场急救和保护工作,现场备应急车辆,以供急需。

(9)坚持经常和定期安全检查制度,及时发现事故隐患,堵塞事故漏洞,还要结合安全事故的规律和季节特点,重点查防触电、防火灾、防交通事故等措施的落实。对检查中发现的问题及时采取措施解决,并实行奖罚制度。

(10)常与当地政府联系,密切同当地群众的关系,征求意见,改进工作,严肃群众纪律,搞好路地联防,共同做好施工期间的安全工作。

(11)场放置好警示牌、指示牌等标牌。

六、环境保护与节约用地措施

(一)环境保护

1. 环境保护目标

本工程的环境保护目标是:“两不破坏”——不破坏景观、不破坏生态;“三不污染”——不造成水质污染、不造成空气污染、不造成噪声污染。

保护生态环境,防止水土流失,环境保护工作在施工时做到了全面规划,合理布局,化害为利,创造了清洁适宜的施工和生活环境。

2. 环境保护的管理措施

(1)设立环保机构,切实贯彻环保法规,严格执行国家及地方政府颁布的有关环境保护、水土保持的法规、方针、政策和法令,结合设计文件和工程实际,及时提出有关环保措施。

(2)废弃物及时运至业主指定的位置进行填埋处理。

(3)采用有效措施,消除施工污染,施工和生活废水采用沉淀池、化粪池等方式处理,清洗集料或含有油污的废水采用集油池的方式处理,不得污染水源及耕地。施工地点要防治噪声污染。施工便道经常洒水,防止车辆通过时尘土飞扬。

(4)强化环保管理,健全环保管理机制,定期进行环保检查,及时处理违章事宜,并与当地的环保部门建立联系,接受社会及有关部门的监督。

(5)加强环保教育,宣传有关环保政策,强化职工的环保意识,使保护环境成为参建职工的自觉行为。

(6)以醒目的标志封闭施工区域,并在区界挂以醒目整洁的环保语言和企业精神等标牌。

(7)保护生态。施工中注意保护自然生态,不得随意拆堵水利设施,保护好河渠,不污染水源。

3. 环境保护的规划范围及相应的具体措施

施工期环保规划共分六个部分。即自然景观保护、生态环境保护、水土保持、施工和生活废水处理、废气粉尘处理、噪声控制。

(1)自然景观保护

为保护施工区域当地的自然景观,施工期间应严格做好以下几点:

严格按照施工总平面布置图布置临时设施,不得修建超出规划范围以外的建筑。

所有临时设施的修建必须严格按照既定的标准和要求进行,不低于规定的标准。保证临时设施整齐统一,外表美观。做好场地和临时设施非交通部位的绿化,种植花草树木,维持并保护原有地表植被。

施工人员驻地每100m间距配置垃圾箱一个,各施工队及项目部均搭设简易垃圾站,避免生活垃圾污染周边环境。

(2)生态环境保护

对原有生态环境进行调查,结合施工中可能产生的影响,合理进行施工组织,尽量使用可不破坏原有生态的施工措施;严格落实其他环保措施,保护溪流水质和空气环境。

不得因施工需要,在未经业主和相关部门容许的情况下,砍伐林木,毁坏地表植被,挖掘土石,埋设管线。对合同规定的施工界限内外、的植物、树木,尽力维持原状。砍除树林或其他经济植物时,应事先征得所有者和业主的指示同意。做好树林防火措施,配置灭火器材。

除征地范围内的耕地占用,不得侵占现有耕地,并积极开展路地共建活动,施工完毕后,能复耕的复耕,能造地的造地。

对有害物质(如燃料、油料、废炸药、旧材料、垃圾等)要通过焚烧或其他措施处理后运至业主和监理工程师认可的地点进行掩埋,以防泄露,造成对动物、植物的损害;修渠筑坝,通渠道,防止土壤冲蚀,地表冲刷,对弃土严格按甲方指定的弃渣场堆放,严防水土流失,污染环境。

开挖作业严格控制开挖尺寸,少扰动土体,维护好自然地形地貌,防止引发地质性灾害;施工沿线的弃渣和剩余失效的灰砂、混凝土等,选择合适低洼地堆放、填埋,避免流失污染环境。

对现场做复土还耕或还林处理,竣工恢复具体内容包括:清除临时设施,沿线开挖所破坏的植被,施工完成后按水土保持计划设计要求种草绿化,恢复自然景观,防止造成新的水土流失。各工地居住区的污水沟、粪便及垃圾做好消毒灭菌清除工作,并用净土填埋、压实,种植植被。

(3)水土保持

防排水:施工期间始终保持工地的良好排水状态,修建有足够泄水断面的临时排水泄道,并与永久性排水设施相连接,不形成淤积和冲刷。

施工平面布置尽量利用永久征地,减少对耕地或林木的损坏,避免水土流失;施工道路顶面表面筑成2%的横坡,以利于排水;基坑边坡严格按照设计要求进行支护,分段留设排水沟。

(4)施工期生产和生活废水处理

施工期的水污染主要来自施工人员的生活污水和生产废水两部分,由于两部分废水的性质不同,拟将其分开处理。考虑到工程各施工部位相距较远,难以进行集中处理,根据施工场地分布,各驻地内设管线将污废水集中进行处理的方案。

生活污水的主要污染物都是易生物降解的有机物,考虑到施工期间的生产与管理的条件,故选择较易操作控制的以生物接触氧化为主体的处理工艺。生产废水包括施工机械设备清洗的含油废水和混凝土养护冲洗水、砂石料冲洗与开挖土石方排水。含油废水和含砂、石废水分别进行处理,含油废水用隔池去油污,含砂、石废水则由沉淀将其中固体物料沉淀下来。

进行水沉淀处理措施为:施工场地的生产废水,经过滤网过滤,通过污水管输入池中沉淀,并做除油处理。经业主和环保部门认可后沿排放。

(5)防大气污染

进入工地的机动车辆消音排烟净化系统一定要完好;施工工地上的道路每天要不定时打扫,适时进行洒水,特殊范围内的工作人员要戴防尘面罩,控制烟尘与粉尘污染。

施工段,用编织布围好,减少扬尘,降低施工现场对景观的破坏;运输车辆配备两边和尾部挡板,对易飞扬的物料用篷布覆盖严,且装料适中,不得超限;车辆轮胎及车外表用水冲洗干净。

工地生活垃圾弃置在半密封的池中,定期焚烧掩埋处理;工地设置能冲洗的厕所若干处,派专门的人员清理打扫,并定期对周围喷药消毒,以防蚊蝇滋生,病毒传播。

防止开挖出的泥土被雨水冲散或流溢,冲散的泥浆因扩散面广不易清除,遇上干燥天气容易产生二次扬尘,用施工车辆及时将其运至指定弃土场掩埋。

(6)防噪声污染

施工期间要防止噪声扰民,机械运输车辆途经居住场所时应减速慢行,不鸣汽喇叭;适当控制机械动力布置密度,条件允许拉开一定空间、减少噪声叠加;合理安排施工作业时间,尽量避开夜间车辆出入频率;机械设备振动声音较大的,要加设消声罩或消声管,最大可能减少噪声的影响;以液压工具代替气压冲击工具。

采取综合治理措施,合理安排施工计划,规定噪声大、冲击性强并伴有强烈振动的活动安排在白天进行;把噪声控制在合理范围之内,白天最大不超过75dB,夜间控制在45~55dB之间。

(二)节约用地的措施

(1)总体规划,合理用地。按照总体的工作思路,结合现场实际情况,做到用临结合,尽量少占农用耕地。

(2)取土场选用占地少且不适宜耕种的荒地,取土后立即复耕。

(3)贯通全线的施工便道利用了边坡的护道和排水沟的位置,在征地范围内修筑,进入便道的道路则利用了既有道路,完工后进行复耕,增加耕地面积。

七、施工中新技术、新材料、新工艺的应用情况

在标志的施工过程中采用先整体施工标志的立柱和主体骨架,后对标志板面整体进行安装,杜绝了在安装标志板面时租用的吊车闲置现象的出现。

八、工程款支付情况

本项目工程款全部支付到位,一切劳务、机械、材料等债务纠纷与建设方无关。

九、施工体会

洛栾高速公路在整个建设过程中,得到了河南省交通运输厅、河南嵩阳高速公路有限公司指挥部领导高度重视和关怀,同时还得到了全体监理人员积极主动、热情周到的监理服务,以及设计单位和当地政府的大力支持。使承包人具体施工能顺利实施,整个工程施工能有条不紊地进行,优质完成全部任务。

经全体施工人员的共同努力,精密组织实施洛栾高速公路的施工管理,并与业主、设计、监理单位密切配合,我部所有工程质量得到很好控制。

施工中,我们始终以工程施工为重点,做到工期、质量、安全、文明施工等由领导亲自抓,各专业人员具体抓。精心组织、严格管理、科学施工,不仅按期优质高效地完成了任务,而且在施工中磨砺了筑路人的意志,提高了施工技术和管理水平,丰富了承包人的工程施工经验。包括:

(1)加强对合同条款的学习和应用,对施工中发生的各种事宜必须进行详细记录,合理进行工程变更、索赔和追加。

(2)与建设单位、设计单位和监理单位要密切配合、及时沟通。
(3)在施工过程重要根据实际情况及时调整进度指标,避免盲目赶工期埋下质量隐患。
(4)要积极进行新技术、新材料、新设备、新工艺的推广应用。

海南中咨泰克交通工程有限公司

洛栾高速公路嵩县至栾川段交通安全设施工程 No.3 合同段项目经理部

二〇一六年八月

4. 洛栾高速公路嵩县至栾川段交通安全设施工程 No. 4 合同段施工总结报告

目　　录

一、工程概况
二、机构组成
三、质量管理情况
（一）质量控制措施
（二）施工中质量自检情况及工程质量问题的处理情况
（三）对完工质量的评价
四、施工进度控制
五、施工安全与文明施工情况
六、环境保护与节约用地措施
（一）环境保护
（二）节约用地的措施
七、施工中新技术、新材料、新工艺的应用情况
八、工程款支付情况
九、施工体会

洛栾高速公路嵩县至栾川段交通安全设施工程 No.4 合同段施工总结报告

一、工程概况

本合同段计划于 2012 年 07 月 20 日开工，2012 年 11 月 30 日竣工，合计 130 日历天。于 2012 年 12 月 15 日全部完工。

本标段起点位于 K97 + 850 处，至 K129 + 535，本标段全长 31.685km，主要工程数量：波形梁护栏 47204m、隔离栅 38393m、防眩板 12414m、声屏障 1944m 等。

二、机构组成

1. 主要人员投入情况(表 1)

主要人员投入情况表 表 1

序号	姓　名	职　务	职　称	年　龄	备　注
1	王竹青	项目经理	工程师	39	
2	张玉林	项目总工	高级工程师	37	
3	芮小波	主管施工的副经理	工程师	34	
4	谢永民	合同、计划工程师	工程师	36	
5	肖弘	合同、计划工程师	工程师	41	
6	张联合	财务负责人	会计师	42	
7	高鹏	交通安全设施工程师	高级工程师	42	
8	胡淑玲	交通安全设施工程师	工程师	53	
9	解京顺	交通安全设施工程师	工程师	56	
10	马亨	质检工程师	工程师	45	
11	石俊龙	质检工程师	工程师	37	
12	王进兵	质检工程师	工程师	49	
13	丁新春	质检工程师	工程师	32	
14	杨铁军	安装工程师	工程师	43	
15	张海山	安装工程师	工程师	49	
16	张卫东	安装工程师	工程师	39	
17	叶全斌	安装工程师	工程师	40	
18	耿永魁	测量工程师	工程师	38	
19	袁铜森	测量工程师	工程师	40	
20	查军民	测量工程师	工程师	39	
21	刘惠琳	测量工程师	工程师	41	
22	王跃民	试验工程师	工程师	54	

续上表

序号	姓　名	职　务	职　称	年　龄	备　注
23	李春轩	机械工程师	工程师	37	
24	吴建忠	机械工程师	工程师	36	
25	朱仙香	机械工程师	工程师	39	
26	王九玲	机械工程师	工程师	33	
27	欧美武	专职安全员	工程师	30	
28	王昆	专职安全员	工程师	31	

2. 主要设备投入情况(表2)

主要设备投入情况表

表2

设备名称	单位	承诺数量	进场时间安排
经纬仪	台	3	2012年7月
水准仪	台	3	2012年7月
吊车	台	2	2012年7月
吊车	台	2	2012年7月
打桩机	台	3	2012年7月
打桩机	台	2	2012年7月
打桩机	台	5	2012年7月
拔桩机	台	10	2012年7月
发电机	台	5	2012年7月

3. 组织机构(图1)

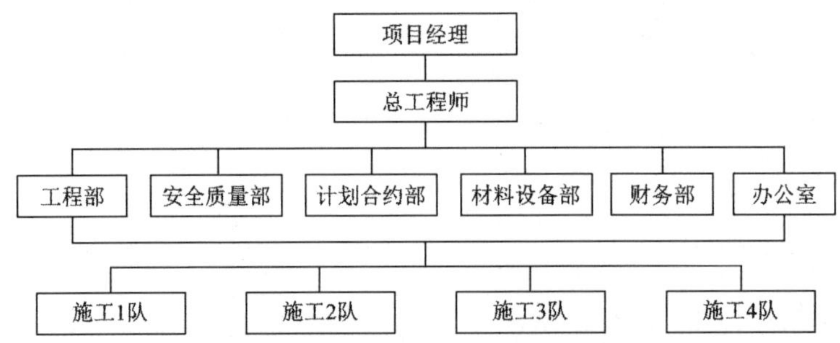

图1　洛栾高速公路LSJA.4标段项目经理部组织机构图

三、质量管理情况

制定分项工程一次验收标准,各分项工程均按合同条款和施工规范进行控制施工,在施工中做到认真严格执行三级质检体系。“三检体系”是在施工前检查,施工中检查,工作结束时检查。检查以自检、互检及交接班检的方式进行。同时施工图纸复核在施工开工前复核完毕,图纸的复核由工程部负责,必须明确复核内容,部位、复核人员及复核方法,发现问题,及时上报监理工程师,进行复核,把好施工技术图纸复核关,测量定位复核关,技术交底关,过程控制关,工程检验签认关。

（一）质量控制措施

（1）建立了一个完整的以自检为主的质量控制体系。认真履行了作为承包人应尽的自检职责，配备了自检设备和质量检测人员。对各分项工程的开工条件自检；对每道工序或工艺进行现场质量自检；按照合同指定、施工规范规定的抽样频率、时间和方法进行质量自检。

（2）现场材料质量管理严格控制外加工、采购材料的质量。各种地方材料、外购材料到进场前必须通过监理工程师认可，质检人员和材料部采购人员共同对自行采购、加工的材料随时取样检查，发现问题立即与供货商联系，对进场的不合格材料实行废弃制度。在开工前做好各种原材料的相关试验工作。

（3）成品保护措施。

①护栏立柱基础开挖时，土方不堆积在路上，以免污染路面或影响道路施工，绿化带内不符合绿化用土的材料和路边多余土方及时用车辆运走。

②护栏立柱基础混凝土浇筑时，沥青路面用塑料布铺底，严禁混凝土污染路面。

③施工时产生的废料，如土方、多余混凝土、涂料等不要在施工现场随意堆放，要及时用车辆运到指定渣土场。

（4）严格执行招标文件、技术规范，按操作规程施工。在施工中尽量采用通过监理同意的新技术、新工艺，为工程质量的提高创造有利条件。

（5）推行全面质量管理，对工程质量进行全过程的动态管理。开展难点工序技术攻关活动，及时解决施工中的难重点和质量问题。开展创全优工程的活动，把工程质量管理引向深入。

（二）施工中质量自检情况及工程质量问题的处理情况

加强施工中各种质量指标的自检和抽查。自检贯穿于施工的全过程，主要包括护栏的高程、垂直度，立柱打入的深度、线性，隔离栅的线形，预埋基础的尺寸，防眩板的线性等的检测。

工程质量通过自检和监理抽检情况及质量评定情况看：各分部、分项工程质量均为合格工程，分项工程合格率达到100%，得到了业主和监理人员的高度评价。

工程实体内实外美，结构尺寸准确无误，满足设计及规范要求，达到了合同规定的标准。

（三）对完工质量的评价

洛栾高速公路自施工开始到现在，整个过程质量完全处于受控状态，未出现任何质量事故。工程总体质量优良，满足设计及施工规范的标准，达到了招标文件和合同条款的要求。

交工验收检验评定的主要依据是《公路工程竣（交）工验收办法》、《公路工程质量检验评定标准》（JTG F80—2004）、设计文件、现行国家及（部）颁有关技术规范、施工过程的试验检验评定资料等。参加评定的按合同段护栏、隔离栅、防眩板、声屏障工程的加权平均计算我标段工程质量评分96.8分。

四、施工进度控制

根据业主和招标文件对本工程施工的要求及工程规模、工期、质量等方面的要求，开工前，组成从事交通工程施工多年，具有丰富的理论和实践经验的技术骨干成员成立项目经理部并组建工期领导小组，在施工现场建立工程施工调度室，主要负责工程进度的管理。建立全目标责任、进度检查、工期奖惩等规章制度，同时与各施工队签订目标责任状和安全责任书。在施工过程中，领导小组根据资源配备的情况，结合工程的常规做法和材料机具供应实际情况，广泛征求技术人员和施工人员的意见，合理、可行地安排总体进度计划。另外，根据已完工程的进度快慢、制度工期网络图，时标网络图，根据工作的内容和计划的变动，采用削峰填谷的办法，调整人员分配和施工顺序，使施工生产持续有效地按计划正常进行。施工中尽可能采用先进、高效的施工机械和新工艺，提高劳动效率，加快施工进度，保证阶段性工期目标的实现。

五、施工安全与文明施工情况

施工安全方面，项目部成立安全领导小组，由项目经理担任组长，副经理和安全部长为副组长，组员由专职安全员和项目部各职能部门负责人组成。各施工队相应成立安全检查小组，并设专职安全检查员，坚持经常性的施工安全检查及监督指导。施工中，坚持正确处理安全与施工生产统一、与施工速度互保、与质量互补、与效益兼顾、与危险并存的关系。坚持预防为主、综合考虑的原则，坚持安全与生产同步进行的原则，全员、全过程、全方位和全天候的"四全"动态管理原则，坚持安全管理具有明确目的性的原则。组织职工学习有关安全生产知识、规范操作、政策、条例、规程和制度，。采取正确的安全管理措施，落实安全责任，实施责任管理，建立各级人员的安全责任制度，明确相应的安全责任，定期检查落实情况。

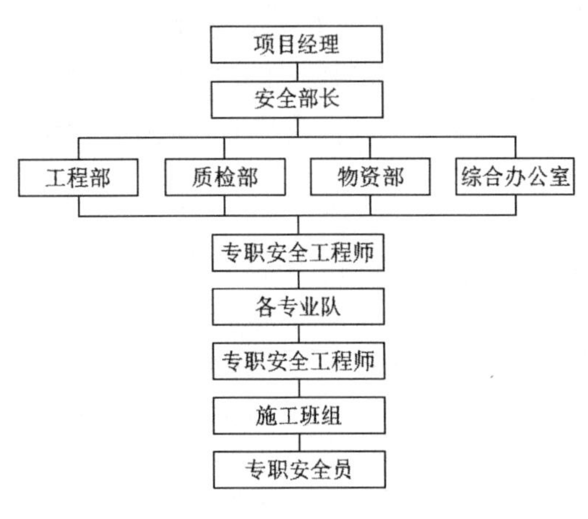

图2　安全管理组织机构框图

为使管理组织运转并发挥作用，项目实施前将制定如图2所示的管理制度。

六、环境保护与节约用地措施

（一）环境保护

保护环境是为当地人民，为子孙后代造福的大事。施工中，我们加强环保意识，工程完工后不为当地留下任何后患。施工中我们采取了以下措施：

（1）在全体职工中认真开展组织学习和贯彻《中华人民共和国环境保护法》，结合当地的环境特点，制订规章制度，认真落实环保法规，增强职工环保意识。

（2）加强对施工区和生活区的环境卫生管理，清洗施工机械、设备及工具的废水、废油等有害物质以及生活垃圾集中储积处理，禁止乱堆、乱埋、乱流，影响环境卫生。

（3）工程全部完工后，拆除不再使用的临时设施，做到工完料尽、场地清洁。

（二）节约用地的措施

总体规划，合理用地。按照总体的工作思路，结合现场实际情况，做到用临结合，尽量少占农用耕地。

七、施工中新技术、新材料、新工艺的应用情况

在波形梁护栏的施工过程中采用一般路基打桩，石质路基采用钻孔然后进行立柱栽入，解决了因为石质路基段护栏立柱无法打入的问题。

八、工程款支付情况

本项目工程款全部支付到位，一切劳务、机械、材料等债务纠纷与建设方无关。

九、施工体会

洛栾高速公路在整个建设过程中，得到了河南省交通运输厅、河南高速公路发展有限公司及豫西指挥部领导高度重视和关怀，同时还得到了全体监理人员积极主动、热情周到的监理服务，以及设计单位和当地政府的大力支持。使承包人具体施工能顺利实施，整个工程施工能有条不紊地进行，优质完成全部任务。

经全体施工人员的共同努力，精密组织实施洛栾高速公路的施工管理，并与业主、设计、监理

单位密切配合，我部所有工程质量得到很好控制。

施工中，我们始终以工程施工为重点，做到工期、质量、安全、文明施工等由领导亲自抓，各专业人员具体抓。精心组织、严格管理、科学施工，不仅按期优质高效地完成了任务，而且在施工中磨砺了筑路人的意志，提高了施工技术和管理水平，丰富了承包人的工程施工经验。

(1)加强对合同条款的学习和应用，对施工中发生的各种事宜必须进行详细记录，合理进行工程变更、索赔和追加。

(2)与建设单位、设计单位和监理单位要密切配合、及时沟通。

(3)在施工过程重要根据实际情况灵活地运用了削峰填谷的人力资源网络图和在施工计划网络图中调整了非关键线路的自由时差，及施工避免盲目赶工期埋下质量隐患。

(4)要积极进行新技术、新材料、新设备、新工艺的推广应用。

北京路桥方舟交通科技发展有限公司

洛栾高速公路嵩县至栾川段交通安全设施工程 No.4 合同段项目经理部

二〇一六年八月

第五部分

房建、机电、绿化

1. 洛栾高速公路嵩县至栾川段房建工程 No. 1 合同段施工总结报告

目　　录

一、工程概况

二、机构组成

三、质量管理情况

四、施工进度控制

五、施工安全与文明施工情况

六、环境保护与节约用地措施

七、施工中新技术、新材料、新工艺的应用情况

八、工程款支付情况

九、施工体会

洛栾高速公路嵩县至栾川段房建工程 No.1 合同段施工总结报告

一、工程概况

本合同段原计划开工时间为2012年5月10日，完工时间为2012年11月10日，工期6月；实际开工时间为2012年6月15日，完工时间为2012年12月16日，工期6个月。

本合同段位于、洛阳、嵩县县境内。本合同段负责旧县收费站工程施工，主要工程为：收费站大棚、综合楼、综合机房及周边附属构件工程。其中综合楼建筑面积1277.39m^2，建筑基底面积719.99m^2，地上二层，建筑高度10.02m，结构类型为：框架结构。外墙为保温外墙面见05YJ3-1E型、05YJ3-7图集；见立面标注，面砖外墙面见05YJ1外墙13；其他做法见立面标注。

综合机房建筑面积159.1m^2，地上一层，框架结构，抗震设防烈度6度，耐火等级：发电机房为一级，其他房间为二级。建筑高度6.5m，外墙采用涂料饰面见05YJ3-1图集。内墙面见05YJ1-内墙6图集。

收费大棚为钢结构，钢结构部分钢架、连接件及金属支架外涂防火涂料。外装饰采用0.6mm厚760型角驰三隐藏式白色镀锌彩板。

二、机构组成

我公司与甲方签订施工合同后，迅速办理了一切与工程有关的手续，立即组建了以毛树林为项目经理的项目部，项目部成员均具有岗位证书。建立、健全了各种规章制度和质量保证体系，分工细致，责任明确。

项目部根据工程特点和现场自身条件，以“一法四条例”为依据，认真阅读图纸，针对工程特点，认真编制施工组织设计，并报监理单位审批。在施工过程中严格按照审批后的施工组织设计施工。

为宣传和贯彻落实“一法四条例”，项目部成立以宋聪敏为领导的学习小组，认真学习。在各个环节中严格按照施工图纸、国家规范及强制性条文施工。严格实行质量控制资料，对建筑原材料、构配件进行进场检验，并及时报与监理进行验收，严格执行见证取样制度，且所有报告反映原材料、构配件为合格产品，在施工期间，由于质量控制措施严格，管理到位，没有发生工程质量隐患和工程质量事故。

三、质量管理情况

1. 质量控制措施

我单位在工程施工中对工程项目实行质量目标管理，使工程质量达到一次验交合格率100%，优良率93%以上，具体实施中有以下控制措施。

(1)按照ISO9002质量体系要求，建立完善的质量管理体系和质量保证体系，制定创优规划，使每道工序都在严格的质量监控之下进行、实行全面质量管理。

(2)根据工程项目特点组织精明强干的施工队伍，明确分工，加强协作，注重上道工序与下道工序间的密切配合。

(3)各单项工程、各工种均实行项目负责制和岗位责任制,质量指标直接与施工人员经济挂钩,奖优罚劣、重奖重罚,分项分部工程质量指标均列入奖罚内容。

(4)采取多种形式对项目全员进行质量教育,树立"百年大计,质量第一"的思想,强化项目全员的质量意识,施工前有针对性地进行各工种的技术培训,提高施工人员的操作技能,为创优质工程创造条件。

(5)运用科学的管理方法和现代化的检测工具,强化工程质量管理,认真执行设计图纸审核制度,并做好施工技术交底,使每一个施工人员都能做到心中有数,熟悉本工程的技术要求,做到严格按照设计要求施工,严格按照施工规范作业。

(6)加强试验检测工作,严格检验各种工程材料,严格按照施工配料,确保各部位强度达到设计要求。

(7)做好质量检查工作,项目部和各队设专职质量检查工程师,监督检查工程质量,对每一道工序均进行全面严格的质量检查,实行内部质量上级管理制度,隐蔽工程在业主及监理人员检查签证后方可进行下道工序的施工,确保工程质量。

(8)根据工程特性,提供先进的施工机械和试验仪器,为工程创优夯实基础。

(9)搞好样板工程的试点和经验总结,用样板领路,全面推广,达到创全优工程的目标。

2. 施工中工程质量自检情况及工程质量问题的处理情况

我单位在施工中对工程质量严格按照自检制度进行操作,先由施工队操作工人自检和工班自检,队级质检员检验,经检合格后,上报项目部质检工程师,项目部质检工程师再进行检验,工程质量得到确认后报验监理工程师。上下工序之间还要进行交接检验,上道工序不合格下道工序不接收,上道工序的质量事故隐患决不留给下道工序。

同时,项目经理部每月组织一次质量大检查,并进行质量评定,作为当月验工计价的依据。质量大检查以检查工程质量为主,同时检查质量管理工作,查看各项规章制度落实情况。对检查中发现的质量问题,检查组根据实际情况及时提出改进措施,限期改正,并进行复查。质量大检查后,检查组汇总检查情况,在工程会上进行通报,奖优罚劣,以示激励。

对施工中发现的工程质量问题,我单位坚决处理到底,决不留质量隐患,在哪发现问题,就从哪进行处理。在工程后期的路面结构层施工中,质检站检查到水泥稳定碎石底基层存在局部厚度不够和松散处,经认真排查确定缺陷范围后,我们彻底地进行了返工,不留一点后患,从而保证了工程质量。

3. 对完工质量的评价

经过近一年的努力,工程终于完工。对于完工质量,通过分项、分部、单位工程质量评定汇总得分为96.5分,总体工程质量达到合格。

四、施工进度控制

开工前,项目经理部成立工期领导小组,在施工现场建立工程施工调度室,主要负责工程进度的管理。建立健全目标责任制度、进度检查制度、工期奖惩制度等规章制度,同时与各施工队签订目标责任状。在施工过程中,领导小组根据资源配备的情况,结合公路工程的常规做法和材料机具供应实际,广泛征求技术人员和广大施工人员的意见,合理、可行地安排总体进度计划。另外,根据已完工程的进度快慢、施工人员的增减、业主要求的计划变更等诸多因素,不断调整进度计划,动态监控关键线路的变化,以适时调整人员分配和施工顺序,使施工生产持续有效地按计划正常进行。施工中尽可能采用先进、高效的施工机械和新工艺,提高劳动效率,加快施工进度,保证阶段性工期目标的实现。尽可能采用一些实用的新技术,提高生产效率。周密计划和不断调整工序搭配,避免或尽可能缩短工序之间的间隙时间。由于采取了多项措施,我标段在嵩栾段率先完成了房建施工任务。

五、施工安全与文明施工情况

施工安全方面，项目部成立安全领导小组，设安全部长，由项目经理担任组长，安全部长为副组长，组员由项目部各职能部门负责人组成。各施工队相应成立队安全检查小组，并在各工班设专职安全检查员，坚持经常性的施工安全检查及监督指导。

施工中，坚持正确处理安全与施工生产统一、与施工速度互保、与质量互补、与效益兼顾、与危险并存的关系。坚持预防为主、综合考虑的原则，坚持安全与生产同步进行的原则，坚持全员、全过程、全方位和全天候的“四全”动态管理原则，坚持安全管理具有明确目的性的原则。在各级明确安全管理范围，组织职工学习有关劳动保护的政策、条例、规程和制度，规范操作。采取得当安全管理措施，落实安全责任，实施责任管理，建立各级人员的安全责任制度，明确相应的安全责任，定期检查落实情况。

文明施工方面，我单位采取了以下几点措施：

(1)建立健全各项规章制度，工地现场悬挂文明施工标牌条幅、张贴宣传标语，采用多种形式向项目全员进行文明施工教育，提高全员文明施工意识。

(2)现场布置统一建临时房屋，统一室内配备、布置，统一现场标识。

(3)施工场地、便道、各种材料、机具等布置、堆放、停置有序，并进行标识，做好文明施工。

(4)教育全体员工遵纪守法、行为规范、文明施工，争创文明工地。

(5)遵守当地居民的生活习惯和民族风俗，搞好施工队伍与当地政府、人民群众的关系。

六、环境保护与节约用地措施

保护环境是为当地人民造福的大事。施工中，我们加强环保意识，工程完工后不为当地留下任何后患。施工中我们采取了以下措施：

(1)在全体职工中认真开展组织学习和贯彻《中华人民共和国环境保护法》，结合洛阳市的环境特点，制订规章制度，认真落实环保法规，增强职工环保意识。

(2)为减少环境污染，施工用的粉状材料采用袋装或其他密封方法运输，不得散装散卸，现场存放时，严密覆盖，防止尘埃飞扬。施工产生的垃圾和废弃物质，清理出场。施工运输道路，经常洒水除尘。

(3)加强对施工区和生活区的环境卫生管理，清洗施工机械、设备及工具的废水、废油等有害物质以及生活垃圾集中储积处理，禁止乱堆、乱埋、乱流，影响环境卫生。

(4)工程全部完工后，拆除不再使用的临时设施，做到工完料尽、场地清洁。

节约用地方面，我们采取了以下两点措施：

(1)在保证路基填筑取土用地后，我们尽量做到不占用或少占用农耕地。我们的钢筋加工场、临时设施、队伍生活办公均设置在荒地内，施工便道尽可能设置在永久征地内，这些都极大地减少占用耕地。

(2)在改路、改河、改沟“三改”工程中，我们根据现场实际情况，积极提出合理建议，在满足通行、通洪条件下，尽量减少征地。

七、施工中新技术、新材料、新工艺的应用情况

采用先进的施工技术和管理方法，推行新技术、新工艺，加强管理，提高队伍素质。优化施工方案，优化配套机械设备，以最佳设备和方案赢得时间，保证工期。

八、工程款支付情况

工程款全部支付到位，一切劳务、机械、材料等债务纠纷与建设单位无关。

九、施工体会

经过近一年的努力，工程如期完成，我们觉得，一个工程要想干好，首先要有建设单位的正确领导，还要有设计单位、监理单位和地方政府的积极监督与配合。作为建设单位，首先要保证建设资金的及时到位、工程款的及时拨付，合同工期要根据实际情况及时调整，工程变更要及时处理，竣工资料的编制要在开工之初明确和统一。作为施工单位，只有在质量上高标准、严格要求，进度上合理组织确保合同工期，才能取得预期的收益。

中铁中基第五工程局有限公司

洛栾高速公路嵩县至栾川段房建工程 No.1 合同段项目经理部

二〇一六年八月

2. 洛栾高速公路嵩县至栾川段房建工程 No. 2 合同段施工总结报告

目　　录

一、工程概况
二、机构组成
三、质量管理情况
四、施工进度控制
五、施工安全与文明施工情况
六、环境保护与节约用地措施
七、施工中新技术、新材料、新工艺的应用情况
八、工程款支付情况
九、施工体会

洛栾高速公路嵩县至栾川段房建工程 No.2 合同段施工总结报告

一、工程概况

本工程为洛栾高速公路嵩县至栾川段房建工程第 2 合同段九龙山收费站：总建筑面积 $2210m^2$，位于洛阳至栾川高速公路栾川段九龙山处，主要工作内容：土建施工（综合楼、配电房、门卫房、收费天棚等）、室内外装饰、设备安装、围墙、道路、停车场、运动场、蓄水池、化粪池、污水处理池、室外给水、室外电信管网。实际开工时间为 2012 年 6 月 15 日，完工时间为 2012 年 12 月 16 日，工期 6 个月，缺陷责任期两年。

二、机构组成

我公司与甲方签订施工合同后，迅速办理了一切与工程有关的手续，立即组建了以庄明祥为项目经理的项目部，项目部成员均具有岗位证书。建立、健全了各种规章制度和质量保证体系，分工细致，责任明确。

项目部根据工程特点和现场自身条件，以设计文件和现行规范为依据，认真阅读图纸，针对工程特点，认真编制施工组织设计，并报监理单位审批。在施工过程中严格按照审批后的施工组织设计施工。

项目部成立以曹成伟为领导的学习小组，认真学习和贯彻设计文件和现行规范要求。在各个环节中严格按照施工图纸、国家规范及强制性条文施工。严格实行质量控制资料，对建筑原材料、构配件进行进场检验，并及时报与监理进行验收，严格执行见证取样制度，且所有报告真实反映原材料、构配件为合格产品，在施工期间，由于质量控制措施严格，管理到位，没有发生工程质量隐患和工程质量事故。

三、质量管理情况

1. 确保工程质量的组织措施

我项目部一进场就组建质量保证控制机构，由项目部项目经理任质检组组长，项目部总工程师和质检负责人任副组长，组员由各专业施工队队长、部室负责人组成的系统质量控制组，通过与项目部、施工队人员签订工程质量承诺书，使施工人员感到人人肩上有担子，个个思想有压力，强化施工人员的思想道德品质，树立工程质量就是工程建设生命的认识，在质量管理上台阶、规范达标上水平、高效创优质上下功夫，充分调动施工人员的积极性，对关键部位和重点环节绝不放过，真正把质量意识贯穿于每道施工工序中。

为了提高全员的质量意识，实行全面质量管理，使各级人员在对公路工程质量的理解上、认识上重新定位，以“高标准、高质量、高起点”的“三高”精神，对所有员工进行岗前教育，重点培训，持证上岗。建立严密的质量保证体系，从组织上确保质量目标的实现。质量检查分三级管理，即项目部专职质检工程师、施工队质检负责人、班组质检员。委托完善的质量检测机构，本项目根据实际情况委托监理部和栾川县建工材料质量检测有限公司联合检测，保证使用材料和施工实体合格。成立测量队，按专业配齐专职人员，建立严格的质量保证制度、管理程序。

2. 在施工过程中我们主要从以下几点加以控制

(1)对工序实行严格的"三检":即自检、互检、交接检。上道工序不合格,不准进入下道工序,确保各道工序的工程质量。

(2)建立严格的隐蔽工程检查签证制度:凡属隐蔽工程项目,先由班、队级质检合格后,会同监理工程师复检,结果填入验收表格,双方签字。

(3)建立测量计算资料换手复核制度:测量资料须经换手复核,现场测量基线、水准点及有关标志,需进行定期复测。

(4)建立施工过程质量检测制度:施工过程的质量检测经三级进行,即"跟踪检测""复检""抽检"。

(5)建立严格的原材料、成品、半成品现场验收制度:对采购进场的原材料及成品、半成品要由质检工程师组织进行验收。

(6)建立健全原材料、成品、半成品管理制度:检查合格同意进场的原材料、成品、半成品要分类、分批堆放,并设立标志,按用途保管、发放,不得混杂,对易受潮的物品要做好防雨、防潮工作。

(7)建立原材料采购制度:制定采购计划,采购由计划部门按技术部门提出的施工总进度计划、施工图纸、技术要求制定。

(8)建立仪器设备的标定制度:测量仪器、试验设备、仪器仪表、计量器具,按照规定定期或不定期进行标定,取得合格证书后方能使用。

(9)建立严格的施工资料管理制度:施工原始资料的积累和保存设专人负责,确保资料与施工同步。

四、施工进度控制

结合总体施工进度计划,分阶级进行工期控制,每周上报施工周报,对不能满足总体进度的分项工程进行动态调整。具体进度控制措施如下:

(1)重视施工前各项准备工作。开工前及时完成放线及基础定位工作。

(2)开展劳动竞赛活动。我单位为确保完成施工任务,加大人力、机械设备的投入,严密组织管理,调动各方积极性,加快施工进度。

(3)统计工程、制定计划、落实队伍、倒排工期。在工程开工后,项目部组织专人认真统计工程,细致划分,落实施工队伍,并与施工队伍签订施工合同,明确质量要求进度。根据总工期要求,项目部倒排工期,认真划分每一道工序,使工作能落到实处。

根据施工进度控制计划,项目部如期完成了施工任务。

五、施工安全与文明施工情况

安全生产责任制层层签字落实,班前进行安全技术交底,安全生产管理人员和特殊作业人员必须执证上岗。对安全隐患部位进行及时整改,并对现场防火进行了专项管理,现场消防器材配置齐全。以确保建设项目安全顺利进行。

项目部全体人员认真学习相关法律、法规,建立安全保证体系,制订安全管理制度,对工人定期进行培训和安全教育,使其认识到安全的重要性。比如:在工地设立警示牌和挂条幅,以提高工人的安全意识,对工人进行班前教育,检查工人在施工时是否戴安全帽,高空作业人员是否系好安全带,并组建安全施工应急领导小组,随时调用,以消除施工中存在的安全隐患,做到文明施工。

按照项目部的有关规定,我单位投入一定的资金,建设高标准、高质量的工地,设立了标志、标牌，工程施工、监理人员实行挂牌上岗，按照文明工地的总体要求从以下两个方面抓起。

(1)项目部、施工队的驻地建设。做到办公室、宿舍、食堂、厕所及室内、室外、院内、院外全方位的卫生，创造了一个适合办公、学习和生活的文明工地。

(2)施工安全制度的建立。日常工作中把“安全第一、质量为本”的思想贯穿在规范施工、规范操作之中，始终坚持预防为主，清除一切安全隐患。

总之，我合同段在项目部的领导下，齐抓共管，防患于未然，未雨绸缪；同时在文明工地建设方面狠抓落实，从开工至今未发生人员伤亡和财产损失等重大事故。

六、环境保护与节约用地措施

工程开工前，我们首先进行详细的工地探查，并结合工地实际情况制定切合实际的环保方案；在施工过程中加大投入，做到生活垃圾入池，建筑垃圾及时处理，对施工现场采取降尘降噪的有效措施，尽量减少对周围居民的干扰。

施工过程中利用现有征地，合理布置机械设备、未产生临时用地。

七、施工中新技术、新材料、新工艺的应用情况

采用先进的施工技术和管理方法，推行新技术、新工艺，加强管理，提高队伍素质。优化施工方案，优化配套机械设备，以最佳设备和方案赢得时间，保证工期。

八、工程款支付情况

工程款全部支付到位，一切劳务、机械、材料等债务纠纷与建设单位无关。

九、施工体会

在这种整体项目中，完成部分分解目标，要认真地履行各自的工程合同，无违反法律、法规、政策及工程建设强制性标准条文行为，对施工中的技术变更、技术核定单及时签字确认，准确到位的做好技术交底、技术复核、做到每道工序都有据可依，避免后期取证困难、扯皮。在施工中做到及时发现问题，及时上报，及时处理，严把质量关，积极配合监理及甲方的工作，各单位的分目标要服从于总体目标，这样才能保证高速公路建设整体目标完成。本项目建设工期紧、山区施工条件恶劣、地质条件复杂，地方协调工作量大，多专业、多公司交叉作业，在这样庞大复杂的组织管理任务下，能保质保量地完成任务深感不易，为我公司积累了宝贵的经验，为企业更好发展锻炼了队伍。也深感这种平台的珍贵，感谢在建设当中曾经批评过、提出宝贵意见的同仁们，感谢在建设当中表扬过给我们动力、支持过各级领导和团队。

河南锦源建设有限公司

洛栾高速公路嵩县至栾川段房建工程 No.2 合同段项目经理部

二〇一六年八月

3. 洛栾高速公路嵩县至栾川段房建工程 No. 3 合同段施工总结报告

目　　录

一、工程概况
二、项目部组织架构
三、质量管理组织措施
四、施工进度组织措施
五、施工安全与文明组织措施
六、环境保护施工组织措施
七、施工中新技术、新材料、新工艺的应用情况
八、工程款支付情况
九、施工过程体会

洛栾高速公路嵩县至栾川段房建工程 No.3 合同段施工总结报告

一、工程概况

本工程为洛栾高速公路嵩县至栾川段房建工程第三合同段：重渡沟收费站总建筑面积1780.3m^2，位于庙子镇大清沟街口，洛栾高速公路 RK109 +850 互通区附近。主要工作内容：综合楼、综合机房、收费大棚网架安装、室内外装饰、狮子坪隧道变电所、上秋花印隧道变电所、设备安装、围墙、挡土墙、道路、停车场、蓄水池、化粪池、污水处理池、室外给水、室外排水、室外供电工程、室外绿化。开工时间为2012年6月15日，完工时间为2012年12月16日，工期6个月。缺陷责任期两年。

二、项目部组织架构

我公司与甲方签订施工合同后，立即组建了以张建伟为项目经理的项目部，项目部成员均具有岗位证书。建立、健全了各种规章制度和质量保证体系，分工细致，责任明确。

项目部根据工程特点和现场自身条件，以设计文件和现行规范为依据，认真阅读图纸，针对工程特点，认真编制施工组织设计，并报监理单位审批。在施工过程中严格按照审批后的施工组织设计施工。

主要成员：项目经理、项目总工程师、生产经理。项目经理部下设：合同预算部、安全质检部、试验技术科、材料设备部、安装部、财务部及施工作业队。劳力工正常施工时为50人，高峰期100人。投入的主要机械设备有：龙门架机械1台、蛙式打夯机2台、电焊机2台、钢筋弯曲机、截断机、调直机各1台、水准仪1台、经纬仪1台。

管理机构设置见图1。

三、质量管理组织措施

1. 质量管理制度

建立严密的质量保证体系，从组织上确保质量目标的实现。质量检查分三级管理，即项目部专职质检工程师、施工队质检负责人、班组质检员。委托完善的质量检测机构，本项目根据实际情况委托监理部和栾川县建工材料质量检测有限公司联合检测，保证使用材料和施工实体合格。成立测量队，按专业配齐专职人员，建立严格的质量保证制度、管理程序。

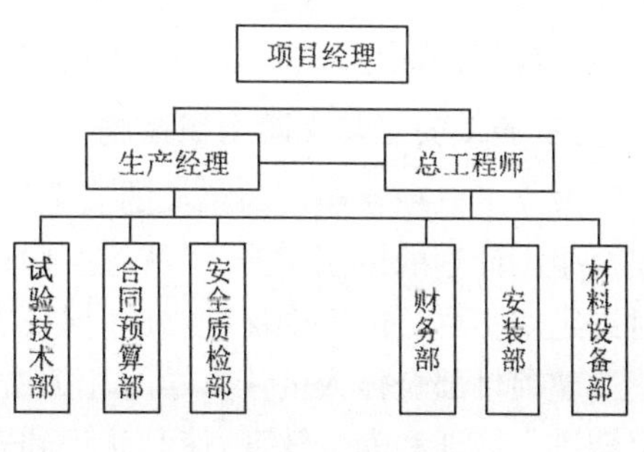

图1 组织机构图

编制并执行了创优计划和各分部分项的作业指导书，加强过程控制和工序管理，实行“三检制”，及时完整地做好了质量记录和验评资料。

在施工队伍的组建上，选择施工经验丰富的技术型操作工人参与施工，推行工程施工质量奖罚制度。对班组承包价格采用固定单价加浮动单价，根据各个分项的施工质量进行奖罚。

严格执行样板间引路制度。样板间的施工由各专业工种技术过硬的施工人员承担，提高样板自身质量水平,以样板工程带动工程质量全面提高。认真做好各类计量器具及检测设备的检定工作,使其所有检测数据和检测结果更具有效性、可靠性。制定质量通病的预防措施。

2. 质量保证措施情况

在施工过程中,加强施工过程控制,严把原材料复试和成品、半成品质量关,严格控制工序质量,严格实施隐蔽工程验收,每个分部、分项工程的关键工序(位置)设立质量管理点,贯彻实行自检互检和交接检制度;执行公司综合管理体系程序文件,建立项目质量保证体系和建立各级质量责任制来明确质量责任。

3. 施工中工程质量问题及处理措施

我单位在施工中对工程质量严格按照自检制度进行操作,先由施工队操作工人自检和工班自检,队级质检员检验,经检合格后,上报项目部质检工程师,项目部质检工程师再进行检验,工程质量得到确认后报验监理工程师。上下工序之间还要进行交接检验,上道工序不合格下道工序不接收,上道工序的质量事故隐患决不留给下道工序。

同时,项目经理部每月组织一次质量大检查,并进行质量评定,作为当月验工计价的依据。质量大检查以检查工程质量为主,同时检查质量管理工作,查看各项规章制度落实情况。对检查中发现的质量问题,检查组根据实际情况及时提出改进措施,限期改正,并进行复查。质量大检查后,检查组汇总检查情况,在工程会上进行通报,奖优罚劣,以示激励。

对施工中发现的工程质量问题,我单位坚决处理到底,决不留质量隐患,在哪发现问题,就从哪进行处理。

四、施工进度组织措施

(1)在工程开工后,项目部组织专人认真统计工程分部,细致划分,落实施工队伍,并与施工队伍签订施工合同,明确质量要求进度。根据总工期要求,项目部倒排工期,认真划分每一道工序,使工作能落到实处。

(2)项目进场后,对现场进行了详细的调查研究,编制切实可行的施工组织设计及施工总进度计划,在施工过程中根据情况变化,不断的改进、优化,使之更趋于完善合理。

(3)针对本项目关于工期的各种问题,我项目部积极应对、全力排除干扰,为扭转不利施工局面,我项目部主动协调各方关系,加大人力、设备投入科学管理,合理安排,千方百计加快施工进度,组织开展施工攻坚战,抢回了工期。在业主与监理单位的协调配合下,经过我项目部的精心组织施工,按照业主服务区投入使用计划控制目标圆满完成了各项施工任务。

五、施工安全与文明组织措施

成立了以项目经理为组长的安全生产领导小组。各级设立专职安全员,领导小组负责组织安全生产计划的编制实施,了解施工中存在的安全隐患,督促检查安全保证体系的运转情况,及时制定切实可行的安全保证措施,保证安全保证体系的有效运行。

建项目部全体人员认真学习相关法律、法规,建立安全保证体系,制订安全管理制度,对工人定期进行培训和安全教育,使其认识到安全的重要性。

由生产经理、项目总工程师、项目安全员、施工班组人员组成的安全生产责任制,做到分工明确,责任到人,分级签订了安全生产责任状。严格落实安全生产责任制,本项目实行安全生产三级管理,即一级管理由经理负责,二级管理由专职安全员负责,三级管理由班组长负责,各作业点设共青团安全监督岗。

完善各项安全生产管理制度,针对各工序及各工种的特点制定相应的安全管理制度,并由各级安全组织检查落实。建立安全生产责任制,落实各级管理人员和操作人员的安全职责,做到纵向到底，横向到边，各自作好本岗位的安全工作。

在施工过程中严格按照安全生产法及安全生产规章制度要求进行了安全生产教育、安全生产检查、安全管理目标考核、文明施工管理等工作；施工过程中认真执行业主及总监办下发的有关安全文明施工文件要求，针对一些特殊工程做了专项安全施工方案，并认真执行。

施工过程中无一起火灾事故，无一起伤亡事故。全部实现了安全文明施工的目标。

六、环境保护施工组织措施

工程开工前，我们首先进行详细的现场实地探查，并结合工地实际情况制定切合实际的环保方案；在施工过程中加大投入，为收费站施工创造了良好的环境。

施工过程中利用现有征地，合理布置机械设备，及时协调租赁相关办公用房。

七、施工中新技术、新材料、新工艺的应用情况

采用先进的施工技术和管理方法，推行新技术、新工艺，加强管理，提高队伍素质。优化施工方案，优化配套机械设备，以最佳设备和方案赢得时间，保证工期。

八、工程款支付情况

工程款全部支付到位，一切劳务、机械、材料等债务纠纷与建设单位无关。

九、施工过程体会

在建设单位的去方位支持下，监理单位、设计单位和勘察单位的密切配合下，我单位克服山区不利因素，在保证施工安全、质量的同时，施工工期圆满按照合同工期完成。

我标段把工程质量安全放在一切工作的首位，工程质量安全是决定企业生死存亡的大事，要在工程质量安全管理上狠下功夫，从而提高工程进度，安全就是效益。只有按照规范和设计要求施工，认真执行监理程序，从管理上要效益，才能取得工程进度和质量的双赢，能使企业越做越大。

洛栾高速公路嵩栾段 SLFJ.3 房建工程重渡沟收费站施工的圆满完成，与所有参建人员的努力分不开的，没有所有参建人员的努力，就没有今天的成果，衷心感谢所有参建人员的不懈努力，我们成为更好的合作伙伴，为以后做更好的工程一起加油。

郑州市正岩建设有限公司

洛栾高速公路嵩县至栾川段房建工程 No.3 合同段项目经理部

二〇一六年八月

4. 洛栾高速公路嵩县至栾川段房建工程 No. 4 合同段施工总结报告

目　　录

一、工程概况
二、机构组成
三、质量管理情况
四、施工进度控制
五、施工安全与文明施工情况
六、环境保护与节约用地措施
七、施工中新技术、新材料、新工艺的应用情况
八、工程款支付情况
九、施工体会

洛栾高速公路嵩县至栾川段房建工程 No.4 合同段施工总结报告

一、工程概况

本工程建设地点位于嵩县至栾川高速公路栾川收费站、管理所。主要工作内容:土建施工(综合楼、综合机房、门卫室、收费大棚、羊圈隧道机房等)、室内外装饰、设备安装、围墙、道路、停车场、蓄水池、化粪池、污水处理池、室外给水、室外排水。开工时间为 2012 年 6 月 15 日,完工时间为 2012 年 12 月 16 日,工期 6 个月,缺陷责任期两年。

二、机构组成

(1)我单位中标后,立即组织工程项目经理部,项目经理部是现场施工生产的管理机构,项目经理由法人代表授权,全权负责现场施工管理。物资采购供应、施工技术、工程质量、施工进度、安全生产、劳务管理、机械设备保障、文明施工、环境保护等工作。我项目经理部选派了施工经验丰富的施工班组进驻现场,做好施工的各项准备工作,做好各项技术交底工作。在施工前,我们召开动员大会。工程质量首先在思想上统一认识,要高标准,高要求来完成各项施工任务。在安全上实行规范操作,时鸣警钟,建立健全安全施工的主要制度。

(2)项目部是由项目经理、项目总工构成管理核心层。主要由项目经理、项目技术负责人、测量负责人、质量检验负责人、财务负责人、机械负责人、安全生产负责人、资料负责人、材料负责人等人员组成。

三、质量管理情况

(1)整个施工过程,项目部认真贯彻执行国家有关规范及上级颁发的有关技术管理规定,经常组织施工人员学习施工操作规程、安全规定及定期检查,以提高工人及管理人员的技术水平。

(2)为确保结构安全,几何尺寸准确,项目部在建筑物轴线、高程复核、钢筋安装焊接、隐蔽验收等方面,严格执行分项质量检查制度,落实了班组自检,互检和交接检制度,层层把关,责任到人,做到上一工序验收不合格,不准进行下工序施工,从而保证了工程质量。

(3)为了搞好工程质量,对主要施工项目编制了分项施工方案,并进行了工程质量技术交底。

(4)对施工中易发生的质量通病,如钢筋位置偏移,保护层不够,钢筋焊接裂纹,未焊透、夹渣、气孔、混凝土麻面、露筋、蜂窝、孔洞等问题,均在以上施工方案中制定了针对性措施,并在施工过程中加以控制。

(5)加强原材料进场的检查、送检及试块管理工作,凡施工中使用的材料,都必须按规定送检,混凝土或砂浆配合比均由试验室提前做出,施工过程经常检查混凝土或砂浆的质量情况。

(6)认真做好安全和功能检查记录,保证工程的质量安全。

(7)施工过程中,认真抓好全面质量管理工作,将各项工程质量直接落实到每个管理人员,做到每项工序都有人把关。坚持班组自检、互检制度,提高管理水平。并建立了健全的质量保证体系和质量管理制度。

①质量保证体系。

a. 建立了由项目经理、项目技术负责人、质检员、安全员和各班组兼职质量员组成的质量管理机构。

b. 实行项目法管理，树立以“质量为中心、管理上水平、效益上档次”指导思想，切实做到谁施工谁负责的责任下放，落实岗位责任制度。

c. 认真编制质量计划，制定质量控制点，对开影响工程质量的关键工序，在施工前编制好施工作业指导书，用以指导现场施工，从而提高施工质量。定期召开项目部工程现场例会和质量情况汇报会议，使工程质量不断提高。

d. 严格按照“三检查、二坚持、一过硬”（班组兼职质检员自检、班组兼职质检员互检、专职质量员复检，坚持按图施工、坚持按规范施工，产品过硬），将质量隐患消灭在萌芽状态。

②质量管理制度。

a. 技术复核由项目技术负责人牵头，质量员负责。复核包括平面控制、高程、模板安装、钢筋加工和绑扎、装饰和安装工程。复核无误后报监理验收合格形成记录，作为施工技术资料归档。

b. 隐蔽验收会同建设单位、设计单位及监理单位进行验收，合格后形成隐蔽验收记录作为工程资料归档。

c. 分部分项工程质量自检制度：分项工程施工过程中，分管各工种的施工员监督各班组做好自检工作。分项、分部工程施工完毕后，由质量员组织进行分项工程质量复检后报监理单位进行验收，合格后形成检验批、分项、分部工程质量验收记录，并收集、整理归档。

d. 半成品：原材料检验制度，工程所用的原材料必须有产品合格证并按规定经监理见证取样送检；绝不允许不合格产品在工程上使用。

e. 资料管理制度：加强资料收集整理工作，做好日常施工日志记录，并设专职资料员进行隐蔽工程验收资料和设计变更等资料收集整理，确保资料齐全和准确，并按要求编制竣工资料。

四、施工进度控制

为能按拟定的日期如期开工，从本工程开工前就做好了充分的施工准备工作，在开工后狠抓每个施工环节，在确保质量、文明及安全施工的前提下，加大施工力量投入，加班加点，发扬苦干、实干精神，从组织落实到设备配备等方面全力以赴。

注重现场管理，严格按设计要求和技术标准施工，对进场的人、机、料、方法、环境进行合理有效的使用，充分利用空间、时间、建立文明的施工秩序，完善计划正常进行。掌握和控制施工进度，及时进行人力、物力的平衡调度。保证施工按计划正常进行

五、施工安全与文明施工情况

贯彻“安全第一，预防为主”的方针，建立健全安全生产责任制和群防群治制度，严格执行《施工现场安全生产保证体系》，确保在施工现场生产过程中的人身和财产安全。工地现场做到道路畅通、平坦整洁，不乱堆乱放，无散落物。场地排水构成系统，并畅通不堵。现场施工人员统一穿着反光服装、佩戴统一安全帽。

在工地树立宣传牌，设置反映企业精神、时代风貌的醒目宣传标语，工地内设置宣传栏、黑板报等宣传设施，及时反映工地内各类动态。

六、环境保护与节约用地措施

工程开工前，我们首先进行详细的工地探查，并结合工地实际情况制定切合实际的环保方案；在施工过程中加大投入，为服务区经营创造了良好的环境。

施工过程中利用现有征地,合理布置机械设备、未产生临时用地。

七、施工中新技术、新材料、新工艺的应用情况

采用先进的施工技术和管理方法,推行新技术、新工艺,加强管理,提高队伍素质。优化施工方案,优化配套机械设备,以最佳设备和方案赢得时间,保证工期。

八、工程款支付情况

工程款全部支付到位,一切劳务、机械、材料等债务纠纷与建设单位无关。

九、施工体会

通过全体工程技术人员和施工人员的共同努力及业主、监理人员的帮助、督促,栾川收费站工程已经圆满结束。在本工程施工过程中,我公司总结出在前期准备过程中,要细致调查工地实际情况,及时制定或调整措施,保证工程顺利实施。合理投入资金、设备,只有这样才能取得质量、进度、效益的多赢局面。

河南天河建设工程有限公司

洛栾高速公路嵩县至栾川段房建工程 No.4 合同段项目经理部

二〇一六年八月

5. 洛栾高速公路嵩县至栾川段房建工程 No. 5 合同段施工总结报告

目　　录

一、工程概况
二、机构组成
三、质量管理情况
四、施工进度控制
五、施工安全与文明施工情况
六、环境保护与节约用地措施
七、施工中新技术、新材料、新工艺的应用情况
八、工程款支付情况
九、施工体会

洛栾高速公路嵩县至栾川段房建工程 No.5 合同段施工总结报告

一、工程概况

本工程为洛栾高速公路嵩县至栾川段房建工程第五合同段：旧县服务区，总建筑面积 5499.73m^2，位于旧县镇西北，洛栾高速公路 K91 +200 附近的互通区内。主要工作内容：土建施工（综合楼、综合机房、维修车库、加油站房等）、网架安装、室内外装饰、设备安装、围墙、挡土墙、道路、停车场、蓄水池、化粪池、污水处理池、室外给水、室外排水、室外电信管网、室外供电工程、室外绿化。

开工时间为2012 年6 月 15 日，完工时间为2012 年12 月 16 日，工期6 月，缺陷责任期两年。

二、机构组成

我公司与甲方签订施工合同后，迅速办理了一切与工程有关的手续，立即组建了以郭亚伟为项目经理的项目部，项目部成员均具有岗位证书。建立、健全了各种规章制度和质量保证体系，分工细致，责任明确。

主要人员：项目经理郭亚伟，项目总工程师韩朝卿，项目副经理陈玉伟，项目经理部下设：合同部、安全部、质检部、试验室、材料部、设备部、水电部、财务部、测量部以及后勤部和施工作业队。劳力工正常施工时为 100 人，高峰期 300 人。投入的主要机械设备有：起重升降机械 1 台、蛙式打夯机 2 台、电焊机 1 台、钢筋加工设备 1 台、水准仪 1 台、经纬仪 1 台。

管理机构设置见图 1。

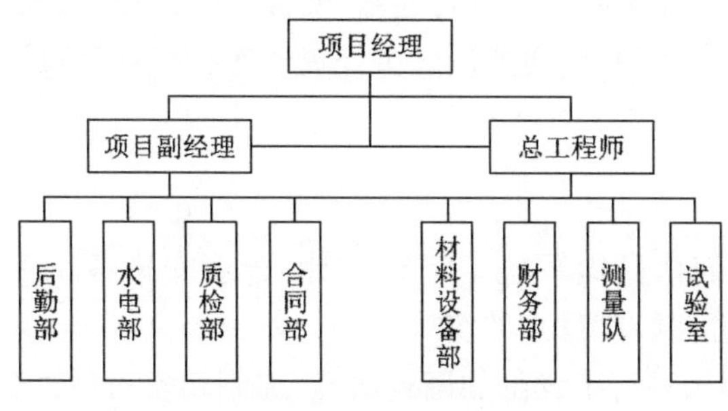

图 1　组织机构图

三、质量管理情况

1. 质量管理制度

（1）编制并执行了创优计划和各分部分项的作业指导书，加强过程控制和工序管理，实行“三检制”，及时完整地做好了质量记录和验评资料。

（2）执行公司综合管理体系程序文件，建立项目质量保证体系和建立各级质量责任制来明确质量责任。

（3）加强施工过程控制，严把原材料复试和成品、半成品质量关，严格控制工序质量，严格实施隐蔽工程验收，每个分部、分项工程的关键工序（位置）设立质量管理点，贯彻实行自检互检和交接检制度。

（4）严格执行样板间引路制度。样板间的施工由各专业工种技术过硬的施工人员承担，提高样板自身质量水平，以样板工程带动工程质量全面提高。

（5）在施工队伍的组建上，选择施工经验丰富的技术型操作工人参与施工，推行工程施工质量奖罚制度。对班组承包价格采用固定单价加浮动单价，根据各个分项的施工质量进行奖罚。

（6）认真做好各类计量器具及检测设备的检定工作，使其所有检测数据和检测结果更具有效性、可靠性。

（7）制定质量通病的预防措施。

（8）成立 QC 小组进行技术难点的现场攻关。

2. 质量保证情况

在施工过程中，我们严把工程原材料、成品及半成品的进场关和验收关，对进场材料实行台账管理，进行收、发、储、运等环节的技术管理。对进场的钢材、水泥、普通混凝土小型砌块及商品混凝土等材料，首先检查其生产厂家是否具备相应生产资质；再结合出厂合格证和质量检测报告等质保资料，核对现场材料的质量、数量是否达到要求；最后在监理工程师现场见证取样情况下。

3. 施工中工程质量自检情况及工程质量问题的处理情况

我单位在施工中对工程质量严格按照自检制度进行操作，先由施工队操作工人自检和工班自检，队级质检员检验，经检合格后，上报项目部质检工程师，项目部质检工程师再进行检验，工程质量得到确认后报验监理工程师。上下工序之间还要进行交接检验，上道工序不合格下道工序不接收，上道工序的质量事故隐患决不留给下道工序。

同时，项目经理部每月组织一次质量大检查，并进行质量评定，作为当月验工计价的依据。质量大检查以检查工程质量为主，同时检查质量管理工作，查看各项规章制度落实情况。对检查中发现的质量问题，检查组根据实际情况及时提出改进措施，限期改正，并进行复查。质量大检查后，检查组汇总检查情况，在工程会上进行通报，奖优罚劣，以示激励。

对施工中发现的工程质量问题，我单位坚决处理到底，决不留质量隐患，在哪发现问题，就从哪进行处理。

四、施工进度控制

（1）在施工过程中我们认真编写施工组织设计，合理安排各工序的衔接，采取“计划—实施—检查—调整”动态的办法控制计划的实施。

（2）项目进场后，对现场进行了详细的调查研究，编制切实可行的施工组织设计及施工总进度计划，在施工过程中根据情况变化，不断的改进、优化，使之更趋于完善合理。

（3）针对本项目关于工期的各种问题，我项目部积极应对、全力排除干扰，为扭转不利施工局面，我项目部主动协调各方关系，加大人力、设备投入科学管理，合理安排，千方百计加快施工进度，组织开展施工攻坚战，抢回了工期。在业主与监理单位的协调配合下，经过我项目部的精心组织施工，按照业主服务区投入使用计划控制目标圆满完成了各项施工任务。

五、施工安全与文明施工情况

1. 安全生产与文明施工管理

针对本工程我们制订了详尽的安全生产规章制度与文明施工管理办法。设立了专门的施工安全组织机构,成立了以项目经理为组长的安全生产领导小组。各级设立专职安全员,领导小组负责组织安全生产计划的编制实施,了解施工中存在的安全隐患,督促检查安全保证体系的运转情况,及时制定切实可行的安全保证措施,保证安全保证体系的有效运行。

2. 安全生产责任制

建立由项目副经理、项目总工程师、项目安全员和施工人员组成的安全生产责任制,做到分工明确,责任到人,分级签订了安全生产责任状。

严格落实安全生产责任制,本项目实行安全生产三级管理,即一级管理由经理负责,二级管理由专职安全员负责,三级管理由班组长负责,各作业点设共青团安全监督岗。完善各项安全生产管理制度,针对各工序及各工种的特点制定相应的安全管理制度,并由各级安全组织检查落实。建立安全生产责任制,落实各级管理人员和操作人员的安全职责,做到纵向到底,横向到边,各自作好本岗位的安全工作。

3. 安全文明生产执行情况

在施工过程中严格按照安全生产法及安全生产规章制度要求进行了安全生产教育、安全生产检查、安全管理目标考核、文明施工管理等工作。

施工过程中认真执行业主及总监办下发的有关安全文明施工文件要求,针对一些特殊工程做了专项安全施工方案,并认真执行。

施工过程中无火灾事故,无伤亡事故。基本实现了文明施工的目标。

六、环境保护与节约用地措施

工程开工前,我们首先进行详细的工地探查,并结合工地实际情况制定切合实际的环保方案;在施工过程中加大投入,为服务区经营创造了良好的环境。

施工过程中利用现有征地,合理布置机械设备、未产生临时用地。

七、施工中新技术、新材料、新工艺的应用情况

(1)本项目竖向钢筋电渣力焊技术的应用,代替了原来习惯采用的搭接绑扎和手工电弧焊的方法。应用此技术可以达到保证施工质量、降低工程成本、加快工程进度、减轻工人劳动强度的良好效果,而且工艺操作简单、容易掌握。

(2)在混凝土配合比选用上,我们合理选择高效减水剂,使配出的混凝土既节约了水泥,又提高了混凝土的强度。

八、工程款支付情况

工程款全部支付到位,一切劳务、机械、材料等债务纠纷与建设单位无关。

九、施工体会

在业主的大力支持下,监理单位和设计单位的密切配合下,我们立足本工程实际,从实际出发,科学管理,精心组织施工,处处严格要求,圆满完成了各项施工任务。

我标段把工程质量放在一切工作的首位,工程质量是决定企业生死存亡的大事,要在工程质量管理上狠下功夫,从而提高工程进度。只有按照规范和设计要求施工,认真执行监理程序,从管理上要效益,从创新上求发展,才能取得工程进度和质量的双丰收,从而也才能获得企业最大的收益和进步。

要提高企业的创新意识,在工程施工建设上要高标准,严要求;向国内外的优势企业学习,在工程施工上要敢于投入,大胆地采用新材料、新工艺和新设备,争创一流工程,才能做到事半功倍。

嵩栾高速公路 SLFJ. 5 房建工程施工的圆满完成,凝聚着广大参建人员的心血。嵩栾高速公路旧县服务区，是大家积极创新，以坚韧不拔的意志战胜各种困难，同心协力、用心血和汗水培育出的一朵美丽奇葩。

河南省第二建设集团有限公司

洛栾高速公路嵩县至栾川段房建工程 No. 5 合同段项目经理部

二〇一六年八月

6. 洛栾高速公路嵩县至栾川段机电工程合同段施工总结报告

目　　录

一、工程概况
二、机构组成
三、质量管理情况
四、施工进度控制
五、施工安全与文明施工情况
六、环境保护与节约用地措施
七、施工中新技术、新材料、新工艺的应用情况
八、工程款支付情况
九、施工体会

洛栾高速公路嵩县至栾川段机电工程合同段施工总结报告

一、工程概况

本项目全线位于洛阳市境内,起点在嵩县纸坊乡东北接洛嵩段终点,终点位于栾川县庙子乡接拟建尧山至西峡高速公路,路线全长67.75km,其中嵩县段长约35.2km,栾川段长约32.55km。全线采用设计速度80km/h,路基宽度24.5m的双向四车道高速公路标准设计。沿线共设置服务性互通立交4处,分别为:旧县互通立交、九龙山互通立交、重渡沟互通立交、栾川互通立交。全线共设置匝道收费站4处,分别为:旧县收费站、九龙山收费站、重渡沟收费站、栾川收费站。全线共设置隧道24座。

嵩栾高速公路机电工程包括监控系统、通信系统、收费系统、监控系统(隧道部分)及隧道通风、消防系统。嵩栾高速公路机电项目包括设计、供货、运输、交付、安装、开通、测试、试运行、培训、文件和24个月免费缺陷责任期等服务。

本项目工程量共涉及匝道收费站4处、收费车道21条、外场监控设备共27套,隧道监控于狮子坪1、2号,上秋花印、羊圈、鸭池沟隧道设置闭路电视监控摄像机74套,于狮子坪1号隧道及九龙山隧道管理所设置PLC远程控制系统,狮子坪1号隧道内设置车道指示器14套、紧急电话28套、火灾报警系统1套、车辆检测器10套、CO/VI6套、光强及风速风向各2套以及其他附属设施。隧道通风、消防系统于狮子坪1号隧道内设置射流风机22台,消防系统于狮子坪1号及上秋花印隧道内设置水消防,其余隧道通过安装灭火器的方式实现该系统功能。

二、机构组成

本项目承包人为紫光捷通科技股份有限公司。紫光捷通科技股份有限公司在项目所在地设立嵩栾高速公路机电工程项目经理部,对本工程实施全面管理,项目管理原则:项目部成员高度团结、统一管理,项目经理全权负责,确保工期、质量、安全、效益四统一。

委派具有丰富设计、施工经验,并直接领导过两次以上大中型工程的工程师闫华学任项目经理,陈方伟为项目副经理,刘力军为项目总工程师。项目副经理代表项目经理在施工现场履行的基本职责是遵守国家法令、法规,全面履行合同,组织制定并实施内部管理制度,协调各单位、各专业之间关系,与业主密切合作,妥善处理与施工当地政府等关系。项目经理部设置经理室、总工室、技术室、财务室、设备材料室、现场施工班组等部门。

公司的总部设项目管理部、大区项目总监以管理项目实施进度、质量情况;设计部处理工程实施过程中的部分技术工作,参与联合设计工作,工程实施中,必要时派支援人员到现场;设采购部全面负责项目设备采购工作;设后勤部全面负责嵩栾项目部后勤工作。

管理机构设置见图1。

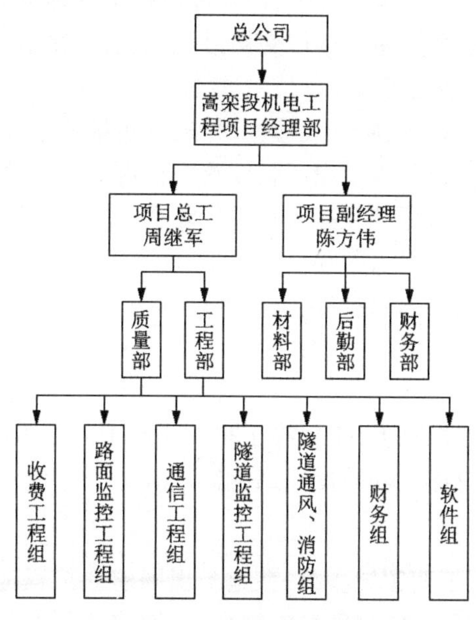

图1　嵩栾段机电工程组织机构框图

三、质量管理情况

1.质量控制措施

我单位在工程施工中对工程项目实行质量目标管理,使工程质量达到一次验交合格率100%,优良率95%以上,具体实施中有以下控制措施:

(1)按照ISO9002质量体系要求,建立完善的质量管理体系和质量保证体系,制定创优规划,使每道工序都在严格的质量监控之下进行、实行全面质量管理。

(2)根据工程项目特点组织精明强干的施工队伍,明确分工,加强协作,注重上道工序与下道工序间的密切配合。

(3)各单项工程、各工种均实行项目负责制和岗位责任制,质量指标直接与施工人员经济挂钩,奖优罚劣、重奖重罚,分部分项工程质量指标均列入奖罚内容。

(4)采取多种形式对项目全员进行质量教育,树立"百年大计,质量第一"的思想,强化项目全员的质量意识,施工前有针对性地进行各工种的技术培训,提高施工人员的操作技能,为创优质工程创造条件。

(5)运用科学的管理方法和现代化的检测工具,强化工程质量管理,认真执行设计图纸审核制度,并做好施工技术交底,使每一个施工人员都能做到心中有数,熟悉本工程的技术要求,做到严格按照设计要求施工,严格按照施工规范作业。

(6)加强试验检测工作,严格检验各种工程材料、设备,严格按照设计要求采购设备、材料,保证后期使用过程中的安全稳定性。

(7)做好质量检查工作,设专职质量检查工程师,监督检查工程质量,对每一道工序均进行全面严格的质量检查,实行内部质量上级管理制度,隐蔽工程在业主及监理人员检查签证后方可进行下道工序的施工,确保工程质量。

(8)根据工程特性,提供先进的施工机械和试验仪器,为工程创优夯实基础。

(9)搞好样板工程的试点和经验总结,用样板领路,全面推广,达到创全优工程的目标。

2.施工中工程质量自检情况及工程质量问题的处理情况

我单位在施工中对工程质量严格按照自检制度进行操作,先由施工队人员自检,施工带队人员检验，经检合格后，上报项目部质检工程师，项目部质检工程师再进行检验，工程质量得到确认后报验监理工程师。上下工序之间还要进行交接检验，上道工序不合格下道工序不接收，上道工序的质量事故隐患决不留给下道工序。

同时，项目经理部每月组织一次质量大检查，并进行质量评定。质量大检查以检查工程质量为主，同时检查质量管理工作，查看各项规章制度落实情况。对检查中发现的质量问题，检查组根据实际情况及时提出改进措施，限期改正，并进行复查。质量大检查后，检查组汇总检查情况，在工程会议进行通报，奖优罚劣，以示激励。

对施工中发现的工程质量问题，我单位坚决处理到底，决不留质量隐患，及时发现问题，及时处理问题。

3. 对完工质量的评价

经过我标段所有人员的共同努力，工程终于完工。对于完工质量，通过分项、分部、单位工程质量评定汇总得分为99分，总体工程质量达到优良。

四、施工进度控制

开工前，项目经理部成立工期领导小组，在施工现场建立工程施工调度室，主要负责工程进度的管理。建立健全目标责任制度、进度检查制度、工期奖惩制度等规章制度，同时与各施工队签订目标责任状。在施工过程中，领导小组根据资源配备的情况，结合机电工程的常规做法和材料机具供应实际，广泛征求技术人员和广大施工人员的意见，合理、可行地安排总体进度计划。另外，根据已完工程的进度快慢、施工人员的增减、业主要求的计划变更等诸多因素，不断调整进度计划，动态监控关键施工部位的变化，以适时调整人员分配和施工顺序，使施工生产持续有效地按计划正常进行。施工中尽可能采用先进、高效的施工机械和新工艺，提高劳动效率，加快施工进度，保证阶段性工期目标的实现。尽可能采用一些实用的新技术，提高生产效率。周密计划和不断调整工序搭配，避免或尽可能缩短工序之间的间隙时间。由于采取了多项措施保障施工进度，我标段在施工过程中均已完成业主制定的施工目标。

五、施工安全与文明施工情况

施工安全方面，项目部成立安全领导小组，设安全部长，由项目经理担任组长，安全部长为副组长，组员由项目部各职能部门负责人组成。各施工队相应成立队安全检查小组，并在各工班设专职安全检查员，坚持经常性的施工安全检查及监督指导。

施工中，坚持正确处理安全与施工生产统一、与施工速度互保、与质量互补、与效益兼顾、与危险并存的关系。坚持预防为主、综合考虑的原则，坚持安全与生产同步进行的原则，坚持全员、全过程、全方位和全天候的“四全”动态管理原则，坚持安全管理具有明确目的性的原则。在各级明确安全管理范围，组织职工学习有关劳动保护的政策、条例、规程和制度，规范操作。采取得当安全管理措施，落实安全责任，实施责任管理，建立各级人员的安全责任制度，明确相应的安全责任，定期检查落实情况。我标段在整个施工过程中没有发生任何安全事故。

文明施工方面，我单位采取了以下几点措施：

(1)建立健全各项规章制度，工地现场悬挂文明施工标牌条幅、张贴宣传标语，采用多种形式向项目全员进行文明施工教育，提高全员文明施工意识。

(2)现场布置统一建临时房屋，统一室内配备、布置，统一现场标识。

(3)施工场地、便道、各种材料、机具等布置、堆放、停置有序，并进行标识，做好文明施工。

(4)教育全体员工遵纪守法、行为规范、文明施工，争创文明工地。

(5)遵守当地居民的生活习惯和民族风俗，搞好施工队伍与当地政府、人民群众的关系。

六、环境保护与节约用地措施

保护环境是为当地人民造福的大事。施工中,我们加强环保意识,工程完工后不为当地留下任何后患。施工中我们采取了以下措施:

(1)在全体职工中认真开展组织学习和贯彻《中华人民共和国环境保护法》,结合洛阳市的环境特点,制订规章制度,认真落实环保法规,增强职工环保意识。

(2)为减少环境污染,施工用的粉状材料采用袋装或其他密封方法运输,不得散装散卸,现场存放时,严密覆盖,防止尘埃飞扬。施工产生的垃圾和废弃物质,清理出场。

(3)加强对施工区和生活区的环境卫生管理,清洗施工机械、设备及工具的废水、废油等有害物质以及生活垃圾集中储积处理,禁止乱堆、乱埋、乱流,影响环境卫生。

(4)工程全部完工后,拆除不再使用的临时设施,做到工完料尽、场地清洁。

节约用地方面,我们采取了以下措施:

消防系统高位水池及上山管道施工前,我标段根据现场实际情况,对高位水池的位置及上下山管道路由提出了合理建议,减少了占地面积。

七、施工中新技术、新材料、新工艺的应用情况

追求技术创新,积极应用新技术、新材料、新设备、新工艺和计算机,力求达到施工的标准化、规范化,是实现工程质量提高的保障,也是我们不懈努力的方向。

上秋花印、羊圈及鸭池沟隧道口为桥隧相连,按图纸要求洞口摄像机无法安装,不具备摄像机基础制作位置,故我标段集思广益提出在桥护栏上做钢结构基础,并和设计院进行沟通,最终实现了上述隧道洞口 4 套摄像机的功能。

八、工程款支付情况

工程款全部支付到位,一切劳务、机械、材料等债务纠纷与建设单位无关。

九、施工体会

经过近 15 个月的努力,工程如期完成,我们觉得,一个工程要想干好,首先要有建设单位的正确领导,还要有设计单位、监理单位和地方政府的积极监督与配合。作为建设单位,首先要保证建设资金的及时到位、工程款的及时拨付,合同工期要根据实际情况及时调整,工程变更要及时处理,竣工资料的编制要在开工之初明确和统一。作为施工单位,只有在质量上高标准、严格要求,进度上合理组织确保合同工期,才能取得预期的收益。

紫光捷通科技股份有限公司

洛栾高速公路嵩县至栾川段机电工程合同段项目经理部

二〇一六年八月

7. 洛栾高速公路嵩县至栾川段供配电照明工程 No. 1 合同段施工总结报告

目　　录

一、工程概况
二、机构组成
三、质量管理情况
四、施工进度控制
五、施工安全与文明施工情况
六、环境保护与节约用地措施
七、施工中新技术、新材料、新工艺的应用情况
八、工程款支付情况
九、施工体会

洛栾高速公路嵩县至栾川段供配电照明工程 No.1合同段施工总结报告

一、工程概况

本合同段原计划开工时间为2012年8月1日,完工时间为2012年10月30日,工期4个月;实际开工时间为2012年9月1日,完工时间为2013年9月30日,工期13个月。

本合同段位于洛阳市嵩县境内,起于刁崖隧道,止于九龙山收费站,全长19km,起讫桩号K76+945~K95+793。主要工程量如下:隧道灯具3413套,箱变4台,电缆98700m,高杆灯6基,路灯16基,引道灯68基,庭院灯38基,高压柜8面,低压柜21面,变压器4台,发电机组4台,9796米管箱,4898套管箱托架,9796套电缆沟支架。

二、机构组成

主要人员:项目经理李祎,项目总工康九如,项目副经理张建华,财务经理赵静泓。项目经理部下设:工程部、合同部、安全部、质检部、材料部、设备部、协调部、财务部以及后勤部和6个施工作业队。共投入施工技术人员10名、管理人员8名。劳力工正常施工时为100人,高峰期200人。投入的主要机械设备有:装载机1台、挖掘机1台、推土机1台、起重机1台、JS-1000混凝土强制式搅拌机(电子计量)2台、电焊机5台、柴油发电机10台、高空作业车1台、冲击钻4台、切割机5台。

管理机构设置见图1。

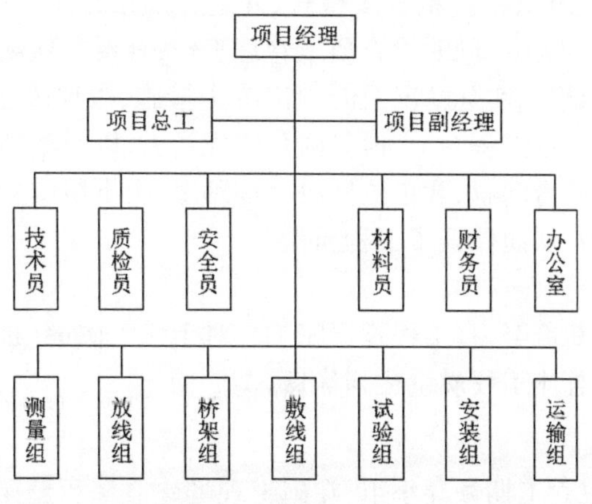

图1 组织机构图

三、质量管理情况

1. 质量控制措施

我单位在工程施工中对工程项目实行质量目标管理,使工程质量达到一次验交合格率100%,优良率98%以上,具体实施中有以下控制措施:

(1)按照ISO9002质量体系要求,建立完善的质量管理体系和质量保证体系,制定创优规划,使每道工序都在严格的质量监控之下进行、实行全面质量管理。

(2)根据工程项目特点组织精明强干的施工队伍,明确分工,加强协作,注重上道工序与下道工序间的密切配合。

(3)各单项工程、各工种均实行项目负责制和岗位责任制,质量指标直接与施工人员经济挂钩,奖优罚劣、重奖重罚,分项分部工程质量指标均列入奖罚内容。

(4)采取多种形式对项目全员进行质量教育,树立"百年大计,质量第一"的思想,强化项目全员的质量意识,施工前有针对性地进行各工种的技术培训,提高施工人员的操作技能,为创优质工程创造条件。

(5)运用科学的管理方法和现代化的检测工具,强化工程质量管理,认真执行设计图纸审核制度,并做好施工技术交底,使每一个施工人员都能做到心中有数,熟悉本工程的技术要求,做到严格按照设计要求施工,严格按照施工规范作业。

(6)加强试验检测工作,严格检验各种工程材料,严格按照施工配料,确保各部位强度达到设计要求。

(7)做好质量检查工作,项目部和各队设专职质量检查工程师,监督检查工程质量,对每一道工序均进行全面严格的质量检查,实行内部质量上级管理制度,隐蔽工程在业主及监理人员检查签证后方可进行下道工序的施工,确保工程质量。

(8)根据工程特性,提供先进的施工机械和试验仪器,为工程创优夯实基础。

(9)搞好样板工程的试点和经验总结,用样板领路,全面推广,达到创全优工程的目标。

2. 施工中工程质量自检情况及工程质量问题的处理情况

我单位在施工中对工程质量严格按照自检制度进行操作,先由施工队操作工人自检和工班自检,队级质检员检验,经检合格后,上报项目部质检工程师,项目部质检工程师再进行检验,工程质量得到确认后报验监理工程师。上下工序之间还要进行交接检验,上道工序不合格下道工序不接收,上道工序的质量事故隐患决不留给下道工序。

同时,项目经理部每月组织一次质量大检查,并进行质量评定,作为当月验工计价的依据。质量大检查以检查工程质量为主,同时检查质量管理工作,查看各项规章制度落实情况。对检查中发现的质量问题,检查组根据实际情况及时提出改进措施,限期改正,并进行复查。质量大检查后,检查组汇总检查情况,在工程会上进行通报,奖优罚劣,以示激励。

对施工中发现的工程质量问题,我单位坚决处理到底,决不留质量隐患,在哪发现问题,就从哪进行处理,不留一点后患,从而保证了工程质量。

3. 对完工质量的评价

经过3个月的昼夜不断地努力,工程终于完工。对于完工质量,通过分项、分部、单位工程质量评定汇总得分为98分,总体工程质量达到优良。

四、施工进度控制

开工前,项目经理部成立工期领导小组,在施工现场建立工程施工调度室,主要负责工程进度的管理。建立健全目标责任制度、进度检查制度、工期奖惩制度等规章制度,同时与各施工队签订目标责任状。在施工过程中,领导小组根据资源配备的情况,结合公路工程的常规做法和材料机具供应实际,广泛征求技术人员和广大施工人员的意见,合理、可行地安排总体进度计划。另外,根据已完工程的进度快慢、施工人员的增减、业主要求的计划变更等诸多因素,不断调整进度计划,动态监控关键线路的变化,以适时调整人员分配和施工顺序,使施工生产持续有效地按计划正常进行。施工中尽可能采用先进、高效的施工机械和新工艺,提高劳动效率,加快施工进度，保证阶段性工期目标的实现。尽可能采用一些实用的新技术，提高生产效率。周密计划和不断调整工序搭配，避免或尽可能缩短工序之间的间隙时间。由于采取了多项行之有效的措施，我标段在嵩栾段机电工程中率先完成施工任务，并获得业主的 15 万元奖励。

五、施工安全与文明施工情况

施工安全方面，项目部成立安全领导小组，设安全部长，由项目经理担任组长，安全部长为副组长，组员由项目部各职能部门负责人组成。各施工队相应成立队安全检查小组，并在各工班设专职安全检查员，坚持经常性的施工安全检查及监督指导。

施工中，坚持正确处理安全与施工生产统一、与施工速度互保、与质量互补、与效益兼顾、与危险并存的关系。坚持预防为主、综合考虑的原则，坚持安全与生产同步进行的原则，坚持全员、全过程、全方位和全天候的“四全”动态管理原则，坚持安全管理具有明确目的性的原则。在各级明确安全管理范围，组织职工学习有关劳动保护的政策、条例、规程和制度，规范操作。采取得当安全管理措施，落实安全责任，实施责任管理，建立各级人员的安全责任制度，明确相应的安全责任，定期检查落实情况。

文明施工方面，我单位采取了以下几点措施：

(1)建立健全各项规章制度，工地现场悬挂文明施工标牌条幅、张贴宣传标语，采用多种形式向项目全员进行文明施工教育，提高全员文明施工意识。

(2)现场布置统一建临时房屋，统一室内配备、布置，统一现场标识。

(3)施工场地、便道、各种材料、机具等布置、堆放、停置有序，并进行标识，做好文明施工。

(4)教育全体员工遵纪守法、行为规范、文明施工，争创文明工地。

(5)遵守当地居民的生活习惯和民族风俗，搞好施工队伍与当地政府、人民群众的关系。

六、环境保护与节约用地措施

保护环境是为当地人民造福的大事。施工中，我们加强环保意识，工程完工后不为当地留下任何后患。施工中我们采取了以下措施：

(1)在全体职工中认真开展组织学习和贯彻《中华人民共和国环境保护法》，结合洛阳市的环境特点，制订规章制度，认真落实环保法规，增强职工环保意识。

(2)为减少环境污染，施工用的粉状材料采用袋装或其他密封方法运输，不得散装散卸，现场存放时，严密覆盖，防止尘埃飞扬。施工产生的垃圾和废弃物质，清理出场。施工运输道路，经常洒水除尘。

(3)加强对施工区和生活区的环境卫生管理，清洗施工机械、设备及工具的废水、废油等有害物质以及生活垃圾集中储积处理，禁止乱堆、乱埋、乱流，影响环境卫生。

(4)工程全部完工后，拆除不再使用的临时设施，做到工完料尽、场地清洁。

七、施工中新技术、新材料、新工艺的应用情况

为响应国家节能减排的号召，我标段按图纸设计要求在隧道采用 LED 灯作为应急照明灯具，旧县服务区庭院灯也采用高亮度 LED 灯具。

八、工程款支付情况

工程款支付及时，一切劳务、机械、材料等债务纠纷与建设单位无关。

九、施工体会

经过近一年的努力，工程全部完成，我们觉得，一个工程要想干好，首先要有建设单位的正确领导，还要有设计单位、监理单位和地方政府的积极监督与配合。作为建设单位，首先要保证建设资金的及时到位、工程款的及时拨付，合同工期要根据实际情况及时调整，工程变更要及时处理，竣工资料的编制要在开工之初明确和统一。作为施工单位，只有在质量上高标准、严格要求，进度上合理组织确保合同工期，才能取得预期的收益。

郑州市亚通照明工程有限责任公司

洛栾高速公路嵩县至栾川段供配电照明工程 No. 1 合同段项目经理部

二〇一六年八月

8. 洛栾高速公路嵩县至栾川段供配电照明工程 No. 2 合同段施工总结报告

目　　录

一、工程概况
二、机构组成
三、质量管理情况
四、施工进度控制
五、施工安全与文明施工情况
六、环境保护与节约用地措施
七、施工中新技术、新材料、新工艺的应用情况
八、工程款支付情况
九、施工体会

洛栾高速公路嵩县至栾川段供配电照明工程 No.2 合同段施工总结报告

一、工程概况

本合同段原计划开工时间为2012年8月1日,完工时间为2012年10月31日,工期3月;实际开工时间为2012年9月1日,完工时间为2012年11月30日,工期3个月。

本合同段位于洛阳市栾川县境内,嵩县至栾川高速公路全线共设置大桥32723m/75座,中桥466m/6座,涵洞45道,通道23道,隧道24座,管理设施拟设置隧道管理所1处,位于九龙山互通,养护工区1处,位于栾川互通,路政管理所1处,位于重渡沟互通,服务区1处(旧县服务区),停车区1处(嵩县停车区,二期实施),匝道收费站4处(旧县、九龙山、重渡沟、栾川)。

本项目包括隧道变电所及箱式变电站系统、隧道照明及配电系统、电力监控及电力监控数据传输系统、隧道风机、消防和隧道洞内监控设备的供电系统。

供配电工程:变压器:7台、箱式变电站6台、柴油发电机组5台、高压进出线柜20面、低压进出线柜42面、UPS不间断电源7面、风机现场配电箱17个、照明配电箱129个、横洞照明控制箱11个、电力监控及PLC远程控制电力系统:10套、电力电缆合计约20万m、桥架约3万m。照明工程:高杆灯4套、中杆灯18套、引道灯99套、庭院灯17套;室内灯具:70W IP65 LED灯2994套、400W IP65高压钠灯1550套、250W IP65高压钠灯1004套、150W IP65高压钠灯1054套、应急荧光灯66套。

本承包人提供包括供货、运输、交付、安装、试运行、培训、文件和24个月免费缺陷责任期等全套服务。

二、机构组成

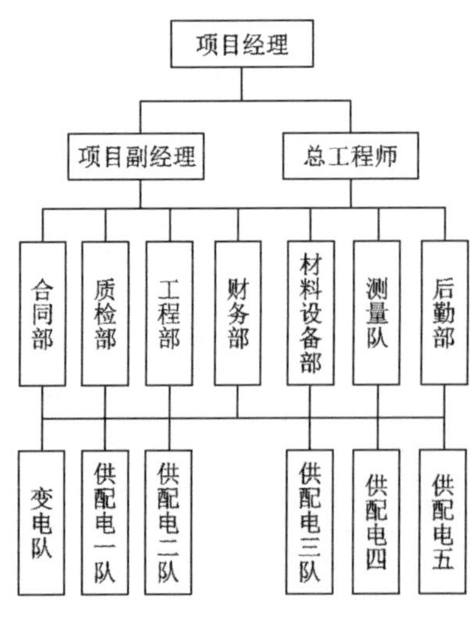

图1　组织机构图

主要人员:项目经理刘东升,项目总工任书堂,项目副经理邢进,项目经理部下设:工程部、合同部、安全部、质检部、材料部、设备部、协调部、财务部以及后勤部和5个施工作业队。共投入施工技术人员3名、管理人员3名。劳力工正常施工时为110人,高峰期200人。投入的主要机械设备有:20m高空作业车1台、50t汽车式起重机2台、交流电弧焊机3台、6m及9m货运汽车2台。

管理机构设置见图1。

三、质量管理情况

1. 质量控制措施

我单位在工程施工中对工程项目实行质量目标管理,使工程质量达到一次验交合格率100%,优良率93%以上,具体实施中有以下控制措施:

(1)按照 ISO9002 质量体系要求,建立完善的质量管理体系和质量保证体系,制定创优规划,使每道工序都在严格的质量监控之下进行、实行全面质量管理。

(2)根据工程项目特点组织精明强干的施工队伍,明确分工,加强协作,注重上道工序与下道工序间的密切配合。

(3)各单项工程、各工种均实行项目负责制和岗位责任制,质量指标直接与施工人员经济挂钩,奖优罚劣、重奖重罚,分项分部工程质量指标均列入奖罚内容。

(4)采取多种形式对项目全员进行质量教育,树立"百年大计,质量第一"的思想,强化项目全员的质量意识,施工前有针对性地进行各工种的技术培训,提高施工人员的操作技能,为创优质工程创造条件。

(5)运用科学的管理方法和现代化的检测工具,强化工程质量管理,认真执行设计图纸审核制度,并做好施工技术交底,使每一个施工人员都能做到心中有数,熟悉本工程的技术要求,做到严格按照设计要求施工,严格按照施工规范作业。

(6)加强试验检测工作,严格检验各种工程材料,严格按照施工配料,确保各部位强度达到设计要求。

(7)做好质量检查工作,项目部和各队设专职质量检查工程师,监督检查工程质量,对每一道工序均进行全面严格的质量检查,实行内部质量上级管理制度,隐蔽工程在业主及监理人员检查签证后方可进行下道工序的施工,确保工程质量。

(8)根据工程特性,提供先进的施工机械和试验仪器,为工程创优夯实基础。

(9)搞好样板工程的试点和经验总结,用样板领路,全面推广,达到创全优工程的目标。

2. 施工中工程质量自检情况及工程质量问题的处理情况

我单位在施工中对工程质量严格按照自检制度进行操作,先由施工队操作工人自检和工班自检,队级质检员检验,经检合格后,上报项目部质检工程师,项目部质检工程师再进行检验,工程质量得到确认后报验监理工程师。上下工序之间还要进行交接检验,上道工序不合格下道工序不接收,上道工序的质量事故隐患决不留给下道工序。

同时,项目经理部每月组织一次质量大检查,并进行质量评定,作为当月验工计价的依据。质量大检查以检查工程质量为主,同时检查质量管理工作,查看各项规章制度落实情况。对检查中发现的质量问题,检查组根据实际情况及时提出改进措施,限期改正,并进行复查。质量大检查后,检查组汇总检查情况,在工程会上进行通报,奖优罚劣,以示激励。

对施工中发现的工程质量问题,我单位坚决处理到底,决不留质量隐患,在哪发现问题,就从哪进行处理。

3. 对完工质量的评价

经过 3 个月的努力,工程终于完工。对于完工质量,通过分项、分部、单位工程质量评定汇总得分为 97.9 分,总体工程质量达到优良。

四、施工进度控制

开工前,项目经理部成立工期领导小组,在施工现场建立工程施工调度室,主要负责工程进度的管理。建立健全目标责任制度、进度检查制度、工期奖惩制度等规章制度,同时与各施工队签订目标责任状。在施工过程中,领导小组根据资源配备的情况,结合公路工程的常规做法和材料机具供应实际,广泛征求技术人员和广大施工人员的意见,合理、可行地安排总体进度计划。另外,根据已完工程的进度快慢、施工人员的增减、业主要求的计划变更等诸多因素,不断调整进度计划,动态监控关键线路的变化,以适时调整人员分配和施工顺序,使施工生产持续有效地按计划正常进行。施工中尽可能采用先进、高效的施工机械和新工艺,提高劳动效率,加快施工进度,保证阶段性工期目标的实现。尽可能采用一些实用的新技术,提高生产效率。周密计划和不断调整工序搭配,避免或尽可能缩短工序之间的间隙时间。

五、施工安全与文明施工情况

施工安全方面,项目部成立安全领导小组,设安全部长,由项目经理担任组长,安全部长为副组长,组员由项目部各职能部门负责人组成。各施工队相应成立队安全检查小组,并在各工班设专职安全检查员,坚持经常性的施工安全检查及监督指导。

施工中,坚持正确处理安全与施工生产统一、与施工速度互保、与质量互补、与效益兼顾、与危险并存的关系。坚持预防为主、综合考虑的原则,坚持安全与生产同步进行的原则,坚持全员、全过程、全方位和全天候的"四全"动态管理原则,坚持安全管理具有明确目的性的原则。在各级明确安全管理范围,组织职工学习有关劳动保护的政策、条例、规程和制度,规范操作。采取得当安全管理措施,落实安全责任,实施责任管理,建立各级人员的安全责任制度,明确相应的安全责任,定期检查落实情况。

文明施工方面,我单位采取了以下几点措施:

(1)建立健全各项规章制度,采用多种形式向项目全员进行文明施工教育,提高全员文明施工意识。

(2)现场布置统一建临时房屋,统一室内配备、布置,统一现场标识。

(3)施工场地、便道、各种材料、机具等布置、堆放、停置有序,并进行标识,做好文明施工。

(4)教育全体员工遵纪守法、行为规范、文明施工,争创文明工地。

(5)遵守当地居民的生活习惯和民族风俗,搞好施工队伍与当地政府、人民群众的关系。

六、环境保护与节约用地措施

保护环境是为当地人民造福的大事。施工中,我们加强环保意识,工程完工后不为当地留下任何后患。施工中我们采取了以下措施:

(1)在全体职工中认真开展组织学习和贯彻《中华人民共和国环境保护法》,结合洛阳市的环境特点,制订规章制度,认真落实环保法规,增强职工环保意识。

(2)为减少环境污染,施工用的粉状材料采用袋装或其他密封方法运输,不得散装散卸,现场存放时,严密覆盖,防止尘埃飞扬。施工产生的垃圾和废弃物质,清理出场。

(3)加强对施工区和生活区的环境卫生管理,设备及工具的废水、废油等有害物质以及生活垃圾集中储积处理,禁止乱堆、乱埋、乱流,影响环境卫生。

(4)工程全部完工后,拆除不再使用的临时设施,做到工完料尽、场地清洁。

节约用地方面,我们采取了以下两点措施:

我们的临时设施、队伍生活办公均设置在附近村民闲置的房屋内及仓库内,这些都极大地减少占用耕地。

七、施工中新技术、新材料、新工艺的应用情况

为确保工程质量和加快施工进度,我合同段用于变、供配电设备中图纸无要求的元器件,均严格按照相关标准采用性能优良最新生产的元器件,以确保相关设备的安全性、稳定性。

八、工程款支付情况

工程款全部支付到位,一切劳务、机械、材料等债务纠纷与建设单位无关。

九、施工体会

经过近3个月的努力,工程如期完成,我们觉得,一个工程要想干好,首先要有建设单位的正确领导，还要有设计单位、监理单位和地方政府的积极监督与配合。作为建设单位，首先要保证建设资金的及时到位、工程款的及时拨付，合同工期要根据实际情况及时调整，工程变更要及时处理，竣工资料的编制要在开工之初明确和统一。作为施工单位，只有在质量上高标准、严格要求，进度上合理组织确保合同工期，才能取得预期的收益。

河南省泛光照明工程有限公司

洛栾高速公路嵩县至栾川段供配电照明工程 No.2 合同段项目经理部

二〇一六年八月

9. 洛栾高速公路嵩县至栾川段 10kV 线路架设工程 No. 1 合同段施工总结报告

目　　录

一、工程概况
二、机构组成
三、质量管理情况
四、施工进度控制
五、施工安全与文明施工情况
六、环境保护与节约用地措施
七、施工中新技术、新材料、新工艺的应用情况
八、工程款支付情况
九、施工体会

洛栾高速公路嵩县至栾川段 10kV 线路架设工程 No.1 合同段施工总结报告

一、工程概况

本合同段原计划开工时间为2012年8月1日,完工时间为2012年10月30日,工期3个月;实际开工时间为2010年8月1日,完工时间为2013年10月15日,工期14.5个月。

本合同段位于洛阳市嵩县境内,由K61+800至K97+850,全长36.050km,主要工程量如下:旧县收费站、旧县服务区、九龙山收费站以及沿线隧道变电站输电线路架设10kV线路杆塔工程、架线及附件安装工程。

二、机构组成

1. 施工管理机构设置

为合理组织施工,保证工程质量,满足业主对质量、工期的要求,我公司成立现场施工管理机构嵩栾高速公路(嵩县段)10kV线路工程项目经理部。对本工程全权负责,全面行使指挥、调度和组织、管理的职能。

本标段人委派具有相当设计、施工经验,并直接负责过类似规模两项以上大中型工程的工程师任项目部经理,其基本职责是遵守国家法令、法规,全面履行合同,组织制定并实施内部管理制度,协调各任务小组之间的关系,与业主密切合作,确保项目按时、保质、高效地完成。项目经理下设项目办公室、工程技术部、设计部、质量安全部、采购部以及主管技术的总工程师(详见图1)。

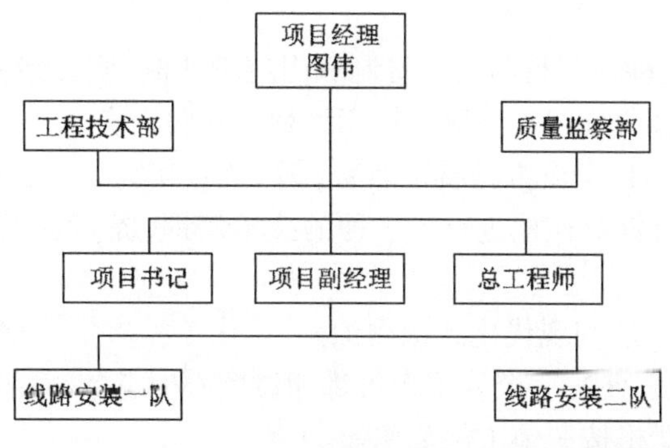

图1 组织机构图

2. 人员安排

项目经理部人员设置如下:项目部设项目经理1人;总工程师1人,财务主管1人;线路系统工程师1人;质量监督工程师1人;安全管理工程师1人;设备材料主管工程师1人;合同计划工程师1人。

本项目计划投入工程师以上专业技术人员14人,管理人员2人,高级技工14人,工人50人,共计80人。

在工程所在地设立项目经理部并设立专用电话和传真。

3. 投入的施工、检测设备(表1)

施工、检测设备投入表

表1

序号	设 备 名 称	功率(kW)或容量(m^3)	出厂日期	数 量	新旧程度	备注
1	发电机组	15kW	1998.9	2	良好	
2	汽油发电机	4kW	2000.4	4	良好	
3	路面切割机	3kW	2005.2	1	良好	
4	电焊机		1998.3	2	良好	
5	汽车起重机	8t	2000.1	2	良好	
6	汽车起重机	25t	1999.8	1		
7	金杯解放双排		2001.11	2	良好	
8	小解放双排		2002.9	1	良好	
9	航天双排		1999.7	1	良好	
10	昌河		1999.4	1	良好	
11	北京轻卡		2000.3	1	良好	
12	小解放双排		2002.9	1	良好	
13	放线张力车		2003.4	2	良好	

三、质量管理情况

1. 质量控制措施

我单位在工程施工中对工程项目实行质量目标管理,使工程质量达到一次验交合格率100%,优良率98%以上,具体实施中有以下控制措施:

(1)按照ISO9002质量体系要求,建立完善的质量管理体系和质量保证体系,制定创优规划,使每道工序都在严格的质量监控之下进行、实行全面质量管理。

(2)根据工程项目特点组织精明强干的施工队伍,明确分工,加强协作,注重上道工序与下道工序间的密切配合。

(3)各单项工程、各工种均实行项目负责制和岗位责任制,质量指标直接与施工人员经济挂钩,奖优罚劣、重奖重罚,分项分部工程质量指标均列入奖罚内容。

(4)采取多种形式对项目全员进行质量教育,树立"百年大计,质量第一"的思想,强化项目全员的质量意识,施工前有针对性地进行各工种的技术培训,提高施工人员的操作技能,为创优质工程创造条件。

(5)运用科学的管理方法和现代化的检测工具,强化工程质量管理,认真执行设计图纸审核制度,并做好施工技术交底,使每一个施工人员都能做到心中有数,熟悉本工程的技术要求,做到严格按照设计要求施工,严格按照施工规范作业。

(6)加强试验检测工作,严格检验各种工程材料,严格按照施工配料,确保各部位强度达到设计要求。

(7)做好质量检查工作,项目部和各队设专职质量检查工程师,监督检查工程质量,对每一道工序均进行全面严格的质量检查,实行内部质量上级管理制度,隐蔽工程在业主及监理人员检查签证后方可进行下道工序的施工,确保工程质量。

(8)根据工程特性,提供先进的施工机械和试验仪器,为工程创优夯实基础。

(9)搞好样板工程的试点和经验总结,用样板领路,全面推广,达到创全优工程的目标。

2. 施工中工程质量自检情况及工程质量问题的处理情况

我单位在施工中对工程质量严格按照自检制度进行操作，先由施工队操作工人自检和工班自检，队级质检员检验，经检合格后，上报项目部质检工程师，项目部质检工程师再进行检验，工程质量得到确认后报验监理工程师。上下工序之间还要进行交接检验，上道工序不合格下道工序不接收，上道工序的质量事故隐患决不留给下道工序。

同时，项目经理部每月组织一次质量大检查，并进行质量评定，作为当月验工计价的依据。质量大检查以检查工程质量为主，同时检查质量管理工作，查看各项规章制度落实情况。对检查中发现的质量问题，检查组根据实际情况及时提出改进措施，限期改正，并进行复查。质量大检查后，检查组汇总检查情况，在工程会上进行通报，奖优罚劣，以示激励。

对施工中发现的工程质量问题，我单位坚决处理到底，决不留质量隐患，在哪发现问题，就从哪进行处理，不留一点后患，从而保证了工程质量。

3. 对完工质量的评价

经过数个月的昼夜不断地努力，工程终于完工。对于完工质量，通过分项、分部、单位工程质量评定汇总得分为 98 分，总体工程质量达到优良。

四、施工进度控制

开工前，项目经理部成立工期领导小组，在施工现场建立工程施工调度室，主要负责工程进度的管理。建立健全目标责任制度、进度检查制度、工期奖惩制度等规章制度，同时与各施工队签订目标责任状。在施工过程中，领导小组根据资源配备的情况，结合公路工程的常规做法和材料机具供应实际，广泛征求技术人员和广大施工人员的意见，合理、可行地安排总体进度计划。另外，根据已完工程的进度快慢、施工人员的增减、业主要求的计划变更等诸多因素，不断调整进度计划，动态监控关键线路的变化，以适时调整人员分配和施工顺序，使施工生产持续有效地按计划正常进行。施工中尽可能采用先进、高效的施工机械和新工艺，提高劳动效率，加快施工进度，保证阶段性工期目标的实现。尽可能采用一些实用的新技术，提高生产效率。周密计划和不断调整工序搭配，避免或尽可能缩短工序之间的间隙时间。

五、施工安全与文明施工情况

施工安全方面，项目部成立安全领导小组，设安全部长，由项目经理担任组长，安全部长为副组长，组员由项目部各职能部门负责人组成。各施工队相应成立队安全检查小组，并在各工班设专职安全检查员，坚持经常性的施工安全检查及监督指导。

施工中，坚持正确处理安全与施工生产统一、与施工速度互保、与质量互补、与效益兼顾、与危险并存的关系。坚持预防为主、综合考虑的原则，坚持安全与生产同步进行的原则，坚持全员、全过程、全方位和全天候的“四全”动态管理原则，坚持安全管理具有明确目的性的原则。在各级明确安全管理范围，组织职工学习有关劳动保护的政策、条例、规程和制度，规范操作。采取得当安全管理措施，落实安全责任，实施责任管理，建立各级人员的安全责任制度，明确相应的安全责任，定期检查落实情况。

文明施工方面，我单位采取了以下几点措施：

（1）建立健全各项规章制度，工地现场悬挂文明施工标牌条幅、张贴宣传标语，采用多种形式向项目全员进行文明施工教育，提高全员文明施工意识。

（2）现场布置统一建临时房屋，统一室内配备、布置，统一现场标识。

（3）施工场地、便道、各种材料、机具等布置、堆放、停置有序，并进行标识，做好文明施工。

（4）教育全体员工遵纪守法、行为规范、文明施工，争创文明工地。

(5)遵守当地居民的生活习惯和民族风俗,搞好施工队伍与当地政府、人民群众的关系。

六、环境保护与节约用地措施

保护环境是为当地人民造福的大事。施工中,我们加强环保意识,工程完工后不为当地留下任何后患。施工中我们采取了以下措施:

(1)在全体职工中认真开展组织学习和贯彻《中华人民共和国环境保护法》,结合洛阳市的环境特点,制订规章制度,认真落实环保法规,增强职工环保意识。

(2)为减少环境污染,施工用的粉状材料采用袋装或其他密封方法运输,不得散装散卸,现场存放时,严密覆盖,防止尘埃飞扬。施工产生的垃圾和废弃物质,清理出场。施工运输道路,经常洒水除尘。

(3)加强对施工区和生活区的环境卫生管理,清洗施工机械、设备及工具的废水、废油等有害物质以及生活垃圾集中储积处理,禁止乱堆、乱埋、乱流,影响环境卫生。

(4)工程全部完工后,拆除不再使用的临时设施,做到工完料尽、场地清洁。

七、施工中新技术、新材料、新工艺的应用情况

严格按照国家电网公司通过认可的新技术、新工艺的要求进行施工,对于本项目要采用的新技术、新工艺要取得监理、业主、设计单位的同意后,并且是在确保工程质量、工期的前提条件下,方可采用新技术、新工艺,在施工中不得擅自改动国家规定的工艺规程。

(1)目前在焊接的工艺上采用国家推广的氩弧焊技术。

(2)在工程的网络进度管理上,网络进度计划采用省局推举的P3E/C管理系统。

(3)通信方面采用无线对讲机通信网路和手机地方移动无线通信网络,双配套保证信息畅通,为工程的顺利展开及按期完工,提供充分的保障。

八、工程款支付情况

工程款支付及时,一切劳务、机械、材料等债务纠纷与建设单位无关。

九、施工体会

在业主和监理的正确领导和大力协调下,有公司领导作为强大的后盾,经过我项目部全体员工的共同努力,克服了工期紧、多雨和高温等困难,在施工过程中严把质量关,在工程进度控制中能够根据实际情况及时调整施工计划,对项目实施动态管理,确保优质、安全、高效、按期完成施工任务;这是业主、监理部和施工人员、各设备供应商共同辛勤努力的结果!项目部全体员工将同心协力,以最大的热情做好细微之处,在试运行期间完成对遗留的整改,在缺陷责任期内充分做好服务工作,为业主今后在系统正常运行提供可靠的电力供应!

安阳优创实业有限责任公司

洛栾高速公路嵩县至栾川段10kV线路架设工程No.1合同段项目经理部

二〇一六年八月

10. 洛栾高速公路嵩县至栾川段 10kV 线路架设工程 No. 2 合同段施工总结报告

目　　录

一、工程概况
二、机构组成
三、质量管理情况
四、施工进度控制
五、施工安全与文明施工情况
六、环境保护与节约用地措施
七、施工中新技术、新材料、新工艺的应用情况
八、工程款支付情况
九、施工体会

洛栾高速公路嵩县至栾川段10kV线路架设工程 No.2合同段施工总结报告

一、工程概况

本合同段原计划开工时间为2012年8月1日，完工时间为2012年10月30日，工期3个月；实际开工时间为2010年8月1日，完工时间为2013年10月15日，工期14.5个月。

本合同段位于洛阳市嵩县境内，由K97+850至K129+535，全长31.685km，主要工程量如下：重渡沟收费站、栾川收费站以及沿线隧道变电站输电线路架设10kV线路杆塔工程、架线及附件安装工程。

二、机构组成

1. 施工管理机构设置

为合理组织施工，保证工程质量，满足业主对质量、工期的要求，我公司成立现场施工管理机构嵩栾高速公路(栾川县段)10kV线路工程项目经理部。对本工程全权负责，全面行使指挥、调度和组织、管理的职能。

本标段人委派具有相当设计、施工经验，并直接负责过类似规模两项以上大中型工程的工程师任项目部经理，其基本职责是遵守国家法令、法规，全面履行合同，组织制定并实施内部管理制度，协调各任务小组之间的关系，与业主密切合作，确保项目按时、保质、高效地完成。项目经理下设项目办公室、工程技术部、设计部、质量安全部、采购部以及主管技术的总工程师(详见图1)。

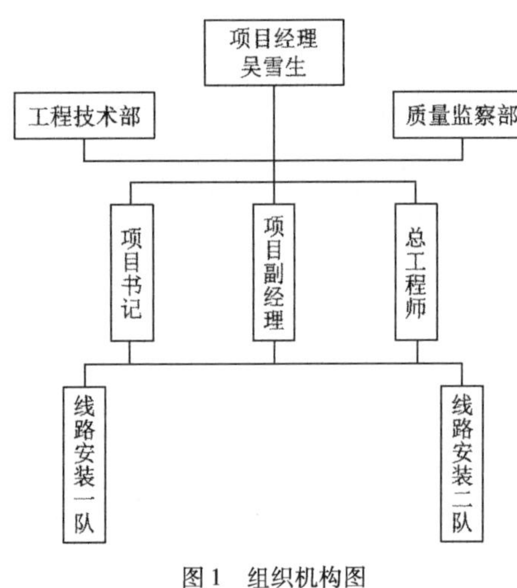

图1　组织机构图

2. 人员安排

项目经理部人员设置如下：项目部设项目经理1人；总工程师1人，财务主管1人；线路系统工程师1人；质量监督工程师1人；安全管理工程师1人；设备材料主管工程师1人；合同计划工程师1人(图1)。

本项目计划投入工程师以上专业技术人员14人，管理人员2人，高级技工14人，工人50人，共计80人。在工程所在地设立项目经理部并设立专用电话和传真。

3. 投入的施工、检测设备(表1)

投入的施工、检测设备表　　表1

序号	设备名称	功率(kW)或容量(m^3)	出厂日期	数量	新旧程度	备注
1	发电机组	15kW	1998.9	2	良好	
2	汽油发电机	4kW	2000.4	4	良好	
3	路面切割机	3kW	2005.2	1	良好	

续上表

序号	设备名称	功率(kW)或容量(m^3)	出厂日期	数量	新旧程度	备注
4	电焊机		1998.3	2	良好	
5	汽车起重机	8t	2000.1	2	良好	
6	汽车起重机	25t	1999.8	1		
7	金杯解放双排		2001.11	2	良好	
8	小解放双排		2002.9	1	良好	
9	航天双排		1999.7	1	良好	
10	昌河		1999.4	1	良好	
11	北京轻卡		2000.3	1	良好	
12	小解放双排		2002.9	1	良好	
13	放线张力车		2003.4	2	良好	

三、质量管理情况

1. 质量控制措施

我单位在工程施工中对工程项目实行质量目标管理,使工程质量达到一次验交合格率100%,优良率98%以上,具体实施中有以下控制措施:

(1)按照ISO9002质量体系要求,建立完善的质量管理体系和质量保证体系,制定创优规划,使每道工序都在严格的质量监控之下进行、实行全面质量管理。

(2)根据工程项目特点组织精明强干的施工队伍,明确分工,加强协作,注重上道工序与下道工序间的密切配合。

(3)各单项工程、各工种均实行项目负责制和岗位责任制,质量指标直接与施工人员经济挂钩,奖优罚劣、重奖重罚,分项分部工程质量指标均列入奖罚内容。

(4)采取多种形式对项目全员进行质量教育,树立"百年大计,质量第一"的思想,强化项目全员的质量意识,施工前有针对性地进行各工种的技术培训,提高施工人员的操作技能,为创优质工程创造条件。

(5)运用科学的管理方法和现代化的检测工具,强化工程质量管理,认真执行设计图纸审核制度,并做好施工技术交底,使每一个施工人员都能做到心中有数,熟悉本工程的技术要求,做到严格按照设计要求施工,严格按照施工规范作业。

(6)加强试验检测工作,严格检验各种工程材料,严格按照施工配料,确保各部位强度达到设计要求。

(7)做好质量检查工作,项目部和各队设专职质量检查工程师,监督检查工程质量,对每一道工序均进行全面严格的质量检查,实行内部质量上级管理制度,隐蔽工程在业主及监理人员检查签证后方可进行下道工序的施工,确保工程质量。

(8)根据工程特性,提供先进的施工机械和试验仪器,为工程创优夯实基础。

(9)搞好样板工程的试点和经验总结,用样板领路,全面推广,达到创全优工程的目标。

2. 施工中工程质量自检情况及工程质量问题的处理情况

我单位在施工中对工程质量严格按照自检制度进行操作,先由施工队操作工人自检和工班自检,队级质检员检验,经检合格后,上报项目部质检工程师,项目部质检工程师再进行检验,工程质量得到确认后报验监理工程师。上下工序之间还要进行交接检验,上道工序不合格下道工序不接收,上道工序的质量事故隐患决不留给下道工序。

同时,项目经理部每月组织一次质量大检查,并进行质量评定,作为当月验工计价的依据。质量大检查以检查工程质量为主,同时检查质量管理工作,查看各项规章制度落实情况。对检查中发现的质量问题,检查组根据实际情况及时提出改进措施,限期改正,并进行复查。质量大检查后,检查组汇总检查情况,在工程会上进行通报,奖优罚劣,以示激励。

对施工中发现的工程质量问题,我单位坚决处理到底,决不留质量隐患,在哪发现问题,就从哪进行处理,不留一点后患,从而保证了工程质量。

3. 对完工质量的评价

经过数个月的昼夜不断地努力,工程终于完工。对于完工质量,通过分项、分部、单位工程质量评定汇总得分为 98 分,总体工程质量达到优良。

四、施工进度控制

开工前,项目经理部成立工期领导小组,在施工现场建立工程施工调度室,主要负责工程进度的管理。建立健全目标责任制度、进度检查制度、工期奖惩制度等规章制度,同时与各施工队签订目标责任状。在施工过程中,领导小组根据资源配备的情况,结合公路工程的常规做法和材料机具供应实际,广泛征求技术人员和广大施工人员的意见,合理、可行地安排总体进度计划。另外,根据已完工程的进度快慢、施工人员的增减、业主要求的计划变更等诸多因素,不断调整进度计划,动态监控关键线路的变化,以适时调整人员分配和施工顺序,使施工生产持续有效地按计划正常进行。施工中尽可能采用先进、高效的施工机械和新工艺,提高劳动效率,加快施工进度,保证阶段性工期目标的实现。尽可能采用一些实用的新技术,提高生产效率。周密计划和不断调整工序搭配,避免或尽可能缩短工序之间的间隙时间。

五、施工安全与文明施工情况

施工安全方面,项目部成立安全领导小组,设安全部长,由项目经理担任组长,安全部长为副组长,组员由项目部各职能部门负责人组成。各施工队相应成立队安全检查小组,并在各工班设专职安全检查员,坚持经常性的施工安全检查及监督指导。

施工中,坚持正确处理安全与施工生产统一、与施工速度互保、与质量互补、与效益兼顾、与危险并存的关系。坚持预防为主、综合考虑的原则,坚持安全与生产同步进行的原则,坚持全员、全过程、全方位和全天候的“四全”动态管理原则,坚持安全管理具有明确目的性的原则。在各级明确安全管理范围,组织职工学习有关劳动保护的政策、条例、规程和制度,规范操作。采取得当安全管理措施,落实安全责任,实施责任管理,建立各级人员的安全责任制度,明确相应的安全责任,定期检查落实情况。

文明施工方面,我单位采取了以下几点措施:

(1)建立健全各项规章制度,工地现场悬挂文明施工标牌条幅、张贴宣传标语,采用多种形式向项目全员进行文明施工教育,提高全员文明施工意识。

(2)现场布置统一建临时房屋,统一室内配备、布置,统一现场标识。

(3)施工场地、便道、各种材料、机具等布置、堆放、停置有序,并进行标识,做好文明施工。

(4)教育全体员工遵纪守法、行为规范、文明施工,争创文明工地。

(5)遵守当地居民的生活习惯和民族风俗,搞好施工队伍与当地政府、人民群众的关系。

六、环境保护与节约用地措施

保护环境是为当地人民造福的大事。施工中,我们加强环保意识,工程完工后不为当地留下任何后患。施工中我们采取了以下措施:

（1）在全体职工中认真开展组织学习和贯彻《中华人民共和国环境保护法》，结合洛阳市的环境特点，制订规章制度，认真落实环保法规，增强职工环保意识。

（2）为减少环境污染，施工用的粉状材料采用袋装或其他密封方法运输，不得散装散卸，现场存放时，严密覆盖，防止尘埃飞扬。施工产生的垃圾和废弃物质，清理出场。施工运输道路，经常洒水除尘。

（3）加强对施工区和生活区的环境卫生管理，清洗施工机械、设备及工具的废水、废油等有害物质以及生活垃圾集中储积处理，禁止乱堆、乱埋、乱流，影响环境卫生。

（4）工程全部完工后，拆除不再使用的临时设施，做到工完料尽、场地清洁。

七、施工中新技术、新材料、新工艺的应用情况

严格按照国家电网公司通过认可的新技术、新工艺的要求进行施工，对于本项目要采用的新技术、新工艺要取得监理、业主、设计单位的同意后，并且是在确保工程质量、工期的前提条件下，方可采用新技术、新工艺，在施工中不得擅自改动国家规定的工艺规程。

（1）目前在焊接的工艺上采用国家推广的氩弧焊技术。

（2）在工程的网络进度管理上，网络进度计划采用省局推举的 P3E/C 管理系统。

（3）通信方面采用无线对讲机通信网路和手机地方移动无线通信网络，双配套保证信息畅通，为工程的顺利展开及按期完工，提供充分的保障。

八、工程款支付情况

工程款支付及时，一切劳务、机械、材料等债务纠纷与建设单位无关。

九、施工体会

在业主和监理的正确领导和大力协调下，有公司领导作为强大的后盾，经过我项目部全体员工的共同努力，克服了工期紧、多雨和高温等困难，在施工过程中严把质量关，在工程进度控制中能够根据实际情况及时调整施工计划，对项目实施动态管理，确保优质、安全、高效、按期完成施工任务；这是业主、监理部和施工人员、各设备供应商共同辛勤努力的结果！项目部全体员工将同心协力，以最大的热情做好细微之处，在试运行期间完成对遗留的整改，在缺陷责任期内充分做好服务工作，为业主今后在系统正常运行提供可靠的电力供应！

平顶山华辰电力集团有限公司

洛栾高速公路嵩县至栾川段 10kV 线路架设工程 No.2 合同段项目经理部

二〇一六年八月

11. 洛栾高速公路嵩县至栾川段绿化工程 No.1 合同段施工总结报告

目　　录

一、工程概况
二、机构组成
三、质量管理情况
四、施工进度控制
五、施工安全与文明施工情况
六、环境保护与节约用地措施
七、施工中新技术、新材料、新工艺的应用情况
八、工程款支付情况
九、施工体会

洛栾高速公路嵩县至栾川段绿化工程 No.1 合同段施工总结报告

一、工程概况

本合同段原计划开工时间为2012年6月1日,完工时间为2012年11月30日,工期6月;实际开工时间为2012年11月1日,完工时间为2013年8月31日,工期6月。缺陷责任期为2年。

本合同段位于洛阳市嵩县境内,北起洛阳市嵩县高速公路收费站,止于九龙山高速公路收费站,全长35.55km,起讫桩号K61+800~K97+3500。主要绿化工程在主线部分路侧土路肩绿化(除去石方段和桥梁)、中央分隔带两部分,因施工现场大部分是不可绿化的部位,无法与图纸衔接,故全部工程都在设计变更之内施工。

二、机构组成

主要人员:项目经理徐文立,项目总工徐文岭,主管施工的项目副经理王保义,合同、计划工程师牛莉萍,财务负责人朱艳荣,质检工程师张敏强,园艺工程师杨道德等。投入的主要机械设备有:喷种机3台、抽水机3台、农药机4台、洒水车2台、割草机6台、松土机3台、空压机4台、发电机25台、车辆4台(图1)。

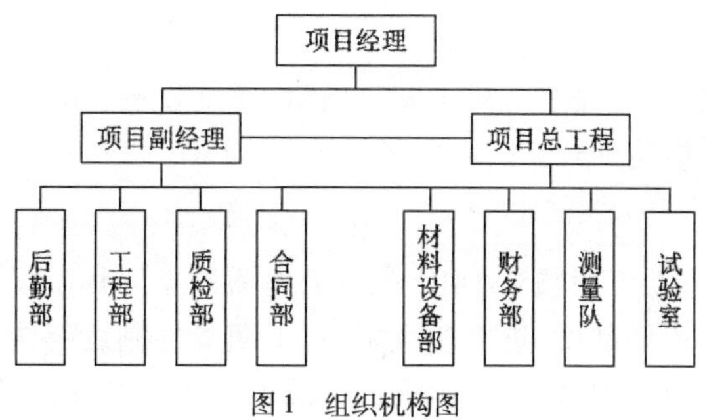

图1　组织机构图

三、质量管理情况

1.质量控制措施

我单位在工程施工中对工程项目实行质量目标管理,使工程质量达到一次验交合格率100%,优良率93%以上,具体实施中有以下控制措施:

(1)按照ISO9002质量体系要求,建立完善的质量管理体系和质量保证体系,制定创优规划,使每道工序都在严格的质量监控之下进行、实行全面质量管理。

(2)根据工程项目特点组织精明强干的施工队伍,明确分工,加强协作,注重上道工序与下道工序间的密切配合。

(3)各单项工程、各工种均实行项目负责制和岗位责任制,质量指标直接与施工人员经济挂钩,奖优罚劣、重奖重罚,分项分部工程质量指标均列入奖罚内容。

(4)采取多种形式对项目全员进行质量教育,树立"百年大计,质量第一"的思想,强化项目全员的质量意识,施工前有针对性地进行各工种的技术培训,提高施工人员的操作技能,为创优质工程创造条件。

(5)运用科学的管理方法和现代化的检测工具,强化工程质量管理,认真执行设计图纸审核制度,并做好施工技术交底,使每一个施工人员都能做到心中有数,熟悉本工程的技术要求,做到严格按照设计要求施工,严格按照施工规范作业。

(6)加强试验检测工作,严格检验各种工程材料,严格按照施工配料,确保各部位强度达到设计要求。

(7)做好质量检查工作,项目部和各队设专职质量检查工程师,监督检查工程质量,对每一道工序均进行全面严格的质量检查,实行内部质量上级管理制度,隐蔽工程在业主及监理人员检查签证后方可进行下道工序的施工,确保工程质量。

2. 施工中工程质量自检情况及工程质量问题的处理情况

我单位在施工中对工程质量严格按照自检制度进行操作,先由施工队操作工人自检和工班自检,队级质检员检验,经检合格后,上报项目部质检工程师,项目部质检工程师再进行检验,工程质量得到确认后报验监理工程师。上下工序之间还要进行交接检验,上道工序不合格下道工序不接收,上道工序的质量事故隐患决不留给下道工序。

同时,项目经理部每月组织一次质量大检查,并进行质量评定,作为当月验工计价的依据。质量大检查以检查工程质量为主,同时检查质量管理工作,查看各项规章制度落实情况。对检查中发现的质量问题,检查组根据实际情况及时提出改进措施,限期改正,并进行复查。质量大检查后,检查组汇总检查情况,在工程会上进行通报,奖优罚劣,以示激励。

对施工中发现的工程质量问题,我单位坚决处理到底,决不留质量隐患,在哪发现问题,就从哪进行处理。在工程后期的苗木养护过程中,对于死亡的苗木进行彻底更换,以达到最好的绿化效果,从而保证了工程质量。

3. 对完工质量的评价

经过两年的努力,工程终于完工。对于完工质量,通过分项、分部、单位工程质量评定汇总得分为95.6分,总体工程质量达到合格。

四、施工进度控制

开工前,项目经理部成立工期领导小组,在施工现场建立工程施工调度室,主要负责工程进度的管理。建立健全目标责任制度、进度检查制度、工期奖惩制度等规章制度,同时与各施工队签订目标责任状。在施工过程中,领导小组根据资源配备的情况,结合公路工程的常规做法和材料机具供应实际,广泛征求技术人员和广大施工人员的意见,合理、可行地安排总体进度计划。另外,根据已完工程的进度快慢、施工人员的增减、业主要求的计划变更等诸多因素,不断调整进度计划,动态监控关键线路的变化,以适时调整人员分配和施工顺序,使施工生产持续有效地按计划正常进行。施工中尽可能采用先进、高效的施工机械和新工艺,提高劳动效率,加快施工进度,保证阶段性工期目标的实现。尽可能采用一些实用的新技术,提高生产效率。周密计划和不断调整工序搭配,避免或尽可能缩短工序之间的间隙时间。

五、施工安全与文明施工情况

施工安全方面,项目部成立安全领导小组,设安全部长,由项目经理担任组长,安全部长为副组长,组员由项目部各职能部门负责人组成。各施工队相应成立队安全检查小组,并在各工班设专职安全检查员,坚持经常性的施工安全检查及监督指导。

施工中,坚持正确处理安全与施工生产统一、与施工速度互保、与质量互补、与效益兼顾、与危险并存的关系。坚持预防为主、综合考虑的原则,坚持安全与生产同步进行的原则,坚持全员、全过程、全方位和全天候的“四全”动态管理原则，坚持安全管理具有明确目的性的原则。在各级明确安全管理范围，组织职工学习有关劳动保护的政策、条例、规程和制度，规范操作。采取得当安全管理措施，落实安全责任，实施责任管理，建立各级人员的安全责任制度，明确相应的安全责任，定期检查落实情况。

文明施工方面，我单位采取了以下几点措施：

(1)建立健全各项规章制度，工地现场悬挂文明施工标牌条幅、张贴宣传标语，采用多种形式向项目全员进行文明施工教育，提高全员文明施工意识。

(2)现场布置统一建临时房屋，统一室内配备、布置，统一现场标识。

(3)施工场地、便道、各种材料、机具等布置、堆放、停置有序，并进行标识，做好文明施工。

(4)教育全体员工遵纪守法、行为规范、文明施工，争创文明工地。

(5)遵守当地居民的生活习惯和民族风俗，搞好施工队伍与当地政府、人民群众的关系。

六、环境保护与节约用地措施

保护环境是为当地人民造福的大事。施工中，我们加强环保意识，工程完工后不为当地留下任何后患。施工中我们采取了以下措施：

(1)在全体职工中认真开展组织学习和贯彻《中华人民共和国环境保护法》，结合洛阳市的环境特点，制订规章制度，认真落实环保法规，增强职工环保意识。

(2)工程全部完工后，拆除不再使用的临时设施，做到工完料尽、场地清洁。

节约用地方面，我们采取了以下措施：

在保证路基填筑取土用地后，我们尽量做到不占用或少占用农耕地。我们的临时设施、队伍生活办公均设置在荒地内，施工便道尽可能设置在永久征地内，这些都极大地减少占用耕地。

七、施工中新技术、新材料、新工艺的应用情况

我标段在现场实际施工过程中，根据我公司以往的绿化经验，结合实际的施工条件，对现场的绿化工作的采用新技术以达到最好的绿化效果。

在现场定点放线的过程中，采用水准仪定位的方法，将土建施工的方法运用于绿化施工之中，以达到对图纸的最大准确性，同时结合现场地形灵活的借助水准仪调整，达到最好的绿化效果。

本地区秋冬季节温度偏低，我标段在苗木栽植过程中，采用创新的地膜覆盖技术，既可以保持水分，也可以增加苗木根部的温度，提高苗木在秋冬季节的成活率。

八、工程款支付情况

工程款全部支付到位，一切劳务、机械、材料等债务纠纷与建设单位无关。

九、施工体会

经过近两年的努力，工程如期完成，我们觉得，一个工程要想干好，首先要有建设单位的正确领导，还要有设计单位、监理单位和地方政府的积极监督与配合。作为建设单位，首先要保证建设资金的及时到位、工程款的及时拨付，合同工期要根据实际情况及时调整，工程变更要及时处理，竣工资料的编制要在开工之初明确和统一。作为施工单位，只有在质量上高标准、严格要求，进度上合理组织确保合同工期，才能取得预期的收益。

河南乾方园林绿化工程有限公司

洛栾高速公路嵩县至栾川段绿化工程 No.1 合同段项目经理部

二〇一六年八月

12. 洛栾高速公路嵩县至栾川段绿化工程 No. 2 合同段施工总结报告

目　　录

一、工程概况
二、机构组成
三、质量管理情况
四、施工进度控制
五、施工安全与文明施工情况
六、环境保护与节约用地措施
七、施工中新技术、新材料、新工艺的应用情况
八、工程款支付情况
九、施工体会

洛栾高速公路嵩县至栾川段绿化工程 No.2 合同段施工总结报告

一、工程概况

本合同段原计划开工时间为 2012 年 6 月 1 日,完工时间为 2012 年 11 月 30 日,工期 6 月。实际开工时间为 2012 年 11 月 1 日,完工时间为 2013 年 11 月 10 日。缺陷责任期为 24 个月(自交工验收之日起)。

本合同段位于洛阳市栾川县境内,起讫桩号 K97 + 350 ~ K129 + 535。主要绿化工程在主线部分路侧土路肩绿化(除去石方段和桥梁)、中央分隔带两部分,因施工现场大部分是不可绿化的部位,无法与图纸衔接,故全部工程都在设计变更之内施工。

二、机构组成

主要人员:项目经理李海花,项目总工秦利民,主管施工的项目副经理丁彦等。投入的主要机械设备有:喷种机 1 台、抽水机 3 台、农药机 1 台、洒水车 2 台、割草机 6 台、松土机 2 台、空压机 4 台、发电机 2 台、车辆 4 台(图 1)。

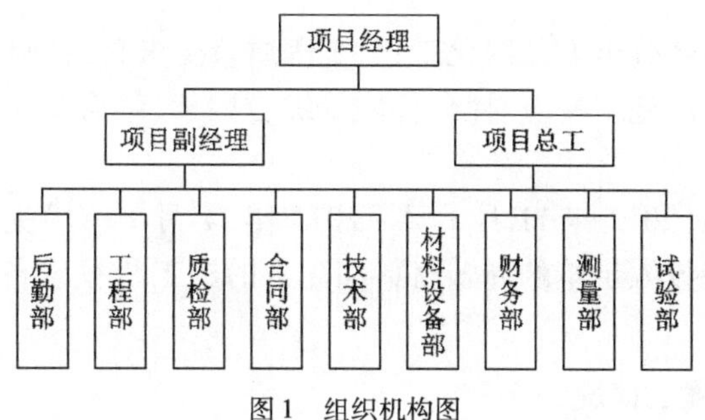

图 1　组织机构图

三、质量管理情况

1. 质量目标

质量目标:工程质量符合国家公路工程验收规范要求,各分部、分项工程合格率 100%。按公司制定的质标文本《质量手册》运作,进行质量管理和质量控制,确保工程质量合格。

2. 质量管理体系

建立以项目经理、总工程师、项目部专职质检员,班组不脱产的质量管理员三个层次的现场质量管理组织体系,并由质量负责人负责质量管理,开展系统的组织、督促和检查落实工作。做到质量工作事事有人管、人人有专责、办事有程序、检查有标准,形成从上至下的质量管理体系。

建立信息反馈系统,实施管理业务标准化,管理流程程序化。把各个环节,各管理岗位,先后工作步骤等,经过分析研究分类归纳,加以改进,将处理方法制成规章制度,是管理业务标准化,管理流程程序化。

3. 施工项目质量控制的对策

对施工项目而言,质量控制就是为确保合同规范所规定的质量标准,所采取的一系列检测监控措施、手段和方法，在进行施工项目质量控制过程中，为确保工程质量，其主要对策如下：

(1)以人的工作质量确保工程质量

工程质量是人(包括工程建设的组织者、指挥者和操作者)所创造的。对工程质量的控制始终应"以人为本"，狠抓人的工作质量，避免人的失误。

(2)严格控制投入品的质量

对原材料采购、检查、验收进行全面控制，从组织货源，优选供货厂家，直到使用认证做到层层把关，对施工过程中所采用的施工方案要进行充分认证，做到工艺先进、技术合理、环境协调。

(3)全面控制施工过程，重点控制工序质量

工程质量是在工序中创造的，在施工过程中，对每一道工序质量都必须进行严格检查，当上一道工序不符合要求时，决不允许进入下一道工序施工。

(4)严把分项工程质量检验评定关

分项工程质量等级是分部工程、单位工程质量等级评定的基础，分项工程质量等级不符合标准，在分项工程质量检验评定时，坚持质量标准，严格检查，一切用数据说话。

(5)贯彻"以预防为主"的方针

"以预防为主"防患于未然，把质量问题消灭于萌芽之中，把对质量的检查，转向对质量的事前控制，事中控制。

4. 对已完工工程质量的评价

经过不懈努力，工程终于接近完工。通过分项、分部、单位工程质量评定汇总得分为96.2分，总体工程质量达到合格。

四、施工进度控制

本绿化工程主要包括部分土方及绿化工程，工程质量要求高，我们充分认识到本工程工期的重要性。又研究了本工程的施工特点、社会环境等综合因素，结合我单位的综合实力，对施工总进度控制点做如下安排：

本工程在计划工期内(2012年11月1日~2013年11月10日)完工，我单位合理组织劳动力，调动全单位资源，确保投入足量的周转材料和先进的施工机械设备，严格按项目法组织施工以确保该工程如期完成。

五、施工安全与文明施工情况

施工安全方面，项目部成立安全领导小组，设安全部长，由项目经理担任组长，安全部长为副组长，组员由项目部各职能部门负责人组成。各施工队相应成立安全检查小组，并在各工班设专职安全检查员，坚持经常性的施工安全检查及监督指导。

文明施工方面，我单位采取了以下几点措施：

(1)建立健全各项规章制度，工地现场悬挂文明施工标牌条幅、张贴宣传标语，采用多种形式向项目全员进行文明施工教育，提高全员文明施工意识。

(2)教育全体员工遵纪守法、行为规范、文明施工，争创文明工地。

(3)遵守当地居民的生活习惯和民族风俗，搞好施工队伍与当地政府、人民群众的关系。

六、环境保护与节约用地措施

保护环境是为当地人民造福的大事。施工中，我们加强环保意识，工程完工后不为当地留下任何后患。施工中我们采取了以下措施：

(1)在全体职工中认真开展组织学习和贯彻《中华人民共和国环境保护法》，结合洛阳市的环境特点，制订规章制度，认真落实环保法规，增强职工环保意识。

(2)加强对施工区和生活区的环境卫生管理,禁止乱堆、乱埋、乱流,影响环境卫生。

七、施工中新技术、新材料、新工艺的应用情况

我标段在现场实际施工过程中,根据我公司以往的绿化经验,结合实际的施工条件,对现场的绿化工作的采用新技术以达到最好的绿化效果。

在现场定点放线的过程中,采用水准仪定位的方法,将土建施工的方法运用于绿化施工之中,以达到对图纸的最大准确性,同时结合现场地形灵活的借助水准仪调整,达到最好的绿化效果。

本地区秋冬季节温度偏低,我标段在苗木栽植过程中,采用创新的地膜覆盖技术,既可以保持水分,也可以增加苗木根部的温度,提高苗木在秋冬季节的成活率。

八、工程款支付情况

工程款全部支付到位,一切劳务、机械、材料等债务纠纷与建设单位无关。

九、施工体会

经过努力,工程如期完成,我们觉得,一个工程要想干好,首先要有建设单位的正确领导,还要有设计单位、监理单位和地方政府的积极监督与配合。作为建设单位,首先要保证建设资金的及时到位、工程款的及时拨付,合同工期要根据实际情况及时调整,工程变更要及时处理,竣工资料的编制要在开工之初明确和统一。作为施工单位,只有在质量上高标准、严格要求,进度上合理组织确保合同工期,才能取得预期的收益。

河南省益康园林工程有限公司

洛栾高速公路嵩县至栾川段绿化工程 No.2 合同段项目经理部

二〇一六年八月

13. 洛栾高速公路嵩县至栾川段绿化工程 No. 3 合同段施工总结报告

目　　录

一、工程概况
二、机构组成
三、质量管理情况
四、施工进度控制
五、施工安全与文明施工情况
六、环境保护与节约用地措施
七、施工中新技术、新材料、新工艺的应用情况
八、工程款支付情况
九、施工体会

洛栾高速公路嵩县至栾川段绿化工程 No.3 合同段施工总结报告

一、工程概况

本合同段原计划开工时间为2012年6月1日，完工时间为2012年11月30日，工期6个月；实际开工时间为2012年10月10日，完工时间为2013年11月10日，工期13个月。缺陷责任期为24个月（自交工验收之日起）。

本合同段位于洛阳市嵩县旧县镇境内，主要绿化区域在旧县互通区和九龙山互通区，绿化的区域在互通和匝道两个部分。

二、机构组成

主要人员：项目经理张亚民，项目总工李建祥，主管施工的项目副经理邬德友，合同、计划工程师陈绍先，财务负责人周冬丽，质检工程师刘会杰，园艺工程于水中、罗秋甫等。投入的主要机械设备有：喷种机3台、抽水机3台、农药机4台、洒水车2台、割草机6台、松土机3台、空压机4台、发电机25台、车辆4台。

管理机构设置见图1。

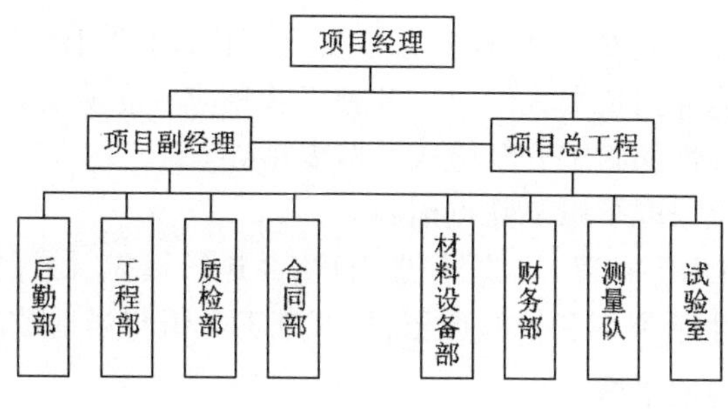

图1　组织机构图

三、质量管理情况

1. 质量控制措施

我单位在工程施工中对工程项目实行质量目标管理，使工程质量达到一次验交合格率100%，优良率93%以上，具体实施中有以下控制措施：

（1）按照ISO9002质量体系要求，建立完善的质量管理体系和质量保证体系，制定创优规划，使每道工序都在严格的质量监控之下进行、实行全面质量管理。

（2）根据工程项目特点组织精明强干的施工队伍，明确分工，加强协作，注重上道工序与下道工序间的密切配合。

（3）各单项工程、各工种均实行项目负责制和岗位责任制，质量指标直接与施工人员经济挂钩，奖优罚劣、重奖重罚，分项分部工程质量指标均列入奖罚内容。

（4）采取多种形式对项目全员进行质量教育，树立“百年大计，质量第一”的思想，强化项目全员的质量意识，施工前有针对性地进行各工种的技术培训，提高施工人员的操作技能，为创优质工程创造条件。

(5)加强试验检测工作，严格检验各种工程材料，严格按照施工配料，确保各部位强度达到设计要求。

2. 施工中工程质量自检情况及工程质量问题的处理情况

我单位在施工中对工程质量严格按照自检制度进行操作，先由施工队操作工人自检和工班自检，队级质检员检验，经检合格后，上报项目部质检工程师，项目部质检工程师再进行检验，工程质量得到确认后报验监理工程师。上下工序之间还要进行交接检验，上道工序不合格下道工序不接收，上道工序的质量事故隐患决不留给下道工序。

对施工中发现的工程质量问题，我单位坚决处理到底，决不留质量隐患，在哪发现问题，就从哪进行处理。在工程后期的苗木养护过程中，对于死亡的苗木进行彻底更换，以达到最好的绿化效果，从而保证了工程质量。

3. 对完工质量的评价

经过两年的努力，工程终于完工。对于完工质量，通过分项、分部、单位工程质量评定汇总得分为 95.6 分，总体工程质量达到优良。

四、施工进度控制

开工前，项目经理部成立工期领导小组，在施工现场建立工程施工调度室，主要负责工程进度的管理。建立健全目标责任制度、进度检查制度、工期奖惩制度等规章制度，同时与各施工队签订目标责任状。在施工过程中，领导小组根据资源配备的情况，结合公路工程的常规做法和材料机具供应实际，广泛征求技术人员和广大施工人员的意见，合理、可行地安排总体进度计划。

五、施工安全与文明施工情况

施工安全方面，项目部成立安全领导小组，设安全部长，由项目经理担任组长，安全部长为副组长，组员由项目部各职能部门负责人组成。各施工队相应成立队安全检查小组，并在各工班设专职安全检查员，坚持经常性的施工安全检查及监督指导。

文明施工方面，我单位采取了以下几点措施：

(1)施工场地、各种苗木等布置、堆放、停置有序，并进行标识，做好文明施工。

(2)遵守当地居民的生活习惯和民族风俗，搞好施工队伍与当地政府、人民群众的关系。

六、环境保护与节约用地措施

保护环境是为当地人民造福的大事。施工中，我们加强环保意识，工程完工后不为当地留下任何后患。施工中我们采取了以下措施：

(1)在全体职工中认真开展组织学习和贯彻《中华人民共和国环境保护法》，结合洛阳市的环境特点，制订规章制度，认真落实环保法规，增强职工环保意识。

(2)工程全部完工后，拆除不再使用的临时设施，做到工完料尽、场地清洁。

七、施工中新技术、新材料、新工艺的应用情况

我标段在现场实际施工过程中，根据我公司以往的绿化经验，结合实际的施工条件，对现场的绿化工作的采用新技术以达到最好的绿化效果。

在现场定点放线的过程中，采用水准仪定位的方法，将土建施工的方法运用于绿化施工之中，以达到对图纸的最大准确性，同时结合现场地形灵活的借助水准仪调整，达到最好的绿化效果。

本地区秋冬季节温度偏低，我标段在苗木栽植过程中，采用创新的地膜覆盖技术，既可以保持水分，也可以增加苗木根部的温度，提高苗木在秋冬季节的成活率。

八、工程款支付情况

工程款全部支付到位，一切劳务、机械、材料等债务纠纷与建设单位无关。

九、施工体会

经过近三年的努力，工程如期完成，我们觉得，一个工程要想干好，首先要有建设单位的正确领导，还要有设计单位、监理单位和地方政府的积极监督与配合。作为建设单位，首先要保证建设资金的及时到位、工程款的及时拨付，合同工期要根据实际情况及时调整，工程变更要及时处理，竣工资料的编制要在开工之初明确和统一。作为施工单位，只有在质量上高标准、严格要求，进度上合理组织确保合同工期，才能取得预期的收益。

郑州万年春园林绿化工程有限公司
洛栾高速公路嵩县至栾川段绿化工程 No. 3 合同段项目经理部
二〇一六年八月

14. 洛栾高速公路嵩县至栾川段绿化工程 No. 4 合同段施工总结报告

目　　录

一、工程概况
二、机构组成
三、质量管理情况
四、施工进度控制
五、施工安全与文明施工情况
六、环境保护与节约用地措施
七、施工中新技术、新材料、新工艺的应用情况
八、工程款支付情况
九、施工体会

洛栾高速公路嵩县至栾川段绿化工程 No.4 合同段施工总结报告

一、工程概况

本合同段原计划开工时间为2012年6月1日，完工时间为2012年11月30日，工期6个月；实际开工时间为2012年10月20日，完工时间为2013年8月20日，工期10个月。缺陷责任期为24个月（自交工验收之日起）。

本合同段位于洛阳市栾川县、嵩县的旧县境内，主要绿化区域在重渡沟互通区和栾川互通区绿化的区域和旧县收费站出入口在互通和匝道两个部分。

二、机构组成

主要人员：项目经理潘永堂，项目总工潘云录，主管施工的项目副经理王伟，合同、计划工程师李军，财务负责人宋邦国，质检工程师潘好奇，园艺工程师石海滨、张培峰等。投入的主要机械设备有：喷种机3台、抽水机3台、农药机4台、洒水车2台、割草机6台、松土机3台、空压机4台、发电机25台、车辆4台。

管理机构设置见图1。

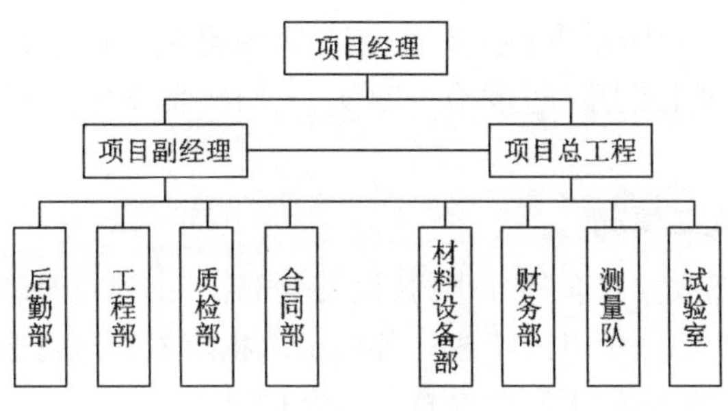

图1　组织机构图

三、质量管理情况

1. 质量控制措施

我单位在工程施工中对工程项目实行质量目标管理，使工程质量达到一次验交合格率100%，优良率93%以上7，具体实施中有以下控制措施：

（1）按照ISO9002质量体系要求，建立完善的质量管理体系和质量保证体系，制定创优规划，使每道工序都在严格的质量监控之下进行、实行全面质量管理。

（2）根据工程项目特点组织精明强干的施工队伍，明确分工，加强协作，注重上道工序与下道工序间的密切配合。

（3）各单项工程、各工种均实行项目负责制和岗位责任制，质量指标直接与施工人员经济挂钩，奖优罚劣、重奖重罚，分项分部工程质量指标均列入奖罚内容。

（4）采取多种形式对项目全员进行质量教育，树立“百年大计，质量第一”的思想，强化项目全员的质量意识,施工前有针对性地进行各工种的技术培训,提高施工人员的操作技能,为创优质工程创造条件。

(5)运用科学的管理方法和现代化的检测工具,强化工程质量管理,认真执行设计图纸审核制度,并做好施工技术交底,使每一个施工人员都能做到心中有数,熟悉本工程的技术要求,做到严格按照设计要求施工,严格按照施工规范作业。

2. 施工中工程质量自检及问题的处理情况

我单位在施工中对工程质量严格按照自检制度进行操作,先由施工队操作工人自检和工班自检,队级质检员检验,经检合格后,上报项目部质检工程师,项目部质检工程师再进行检验,工程质量得到确认后报验监理工程师。上下工序之间还要进行交接检验,上道工序不合格下道工序不接收,上道工序的质量事故隐患决不留给下道工序。

同时,项目经理部每月组织一次质量大检查,并进行质量评定作为当月验工计价的依据。质量大检查以检查工程质量为主,同时检查质量管理工作,查看各项规章制度落实情况对检查中发现的质量问题,检查组根据实际情况及时提出改进措施,限期改正,并进行复查。质量大检查后,检查组汇总检查情况,在工程会上进行通报,奖优罚劣,以示激励。

对施工中发现的工程质量问题,我单位坚决处理到底,决不留质量隐患,在哪发现问题,就从哪进行处理。在工程后期的苗木养护过程中,对于死亡的苗木进行彻底更换,以达到最好的绿化效果,从而保证了工程质量。

3. 对完工质量的评价

经过两年的努力,工程终于完工。对于完工质量,通过分项、分部、单位工程质量评定汇总得分为95.6分,总体工程质量达到优良。

四、施工进度控制

开工前,项目经理部成立工期领导小组,在施工现场建立工程施工调度室,主要负责工程进度的管理。建立健全目标责任制度、进度检查制度、工期奖惩制度等规章制度,同时与各施工队签订目标责任状。

五、施工安全与文明施工情况

施工安全方面,项目部成立安全领导小组,设安全部长,由项目经理担任组长,安全部长为副组长,组员由项目部各职能部门负责人组成。各施工队相应成立队安全检查小组,并在各工班设专职安全检查员,坚持经常性的施工安全检查及监督指导。

我标沿线过往车辆较多,经过我们严密组织、多方协调,在保证正常施工的情况下,也保证了车辆的安全和原有公路的正常运营。

文明施工方面,我单位采取了以下几点措施:

(1)建立健全各项规章制度,工地现场悬挂文明施工标牌条幅、张贴宣传标语,采用多种形式向项目全员进行文明施工教育,提高全员文明施工意识。

(2)教育全体员工遵纪守法、行为规范、文明施工,争创文明工地。

(3)遵守当地居民的生活习惯和民族风俗,搞好施工队伍与当地政府、人民群众的关系。

六、环境保护与节约用地措施

保护环境是为当地人民造福的大事。施工中,我们加强环保意识,工程完工后不为当地留下任何后患。施工中我们采取了以下措施:

(1)在全体职工中认真开展组织学习和贯彻《中华人民共和国环境保护法》,结合洛阳市的环境特点,制订规章制度,认真落实环保法规,增强职工环保意识。

(2)工程全部完工后,拆除不再使用的临时设施,做到工完料尽、场地清洁。

七、施工中新技术、新材料、新工艺的应用情况

我标段在现场实际施工过程中,根据我公司以往的绿化经验,结合实际的施工条件,对现场的绿化工作的采用新技术以达到最好的绿化效果。

本地区秋冬季节温度偏低,我标段在苗木栽植过程中,采用创新的地膜覆盖技术,既可以保持水分,也可以增加苗木根部的温度,提高苗木在秋冬季节的成活率。

八、工程款支付情况

工程款全部支付到位,一切劳务、机械、材料等债务纠纷与建设单位无关。

九、施工体会

经过近两年的努力,工程如期完成,我们觉得,一个工程要想干好,首先要有建设单位的正确领导,还要有设计单位、监理单位和地方政府的积极监督与配合。作为建设单位,首先要保证建设资金的及时到位、工程款的及时拨付,合同工期要根据实际情况及时调整,工程变更要及时处理,竣工资料的编制要在开工之初明和统一。作为施工单位,只有在质量上高标准、严格要求,进度上合理组织确保合同工期,才能取得预期的收益。

河南新封园林绿化工程有限公司

洛栾高速公路嵩县至栾川段绿化工程 No.4 合同段项目经理部

二〇一六年八月

第六部分

征 地 拆 迁

洛栾高速公路嵩县至栾川段项目征地拆迁执行报告

目　　录

一、嵩县至栾川段项目概况
二、沿线自然环境和社会环境
三、工程占地及恢复情况
四、征地拆迁政策、补偿标准和征地拆迁经费
五、征地拆迁方案
六、临时用地情况
七、附着物拆迁
八、房屋拆迁及移民安置
九、征用土地的劳动力安置
十、征地拆迁工作的几点体会

洛栾高速公路嵩县至栾川段项目征地拆迁执行报告

一、嵩县至栾川段项目概况

1. 项目概况

洛阳至栾川高速公路嵩县至栾川段项目是河南省"十二五"规划的重点高速公路建设项目，省发改委以(豫发改交通〔2010〕1076号)和(豫发改设计〔2010〕1534号)给予批准建设。

嵩县至栾川段高速公路的建设受到了河南省委、省政府的高度重视，得到了河南省交通运输厅的大力支持，在洛阳市及沿线各级地方政府及有关部门支持和协调下，在全线各参建单位的密切配合下，克服了种种困难，于2012年12月底建成通车。

2. 工程概况

洛阳至栾川高速公路嵩县至栾川段项目起于嵩县县城东，与洛嵩段项目相连接，路线向西南依次经过嵩县、栾川县，止于栾川县庙子乡，接拟建的武西高速尧山至西峡段。线路全长66.538km，设计行车时速为80km，采用双向四车道标准。项目批复概算总投资63.18亿元。全线路基挖方1303万m^3、填方880万m^3，沥青混凝土路面1366千m^2，特大桥1座，大桥77座，中桥8座，分离式立交13座，隧道24座，通道22道，涵洞74道，天桥5座。沿线设停车区1处，服务区1处，互通式立交4处，匝道收费站4处。全线共征417.4871hm^2(其中集体土地403.9043hm^3、国有土地13.5828hm^2)，根据《河南省土地管理法实施办法》和其他相关法律、法规规定及洛阳市人民政府(洛政〔2009〕9号)文件精神，我公司与洛阳市高速公路建设指挥部签订了《洛阳至嵩县高速公路征地拆迁服务协议》，由洛阳市高速公路指挥部负责征地拆迁，我公司共支付征地拆迁费522630827.55元。

3. 嵩栾段建设用地批复情况

沿线永久性用地申报材料经河南省国土资源厅于2010年10月13日正式批准并签发了预审意见(豫国土资函〔2010〕501号)。嵩栾段建设用地于2015年9月获得国土资源部关于洛阳至栾川高速公路嵩县至栾川段工程建设用地的批复(国土资函〔2015〕584号)。

嵩县至栾川高速公路申请建设用地400.2568hm^2，批复建设用地378.323hm^2，实际征用土地规模为417.4871hm^2(其中集体土地403.9043hm^2、国有土地13.5828hm^2)。截至目前，拆迁补偿也全部完成，所有县、区的永久性土地使用证全部办理完毕。

二、沿线自然环境和社会环境

1. 自然环境

(1)地形、地貌

本项目位于豫西山区，路线所经过的区域地形条件复杂，山岭纵横，层峦叠嶂，河沟交织，地势西南高、东北低，地形起伏大，地面高程最高海拔1000m左右，最低海拔350m左右，相对高差700m。线路中段跨越的中低山区沟谷发育，山谷陡峻，地势险要，河流及沟谷多呈"V"形，沟的深度范围在50～200m之间；线路北段跨越的低山丘陵地形起伏变化大，沟谷发育以"V"形为主；线路中段跨越的伊河及明白河两岸冲积平原，地势相对平坦，阶地沿两岸分布。

本项目沿线地形复杂，地貌多变，有大起伏中山、中起伏中山、中起伏低山、小起伏低山、河谷平原等地貌组成。地面高程自起点350m上升到终点约800m。路线多沿伊河河谷布线，伊河河谷自嵩县至栾川两侧地势险峻，壁崖陡峭，复杂多变的地形给项目设计和实施都带来一定的困难。

（2）地质、水文

经详细的地质勘察发现，项目区沿线走廊带内发现的不良地质主要有崩塌、滑坡、泥石流等。①崩塌：区内崩塌主要为土质崩塌，次为岩质崩塌，规模均为小型，集中分布于低山丘陵区，主要诱因为大气降雨及人类工程活动。②滑坡：主要分布在沟谷、伊河及其支流小河及其支流两岸。③泥石流：主要为河谷型及冲沟型泥石流，主要分布于伊河、小河支流及冲沟内。④尾矿库：沿线局部山沟建有尾矿库，尾矿坝坝体建材多以片石、毛石、碎石土等，尾矿库在运行期间及后期受大气降水的影响有出现危险的可能。⑤采矿区：线路经过的采矿区主要位于矿区附近，一般规模较小、埋深浅。

项目沿线水系较发育，主要为伊河、明白河及其支流河谷等水体，主要含水类型为松散岩类孔隙水、碎屑岩类孔隙裂隙水和碳酸盐类裂隙岩溶水、基岩裂隙水四种类型。本勘测区内含水介质类型多，水文地质条件复杂，地下水水质良好，据《公路工程地质勘察规范》（JTG C20—2011）规定，地下水对混凝土均无腐蚀性。

（3）气候

本区属于秦岭—淮河以北暖温带半湿润大陆性季风气候，季风环流明显，四季温差和风向变化显著，年平均气温14.86°C，极端最高气温43.6°C，极端最低气温20°C；年平均降水为688.6～938.3mm；区内水面蒸发量北强南弱，历年平均水面蒸发量1365.3～1504.1mm；无霜期210d左右。区内主要气象灾害有暴雨、洪涝和干旱等。

受气候影响，路面施工应避开冬季，路基地基处理和桥涵下部施工应避开雨季。

2. 社会环境

（1）行政区划及人口

洛阳市（涧西区、西工区、老城区、瀍河区、洛龙区、吉利区）及所辖偃师市、孟津、新安、洛宁、宜阳、伊川、嵩县、栾川、汝阳，总面积15208km^2，全市总人口650万人。

（2）工农业生产状况及经济发展规划

洛阳有着丰富的动植物资源和矿产资源。2008年，全市完成国内生产总值1919.64万元，比上年增长14.4%。2008年资料统计见表1、表2。

社会经济指标（2008年）（单位：亿元）　　表1

指　　标	单　　位	河　南　省	洛　阳　市
土地面积	km^2	167000	15000
耕地面积	千hm^2	—	—
人口	万人	9918	654
非农业人口	万人	3573	—
人口密度	人/km^2	594	430
国内生产总值	亿元	18407.8	1919.64
人均国内生产总值	元/人	19593	30084
工业总产值	亿元	—	—

续上表

指　　标	单　　位	河　南　省	洛　阳　市
轻工业	亿元	—	—
重工业	亿元	—	—
乡及乡以上工业总产值	亿元	—	—
农林牧渔业总产值	亿元	2658.8	167.57

项目主要影响区域经济规划指标　　表2

年　　份	国内生产总值年均增长率	
	河南省	洛阳市
2008	12.1%	14.4%

三、工程占地及恢复情况

1. 土地征用

洛阳至栾川高速公路嵩县至栾川段因工程建设用地需要实际征地面积 417.4871hm^2(其中集体土地 403.9043hm^2、国有土地 13.5828hm^2),支付征地拆迁费用共计 522630827.55 元。

2. 合理用地

嵩县至栾川高速公路从设计到施工结束,始终贯彻了"十分珍惜、合理利用每寸土地和切实保护耕地"的基本国策,互通式立交采用单、双喇叭型、架桥等方式,以节约耕地,施工取土因地制宜,取土与造地相结合、取土与挖塘相结合,充分利用坡地、荒地、旱地,保护水浇地和耕地,结合与新农村建设规划用地,妥善安排搬迁群众建房。

3. 综合利用

嵩县至栾川高速公路在取土或弃土等施工过程中,本着宜渔则渔,宜农则农,宜林则林的原则,改低凹地为鱼塘,去土丘旱地为水浇地,弃土填沟变荒地为可耕地。通过合理取土用地和充分利用荒山、砂砾石、弃土等作为路基填筑材料,有效减少了土资源浪费,仅此一项全线共节约耕地 500 余亩,利用弃土帮助群众造地 360 余亩,受到沿线政府和群众的赞赏。

4. 场地利用

嵩县至栾川高速公路利用当地的一些荒弃的厂房作为施工拌和场所,各标段项目经理部大多租用当地民房办公,共节约临时用地 600 余亩,起到了即节约土地、又合理利用资源的双重效果。

四、征地拆迁政策、补偿标准和征地拆迁经费

1. 政策宣传

嵩县至栾川高速公路位于豫西南山区,沿线土地是农民群众赖以生存的主要生产资料,沿线人多地少、矿资源丰富、旅游景区较多,电力、电讯设施密集,为征地拆迁带来了诸多困难。根据《中华人民共和国土地管理法》《河南省土地管理法实施办法》及省、市有关精神,我们积极宣传贯彻"十分珍惜和合理使用每一寸土地,切实保护耕地"的基本国策,本着"既不浪费每一寸土地,又要保证工程用地"的原则,合理部署征地拆迁工作。

2. 征地拆迁补偿

(1)嵩县至栾川高速公路征地拆迁补偿标准,依据《中华人民共和国土地管理法》和《河南省土地管理法实施方法》等有关规定,在洛阳市高速公路建设指挥部和河南嵩阳高速公路有限公

司联合调查征地测算的基础上,参照省内外其他高速公路的补偿标准,经进一步核定,以河南省人民政府(豫政〔2009〕87 号)和洛阳市人民政府(洛政〔2009〕9 号)正式出台了补偿标准。

(2)该工程征地本着"依法、求是、低限"的原则,全线均按《河南省土地管理法实施方法》和河南省人民政府《关于公布实施河南省征地区片综合地价标准的通知》(豫政〔2009〕87 号)规定的"征地区片综合地价"标准执行。拆迁费、征地管理费、多余劳动力安置均按照洛阳市人民政府(洛政〔2009〕9 号)和洛阳市指挥部签订的征地、拆迁包干协议执行。

(3)洛栾高速公路嵩县至栾川段共支付征地拆迁费 520978269.35 元。

五、征地拆迁方案

1. 方案

征地拆迁是高速公路建设的基础工作,洛阳市及沿线各级指挥部非常重视宣传发动,多次组织召开乡村级群众大会,学习上级的有关文件精神及要求,进一步提高群众对修建高速公路的认识,对征地、拆迁数量的调查,先划出征地界线、定界碑,然后在市指挥部的统一领导下,与洛阳市高速公路建设指挥部签订了《嵩县至栾川高速公路征地拆迁服务协议》,由市高速公路建设指挥部负责征地拆迁,我公司支付费用。

2. 征地报批程序

(1)本项目征用土地工作,由河南嵩阳高速公路有限公司与当地政府负责报批,报批程序是:①乡镇土地管理部门会同建设单位和被征地村核定征地位置和面积,并经四邻、村、乡镇签署意见后盖章;②经县、市、省土地管理部门核定、审批后盖章;③根据《中华人民共和国土地管理法》规定,由省国土资源厅上报省政府和国土资源部批准。

(2)嵩县至栾川高速公路用地均已办理建设用地报批手续,并经国家、省国土资源部门批准,核发了土地使用证。征用土地做到了面积准确,四邻清楚,权属合法,资料齐全、完整、有效。

六、临时用地情况

嵩县至栾川高速公路修建伊始,地方各级政府及指挥部都十分注意节约使用土地,制定了临时用地原则,严格临时用地审批程序,并根据用地种类来核定补偿标准。由于沿线各级地方政府和嵩阳公司以及施工单位高度重视,嵩县至栾川高速公路在节地、改地、造地、复垦土地方面做出了较好的成绩。

1. 临时用地原则

嵩县至栾川项目坚持不用或少占用耕地,有坡地不用平地,有旱地不用水浇地,有荒地不用耕地;取土与造地造塘相结合,加大取土深度,增大取土量;用完一块、平整一块、复耕一块,不留空白地;全面考虑,缩短距离,满足机械化作业需要。

2. 临时用地审批程序

本项目按照由临时用地单位向当地指挥部提交临时用地申请,经当地指挥部及乡镇土地管理部门核实后,确定用地时间、地点、面积,由用地方和土地所有方(行政村)签订临时用地协议,方可用地。

3. 补偿标准

本项目临时用地补偿标准根据土地种类而定。属于耕地的,按使用单位占地时间和面积产值而定,并负责复耕,其他占地可适当减少补偿金额。

七、附着物拆迁

1. 地面附着物分布、结构特点

嵩县至栾川高速公路地处豫西南山区,经济发展相对落后,高速公路经过地区多是丘陵和山区，支柱产业以农业、经济作物、林业、矿资源为主，由于经济发展不平衡，农民的居住房屋结构类型多样化，有砖混、木、土木等，还有传统的土葬习俗，沿线的坟墓也较多。

2. 附着物拆迁、附着物清点原则和办法

由于我公司与洛阳市高速公路建设指挥部签订了《嵩县至栾川高速公路征地、拆迁服务协议》，由市高速公路建设指挥部负责征地拆迁，我公司支付费用，极大地提高了地方政府的工作积极性，减少了路地矛盾，提高了工作效率。

3. 电力、电信拆迁

按照设计图纸要求，我公司协同电力、电信部门对所需拆迁的电力、电信设施的类别、数量逐一进行核查，按照当时电力、电信部门的安装、拆迁定额核算拆迁费用，由电力、电信部门拿出初步拆迁方案，经公司与电力、电信部门协商，确定最终方案，力争做到省时、省力、省钱，然后与电力、电信部门签订拆迁包干协议书，由电力、电信部门按照被拆迁线路的管理权限，归口拆迁，限期完成，经验收合格后，一次性结算。此项工作随着工程建设的需要及时办理，按时完成，补偿费结算完毕。共拆迁电力 112 处，电信 200 处，支付电力拆迁费 4400.2848 万元，通信拆迁费 2260.4111万元，共计 6660.6959 万元（表 3）。

电力、电信拆迁 表 3

序号	拆迁项目	嵩栾段		部队		合计	
		拆迁数量	金额（万元）	拆迁数量	金额（元）	拆迁数量	金额（万元）
1	电力拆迁	112 处	4400.2848				
①	220kV	—					
②	35kV						
③	10kV						
④	380kV						
⑤	110kV	—					
2	电信拆迁	200 处	2260.4111				
①	长途线路						
②	移动线路						
3	广电线路						
共计				6660.6959 万元			

4. 沿线文物处理情况

为了保护和减少对文物的损害，早在征地拆迁和附属物调查之初，河南嵩阳高速公路有限公司就委托洛阳市文物工作队对全线进行了大规模的文物探查活动，双方本着相互支持、平等协商、密切配合的原则达成了沿线文物处理包干协议，工作项目包括沿线古文化遗址、城址、墓葬勘探发掘及保护，包干费用共计 80 万元。

八、房屋拆迁及移民安置

1. 房屋拆迁的意义

房屋拆迁是本项目实施过程中一项重要工作，它不仅关系到高速公路的建设速度，而且关系到沿线的社会稳定，积极稳妥地做好移民安置工作，将会改善移民的生产、生活条件，而且可以为项目实施创造一个良好的施工环境。

2. 房屋拆迁原则、房屋拆迁补偿标准

在洛阳市政府及上级有关部门的领导下，我公司与洛阳市高速公路建设指挥部签订了《嵩县至栾川高速公路征地、拆迁服务协议》,由市高速公路指挥部负责征地拆迁,我公司支付费用。

九、征用土地的劳动力安置

嵩县至栾川高速公路占地面积大,涉及的行政村相对较多,但占地并不集中,征用土地的劳动力安置主要以农业自身安置为主,辅以乡镇企业安置和第三产业安置。

本项目征地工作结束后,各行政村都进行了土地调整。因改地、造地和开垦荒地,人均土地面积较征地前下降很少,为以村为单位的土地调整打下了基础。通过调整,各行政村仍具备以农业为主的生产、生活条件,大部分行政村利用土地补偿款发展养殖业、家庭副业,改善水利基础设施,利用科学技术种植高效农业,提高单位面积产值,既安排了剩余劳动力,又保证了农业经济收入的稳定。

十、征地拆迁工作的几点体会

1. 主要经验

(1)在取土过程中,注意保护耕地,取土与节约用地、改造耕地、开垦荒地相合,当地群众对这项工作很满意,为项目顺利实施创造了条件。

(2)要切实保护移民的利益。由于在项目实施过程中,各级政府和嵩阳公司尊重和维护了移民的利益,从而取得移民的理解和支持,为洛栾高速公路按期完工奠定了坚实的基础。

(3)建立完善的档案管理。本项目无论是行政文件、设计图纸、合同和协议、涉及移民的各种原始资料等,均是分门别类、完善归档,为项目运营管理打下了基础。

2. 教训与问题

(1)由于嵩县至栾川高速公路建设工期短、时间紧、施工难度大,致使在设计上不够完善,在施工过程中,当地群众提出很多关乎民生的问题,我公司对全线96个涵洞通道进行了集中治理,并通过线外工程解决了通道排水和积水问题,改善了路地关系,受到了地方政府和沿线群众的称赞。

(2)嵩县至栾川高速公路系从东北至西南方向建设,而沿线属丘陵和山区,灌溉排水比较困难。因此,本项目在建设过程中,因高挖方区截断了部分东西灌溉的渠道,导致部分水浇田无法种植,降低了部分农户的收入。为此,项目公司会同市、县、乡三级指挥部实地调查核实情况,并确定了水田改旱田的补偿面积和标准,给土地受损的农户适当的补偿,得到了群众的欢迎。

附件:洛栾高速公路嵩县至栾川段土地使用证一览表

河南嵩阳高速公路有限公司

二〇一六年八月

附件

洛栾高速公路嵩县至栾川段土地使用证一览表

洛 阳 市 境 内					
序号	土地使用者	土地位置	土地使用编号	土地用途	面积(m^2)
1	河南嵩阳高速公路有限公司	栾川县	栾国用〔2015〕第0182号	公路用地	110657.63
2		栾川县	栾国用〔2015〕第0180号	公路用地	1061815.2
3		栾川县	栾国用〔2015〕第0183号	公路用地	322864.4
4		嵩 县	嵩国用〔2015〕第235号	公路用地	1988168.46

第七部分

接管养护

洛栾高速公路嵩县至栾川段
接管养护单位使用情况报告

目　　录

前言
一、试运营期间养护管理情况
　（一）日常养护工作
　（二）积极创建“文明示范路”
　（三）认真落实养护总承包责任制
　（四）扎实抓好安全生产和文明施工管理
二、运营交通量、收费管理、运营安全状况
　（一）交通量状况
　（二）收费管理状况
　（三）运营安全状况
三、项目总体使用情况
　（一）设施使用性能
　（二）功能满足情况
四、修复完善和养护状况
　（一）路面维护
　（二）路基维护
　（三）桥梁、涵洞、隧道维护
　（四）沿线其他设施维护
五、存在的问题及建议
　（一）存在的问题
　（二）建议

洛栾高速公路嵩县至栾川段
接管养护单位使用情况报告

前言

高速公路营运管理是项目建设的继续，是体现设计和实现建设目的和价值的重要保证。洛栾高速公路嵩县至栾川段在建成交工之前，根据河南省交通运输厅和河南省收费还贷高速公路管理中心的安排就成立了接管组织，并按照有关文件规定要求招收和培训了各类人员，充分做好接收准备工作，顺利完成了接管。2012 年 12 月 31 日，经河南省交通运输厅和河南省收费还贷高速公路管理中心批准，正式成立了运营管理机构暨河南省交通运输厅高速公路洛阳管理处。在省厅和管理中心的正确领导下，洛阳管理处以"创建学习型组织和争做知识型员工"活动为载体，以规范化建设和管理为抓手，以"保安全、保畅通、保服务"为目标，以站队建设和班组建设不断促进管理水平的提升。同时，还通过开展为司乘人员服务，为员工办实事、办好事等活动，全面构建和谐企业，以企业文化打造洛栾高速品牌，使洛栾高速公路运营管理呈现出崭新的面貌和良好的发展态势。

一、试运营期间养护管理情况

高速公路养护管理工作是维护道路及其设施完好，保障运营需要的一种技术性、时限性很强的工作。洛阳管理处积极贯彻"预防为主，防治结合"的养护方针，认真落实《河南省高速公路管理办法》等有关规定要求，以养护质量为基础，开展"以路面养护为中心，桥梁隧道安全为重点"的全面养护，达到了"预防性、及时性、科学性"的养护要求，确保道路畅、洁、绿、美。

（一）日常养护工作

洛阳管理处在养护管理工作中实行统一领导、分级管理，由养护科对养护单位进行全面业务指导和管理。在健全机制，完善基础建设的同时，加强对养护设备操作人员及养护人员的业务技术培训，不断提高操作能力，逐步形成了养护管理科学化的操作程序，大大提高了养护管理效果。在确定以养好路面为中心的同时，加强全面养护，使养护管理工作实现了科学化、规范化、机械化水平。

（1）积极组织开展日常养护工作。巡视和检查工作对收集各种路况信息，起着至关重要的作用。对收集到的信息进行整理分析，研究病害发生规律，制定养护对策，为科学养护提供依据。洛阳管理处认真做好路况巡查制度，了解路况信息，督促监理和施工单位及时做好养护巡查工作，组织开展定期或不定期的抽查、检查活动，发现问题及时处理或上报有关单位，真正把日常养护工作落到实处。根据洛栾高速公路的实际情况，先后制定完善了《养护标准化手册》《养护日常巡查制度》《日常维修保养考核办法》《日常维修保养施工监理考核办法》等一系列规章制度，进一步细化和完善了各项规定，增强了各项制度的可操作性，形成了较为完整的养护工作制度体系。

（2）认真抓好护路员管理，夯实基础性养护工作。一是从抓好护路员队伍入手，要求保洁人员每天对路容路貌进行整理，同时对发现的道路损坏情况及时登记和上报，从而使养护管理更加有效、快捷。通过采取月考核、季评比、与护路员谈心沟通、增加福利待遇等,不断提高护路员的工作积极性。二是树立先进典型,组织开展比学赶帮超活动,大力弘扬先进标段、先进护路员的先进事迹,鞭策后进标段和后进护路员等措施,大大增强了护路员的责任心,调动了他们的积极性,使所辖路段经常处于良好状态。

(3)认真落实桥梁工程师制度。为了贯彻落实《交通运输部桥梁管理制度》和《河南省高速公路桥梁养护工作制度指导意见》,洛阳管理处聘用有经验、技术力量强并具有中级职称、五年以上资历的专业技术人员为桥梁工程师,认真履行各路段运营单位桥梁工程师职责,对沿线桥梁进行经常性检查和评定,建立桥梁技术和养护档案,开展定期检查和评定,并负责桥梁管理系统中数据的更新和维护,指导检查和考核本路段内养护监理、施工单位桥梁养护工程师的工作开展情况。目前已对全线桥涵全部建立了桥梁普查卡片,每月按时进行一次检查,把此项工作做实做细,坚决防止和杜绝各类桥涵安全事故的发生。

(4)加强内业管理,建立健全养护管理系统。洛阳管理处根据路况调查情况,认真填写养护生产日报、旬报、月报等资料,建立详细的路况普查技术档案。同时,完成上级安排的桥头跳车调查、桥梁普查、路面病害调查等专项普查工作,进一步完善路面管理系统和桥梁管理系统,使养护内业管理更加科学化、信息化,为制定相应的养护对策,提供了科学依据。

(二)积极创建"文明示范路"

洛阳管理处结合"规范化、标准化、精细化"管理的要求,坚持以路面养护为中心,以桥梁隧道安全为重点的工作思路,从提高自身素质着手,在规范管理上狠下功夫,突出精细化养护工作目标,顺利完成各项工作任务,为创建文明示范路打下了坚实的基础。

(1)成立组织,完善制度。依据《河南高速公路文明示范路实施方案》和《河南省收费还贷高速公路管理中心创建文明示范路实施方案》要求,认真研究制定了《洛阳管理处创建省级文明示范路实施方案》,并成立了创建文明示范路活动领导小组,全面负责管理处的创建工作。创建文明示范路活动领导小组进行了明确分工,实行了包干责任制,加快了创建步伐,严格按照创建标准,团结务实、真抓实干、改革创新、锐意进取,创建"文明示范路"各项工作顺利推进。

(2)认真做好缺陷责任期绿化管养。为实现省厅关于"乔灌结合、花草搭配、四季常绿、三季有花"的绿化目标,洛阳管理处制定了绿化管理制度和相关要求,对枯死和长势差的苗木及时进行更换补栽,对达不到应有绿化效果的植物及时进行调整更换;对全线绿化苗木进行浇水、施肥和病虫害防治,保证苗木生长良好,增强了全线的绿化景观效果。同时对全线乔木进行修剪,花灌木进行造型,路肩、边坡、中央分隔带、立交区草皮高度都保持在10cm以下,对攀附在树上和隔离栅上的爬藤等杂物进行及时清除,使洛栾高速公路成了一道靓丽的风景线。

(三)认真落实养护总承包责任制

按照省厅《高速公路养护管理办法》要求,洛阳管理处积极推进养护总承包责任制,充分发挥专业养护的作用,做到规范作业,对病害及时发现、及时处理。通过签订监理合同,转变监理职能,实行包段分工制,严格履行监理考核制度,有效调动了监理工作的积极性。既节约了养护成本,又实现了养护工作的精细化、规范化管理。

(四)扎实抓好安全生产和文明施工管理

洛阳管理处认真贯彻落实"安全第一、预防为主"的方针,根据上级《关于认真做好安全生产工作的实施意见》等有关要求,结合《公路养护安全作业规程》及有关劳动保护法律法规和洛栾高速公路实际,制订了《洛阳管理处养护安全生产管理制度》,并与养护公司签订了《养护工程安全生产目标责任书》,全面规范施工作业区管理,加强督促检查等过程控制,认真落实安全生产责任制,从源头上杜绝了安全事故的发生。

二、运营交通量、收费管理、运营安全状况

(一)交通量状况

洛栾高速公路嵩栾段设旧县、九龙山、重渡沟、栾川共4个收费站。从2012年12月底建成通车,截止至2016年7月底,嵩栾段共完成通行费收入12760.37万元。2013年日均收费额为7.52万元,2014年日均收费额为9.76万元,2015年日均收费额为11.45万元,2016年(截止至7月底)日均收费额为10.68万元。交通量由2013年开通时(年平均)日交通量4714辆,2014年(年平均)日交通量6181辆,2015年(年平均)日交通量7349辆,增长到2016年(截止到8月,年平均)日交通量8451辆,社会效益和经济效益正在逐步提高。

(二)收费管理状况

征收工作是实现运营的经济价值,维持道路可持续使用和可持续运营的前提和保障,是运营管理中的一项重要工作。洛阳管理处在征收管理上,严格执行"应征不漏、应免不征"的收费政策,认真抓好征收各项细节管理,以规范促文明,不断完善征管方式,规范征收行为,通行费收入持续增长,管理水平稳步提高。

(1)开展专项治理堵漏增收。洛阳管理处成立以来,牢固确立收费管理在运营管理工作中的核心地位,夯实了收费管理的基础。严格落实"应征不漏,应免不征"的原则,联合路政、高速交警等有关部门,积极开展打击偷逃漏通行费专项治理活动,确保通行费收入颗粒归仓。同时,查获并惩治了部分违法车辆及车主,有效遏制了偷逃通行费行为,净化了收费环境。

(2)广泛开展收费业务技能培训。洛阳管理处以全员业务技能培训为突破口,不断提高员工队伍素质,为收费管理工作提供有力支撑。为提高员工素质,打造一支作风过硬的队伍,洛阳管理处开展了思想作风纪律整顿暨业务技能培训活动,分期分批对全体员工进行封闭式训练;组织收费管理业务大比武活动,进一步激发了广大员工争创一流的积极性;开展"三百三十"创建、"微笑服务、温馨高速"等活动,进一步加强文明礼仪、微笑服务的规范执行;扎实推进标兵站、形象站建设,内强素质、外塑形象,努力营造良好的服务环境。同时,教育广大员工要立足本职工作,不断提高职业道德和业务素质,全面提高运营管理水平。

(3)全面推进收费管理规范化建设。洛阳管理处开展以标准化、规范化管理为核心,以载体创新为动力,为收费管理工作树立良好形象。为实现收费管理标准化、站区管理规范化,管理处要求各收费站明确责任主体,划清职责范围,严格办事程序,明晰站长、班长、收费员的职责权限,规范各项业务工作流程,充分发挥收费站"窗口"优势,为广大驾乘人员提供更舒适、更快捷、更安全的通行服务。开展了"优秀班组""服务明星"等评选活动,收费站每月对员工进行评选,对评选出的先进个人和班组给予表彰和奖励。开展了以"和谐高速,文明同行"为主题,以完善的服务赢得司乘人员的信赖与满意。

(三)运营安全状况

洛阳管理处站在构建和谐社会的高度,站在确保人民生命财产安全的高度,站在维护高速公路改革发展稳定大局的高度,充分认识安全生产的重要性,全面贯彻落实安全生产责任制,切实加强安全生产管理,确保稳定运营。

(1)强化管理,稳定运营,切实抓好安全生产管理。一是通过教育,做到警钟长鸣,使安全工作深入人心,成为员工的自觉行动。二是各司其职,各负其责,开展严布置、细检查、抓落实、早防范,把安全生产责任分解到每个环节、每个岗位、每个员工。三是把安全生产隐患排查整治,作为安全生产的一项重要内容进行安排部署,实现安全重心向消灭隐患转变。同时,不断加强对安全生产的管理力度,实行安全员资格考试制度,启用了应急网络平台;组织开展安全生产培训,进行安全知识测试;开展了"安全生产月"活动,组织员工收看安全生产教育片,使安全工作深入人

心。自项目建成通车以来,无发生任何安全生产责任事故。

(2)认真组织实施专项工程、抢险保通工程。一是认真做好冬季除雪除冰保通工作,洛阳管理处积极组织施工力量,迅速清除桥梁上的积冰积雪,消除安全隐患,为司乘人员创造了畅通便捷的行车条件,大大减少了交通事故的发生,圆满完成了除雪保通任务,最大限度地减少了自然灾害造成的损失和影响,确保洛栾高速公路安全畅通。二是搞好标牌整改专项治理工作,按照省厅统一部署,经与项目公司和施工单位协商,顺利完成了标牌整改专项治理阶段性工作。同时,按照中心养护部要求,对全线的公里牌、百米桩进行专项整改,共更换反光膜 51.86m^2,安拆公里牌 17 个。

(3)加强路政管理,确保高速公路安全畅通。洛阳管理处不断强化路政队伍建设,进一步完善各项规章制度,通过开展法律法规学习、业务知识培训等活动,不断提高路政人员的政治思想觉悟、业务能力和执法水平。同时,不断创新路政管理方式,积极推进路政管理规范化建设,实行定期路政例会制度,并先后制定和完善了《路政工作制度》《路政工作职责》《路政内业标准化作业规范》及《路政外业标准化作业规范》,规范了路政各岗位职责及操作流程,使路政各项工作开展做到有章可依。建立了路政快速反应机制,实行 24 小时巡查制度,确保道路安全畅通。加强业务培训,定期开展业务考核和技能竞赛,不断提高路政人员的素质,建设了 1 个标准化路政大队。同时,还开展了打击偷盗高速公路附属设施专项治理活动,有效保护了路产。

三、项目总体使用情况

(一)设施使用性能

洛栾高速公路嵩栾段经过三年多的试运营实践,该路经受住了时间的检验,道路状况比较完好,使用良好,整条道路路基稳定,路面平整坚实,桥梁坚固整洁,附属设施完好整齐,路容路貌比较好,行车舒适性和安全性高。同时,该工程设计合理,技术标准掌握恰当。路线线形顺畅,路面结构、主要人工构造物及沿线设施符合要求。整个建设项目工程质量合格。环境保护、水保设施整齐美观,线形顺适,达到了绿、洁、畅、美、安的要求。

(二)功能满足情况

洛栾高速公路嵩栾段的建成通车,进一步增加了洛阳市作为河南省中心城市的吸引力和辐射力,加快了洛阳市及各县区的城市化进程,改善和优化了旅游环境和投资环境,促进了对外开放。主要表现在以下几个方面:

(1)洛栾高速公路嵩栾段的建成通车,完善了河南省交通运输体系和豫西南山区的交通网络,为进一步提高豫西南山区的综合运输能力,改善投资环境,扩大对外开放,促进沿线经济发展起到了积极的推动作用。

(2)改善了洛阳市及周边地区的交通状况,使洛阳市的区位优势得到了进一步增强,为豫西南地区的商品流通、矿产资源开发、旅游,以及工业、农业发展及其产业结构调整等起到了极大的推动作用,为拉动沿线地区经济社会发展提供了有力支撑。

(3)极大地改善了沿线的投资环境,推动了改革开放进程,为沿线企业发展和结构调整创造了良好的条件。同时对促进沿线企业发展,扩大内需,增加就业机会,推动经济增长都发挥了重要的作用。

(4)洛栾高速公路穿越了豫西南地区的主要矿资源开发区、重要旅游景区、农副产品生产集中区和人口稠密区,有利于加快矿产资源开发、扩大旅游和农产品流通及信息交流,提高农产品的收益和沿线群众的生活水平,加快了农业规模经营步伐,促进了沿线农产品结构的调整。

同时,在洛栾高速公路建成通车后,由于栾川至西峡段高速公路还没有贯通,致使车流量还没有达到设计流量,经济效益还没有得到充分发挥。目前该项目的各项功能还没有得到充分发挥，经济效益、社会效益还处于刚起步阶段。下一步，随着栾川至西峡段高速公路的建成通车，洛栾高速公路的作用将会得到充分显现，运营效益将会大大增强，综合效益也将得到充分发挥。

四、修复完善和养护状况

洛栾高速公路嵩栾段自交工验收暨通车后，洛阳管理处就负责该段高速公路的日常维护任务。共完成工程量为：路面巡查1980余台次，路面保洁2271360m^2，更换护栏板（柱）352延米，更换防眩板371块，修复隔离栅579.4m^2，补装刺丝214.4延米，刷洗护栏板2558.32余公里以及绿化修整等主要任务，并及时做好沿线设施损坏修复工作，共计完成投资353万余元。主要做了以下几方面的工作。

（一）路面维护

（1）处理裂缝：水是道路的天敌，及时浇筑裂缝减少水对路面的侵害，可延长道路的使用寿命。通过不断实践，我们总结了一套较为成功的裂缝处理方法，在每年雨季和入冬之前对全线的路面进行两次全面灌缝，确保路面的稳定。

（2）坑槽处理：对由于行车、油料污染及雨水侵害出现的局部小坑槽，及时进行修补。

（3）对过往车辆给道路设施造成的损坏及时进行了修复和修补，并及时清理道路路面杂物和积雪。

（4）搞好路况巡查，建立健全路面管理系统，搞好路况检评，及时解决路面存在的问题。

（5）在沿线所有桥头两侧增设了沙池，以更好地应对可能出现的危险品泄露造成的水源污染，保护水资源环境。

（二）路基维护

（1）水毁：由于豫西南山区雨水较多，养护部门及时对路基、边坡、边沟造成的水毁进行了修复，为道路安全运行提供了保障。

（2）对低路基边坡、边沟进行整理和疏通，及时解决沿线边沟排水不畅造成水淹及通道积水问题，为沿线群众出行提供便利。

（三）桥梁、涵洞、隧道维护

（1）每年两次对桥涵锥坡进行勾缝，对隧道进行清洁。

（2）及时处理桥头跳车，对伸缩缝进行维护。

（3）完善了桥梁管理系统，建立了桥梁技术和养护档案。

（四）沿线其他设施维护

（1）对沿线绿化苗木及时进行浇水、施肥、打药、修剪等。

（2）按照省厅和中心的统一安排，及时对沿线的标志标牌进行了整改。

（3）完善服务区功能设施，对旧县服务区设计安装了降温车道。

（4）对沿线中央分隔带、服务区、收费站及互通立交绿化进行了提升完善。

（5）及时对漏水房屋进行了修补。

五、存在的问题及建议

洛栾高速公路嵩栾段的建成通车，使河南高速公路的路网布局进一步完善，路网效应更加明显，成了洛阳市及豫西南地区经济社会快速发展的大通道。目前，虽然社会效益比较明显，但经济效益仍未达到设计要求。随着车流量的不断增加，尤其是待栾川至西峡段建成通车后，该路段对提升全省高速公路路网整体功能、促进区域经济快速发展将会发挥巨大的作用。

（一）存在的问题

针对缺陷责任期病害，洛阳管理处进行了专项排查，对存在的路面、路基、沿线设施病害进行

了统计,存在的主要病害和问题是:

(1)因超高段排水箅子设计为铸铁箅子,沿线被盗失情况比较严重。

(2)沿线个别护栏板螺栓被盗缺失。

(3)泄水槽处边坡水毁较多,个别桥梁伸缩缝堵塞,个别交通安全设施有损坏、有丢失现象。

(二)建议

(1)及时修复泄水槽,改进槽体结构,在泄水槽下部设消力石,使水不能直接冲刷排水沟。

(2)加强管养力度,及时清理桥梁伸缩缝中的杂物;对损坏或丢失的交通安全设施及时进行更换或修补。

(3)加强管养队伍建设,进一步提高管养人员的综合素质和管理水平,做到规范管理,规范运营,安全运营。

随着经济社会的快速发展,高速公路发挥的作用越来越大,高速公路的系统工程也使人们越来越充分认识到建管结合的重要性和必要性。不仅要重视高速公路的建设管理,还要重视高速公路的运营和养护管理。通车之后,应把工作重点转移到未完工程的完善、质量缺陷修复、精心养护和规范管理上来,对道路沿线附属设施要及时进行完善和维护,充分发挥高速公路在经济社会中的重要作用。

河南省交通运输厅高速公路洛阳管理处

二〇一六年八月